天下文化
Believe in Reading

教育教養 BEP026A

教育現場篇

7 個習慣
教出優秀的孩子

自我領導力教育的奇蹟

THE LEADER IN ME (2nd edition)
How Schools Around the World
Are Inspiring Greatness, One Child at a Time

史蒂芬・柯維 Dr. Stephen R. Covey
西恩・柯維 Sean Covey
妙麗・桑莫絲 Muriel Summers
大衛・海契 David Hatch ── 著

姜雪影 ── 譯

作者簡介

史蒂芬・柯維

史蒂芬・柯維（Stephen R. Covey）博士是一位備受全球尊重的領導力權威、顧問、老師。他也是許多知名著作的作者，包括全球暢銷書《與成功有約》，被選為二十世紀最有影響力的書籍第一名，以三十八種語言在全球銷售了兩千五百萬本。柯維博士其他的暢銷書還包括：《第8個習慣》、《與時間有約》、《與領導有約》、《與幸福有約》、《第3選擇》（以上均由天下文化出版）、《人品》（*Everyday Greatness*）。

柯維博士一生獲獎無數，包括「全美演講人協會」（National Speakers Association）的「年度演講人獎」、「全美父親協會」（National Fatherhood Initiative）所頒發的「父道獎」（Fatherhood Award）、「人類永續服務獎」（Thomas More College Medallion for continuing service to humanity）、「國際演講會」（Toastmasters International）最高榮譽「金槌獎」（Golden Gavel Award）、「國際和平獎」（Sikh's International Man of Peace Award）、「國際年度創業家大獎」（International Entrepreneur of the Year Award）、《時代》雜誌「全美二十五位最有影響力人物」之一，以及八個榮譽博士學位。柯維博士也是富蘭克林柯維公司的共同創辦人及副董事長。他在《7個習慣教出優秀的孩子》第二版編撰的過程中去世。我們深深懷念他，但他的遺澤常與我們同在。

西恩‧柯維

西恩‧柯維（Sean Covey）是富蘭克林柯維公司的執行副總，專責教育部門。他致力於將領導力原則及技能帶給全球的學生、教育工作者、學校，以期帶動全球的教育變革。他是《紐約時報》的暢銷書作者，著作包括：《與未來有約》、《與成功有約兒童繪本版》，以及被譯成二十種語言、全球銷售逾四百萬冊的《7個習慣決定未來》（初版書名為《與青春有約》）。

西恩經常在全美各重要研討會中擔任專題講者。他畢業於楊百翰大學英文系，也是哈佛商學院的企管碩士。在他擔任楊百翰大學美式足球的明星四分衛時，曾帶領全隊二度打進決賽，並被選為ESPN「單場最具價值球員」。

生於愛爾蘭貝爾法斯特的西恩，最喜歡的活動包括看電影、健身、與他的孩子打混、騎他的越野自行車，以及寫一些登不了殿堂的詩作。西恩與妻子利百加及子女居住在洛磯山脈。

作者簡介

妙麗・桑莫絲

　　1998年以來，妙麗・桑莫絲（Muriel Summers）一直擔任北卡羅來納州洛利市寇姆斯小學的校長。她畢業於北卡羅來納州立大學教堂山分校，同時擁有北卡大學夏洛特分校教育碩士學位、馬里蘭大學學校行政碩士學位，以及加州大學的榮譽博士學位。桑莫絲校長的遠見創造出了全美第一所領導力學校。在她的領導下，寇姆斯小學獲獎無數，包括：「全美藍帶學校獎」（The National Blue Ribbon）、「國家品格學校獎」、「全美磁性學校獎」、「美國聯邦法案傑出學校獎」（National Title 1 Distinguished School）、「全美年度最佳小學獎」，並為富蘭克林柯維教育公司部門所認證的第一所「燈塔學校」。桑莫絲校長育有兩個孩子，班克斯及科林，是一位驕傲的母親。她正以無比熱情與全球許多教育工作者攜手，致力於改變孩子的生命。

大衛‧海契

　　大衛‧海契（David K. Hatch）博士是富蘭克林柯維公司教育部門「策略發展計畫」（Strategic Initiative）的全球總監。海契博士的顧問工作遍及全球三十五個國家。他的個人及組織領導力評量受到全球數百萬領導人使用。他是史蒂芬‧柯維博士《人品》一書的共同作者，也是《7個習慣教出優秀的孩子》第一版及第二版的研究團隊負責人。海契博士在企業界、政府及教育界擁有深厚的顧問經驗，過去十年則致力於開發、運用領導力工具於學校及個人的變革。他與妻子瑪利安及孩子住在猶他州林登市，並致力於讓他們及所有人所居住的世界變得更好。

來自各方的推薦

對教育有重大影響力的人怎麼說：

「這是對當今學校教育最具啟發性的一本著作。作者完美的說明了自我領導力教育的故事，以及這套教育改造流程的原則與成效。如果你真的關心教育，就必須閱讀這本書。」

——品克，《未來在等待的人才》、《未來在等待的銷售人才》作者

「教育的目的是要培育孩子個人獨特的能力，幫助他們迎向世界。教育愈是標準化，愈容易忽視孩子真正的天賦，扼殺他們的創意、好奇心以及學習的興趣。要幫助孩子茁壯成長，我們就必須對於孩子真正的能耐以及他們需要什麼樣的學校，有完全不一樣的思考。這本書裡充滿了如何做到這種思維轉換的精采案例，並提出一種學校變革的流程，而這個流程植基於一些極具啟發性的理念。這些理念對於孩子以及老師所擁有的真實能力，有著極為深刻的認知。全球各地許多學校的實務經驗更證明了這個流程的成果，因為它為這些學校帶來巨大而正面的改變。本書告訴我們，教育變革所需的領導力不必外求，它就蘊藏於學校之中——尤其是孩子的心裡。」

——羅賓森爵士，《讓天賦自由》作者

「學校如果失能，我們的未來也完了。先有受過良好教育、自律、具民主素養的學生，才會有受過良好教育、自律、具民主素養的成人。就像河沙淘洗水裡的石頭，學校的經驗可以淘洗出孩子內在的美麗天賦。

本書的根基，是一種嚮往世界可以更美好的心態，以及一套經過時間驗證、可

以把我們帶往更美好的世界的基本原則。我向所有致力於『全民學習』（learning for all）使命的教育領導人強力推薦這套教育架構。」

——拉索特，高效學校顧問公司

「如果美國要扭轉學校品質下滑的頹勢，我們就必須重新思考，如何才能確保每個孩子都能接受最好的教育。這本精采的書籍告訴教育工作者，這件事確實可以辦到，而且讓我們看到許多學校如何培養出學生最需要的品格特質，以幫助他們充分發揮潛能、追逐自己的美國夢。」

——卡納達，「哈林兒童特區教育機構」總裁暨執行長

「一群自由寫手和我創立了『自由寫手基金會』，我們只有一個簡單的目標——藉由一次一位學生、一位老師、一個班級或一所學校，來改變世界。本書是每一所想要透過教育來改變世界的學校最理想的藍圖。我非常榮幸，得以見證許多熱情洋溢的老師及創意十足的學校主管實際推行這套流程。我的心也曾因許多大膽向我走來、雙眼看著我，與我握手告訴我他們正在鍛鍊『主動積極』的孩子，而深深悸動。我看見這些學校如何推行七個習慣，也見證了驚人的成果。更重要的是，我自己也實際將這套經過考驗、證明有效的流程及七個習慣運用在我的同仁身上，幫助我們順利達成目標。」

——古薇爾，「自由寫手基金會」的老師及創辦人

「希望用外力來改變學校的努力都失敗了。因為他們弄錯了成功的祕訣，也就是一個必須由學校內部發展出來、具有凝聚力的校園文化，以結合老師、學生、家長，以及整個社區之力，將學習變成有意義且充滿樂趣的事。透過故事與親身經歷的證詞，本書清楚說明學校如何可以重新找回自己的精神與靈魂。」

——狄爾，《形塑校園文化》及《傑出領導人的思維》的共同作者

「本書說明了『自我領導力教育』的流程正如何幫助學校進行變革，一個學校一個學校來，同時也正改變著全球各地孩子的生命。每個孩子都擁有獨特的潛能與價值，可以開創出成功的人生、達成自己所設定的目標。如果孩子擁有相信並且可以啟發他們的老師，他們終將發現，自己就是領導人，而且不只是今日，而是一生之久。這真是一本精采非凡的書，『自我領導力教育』也是一個精采絕倫的變革流程。」

——克拉克，「克拉克學園」創辦人及老師

「我推薦本書給所有願意撐過為了真正改變教育系統而產生的嚴苛流程的人。在那些正在推行『自我領導力教育』的學校裡，孩子主導自己的學習，自尊與自信獲得提升，紀律問題幾乎絕跡或至少大幅降低。」

——布利扎得，美國華府「大學理事會」資深顧問

「我相信今天的孩子將成為我們明天的領袖。我相信我們必須為孩子做好準備，好讓他們成為能夠打造出更輝煌、更好未來的領袖。我相信『自我領導力教育』。它是一本書、一個流程、一條路徑，能夠幫助我們培養出日後將改變學校、社會及未來的領導人。」

——高登，暢銷書《能量巴士》及《孩子的能量巴士》作者

「『自我領導力教育』中所教導、實踐的原則，正是我們希望今天的領導人能夠擁有的特質，讓我們的孩子在年輕時就開始練習、培養，將使他們未來成為能夠了解成功真正涵義的成熟公民。」

——哈佛商學院克里斯汀生教授，《創新的兩難》、《來上一堂破壞課》、
《你要如何衡量你的人生？》的作者

「孩子們通常都有能力達到極高的期待——只要這些期待是有意義的。在當今這個學校最高目標可能只剩考試成績的時代，『自我領導力教育』可以幫助年輕學子看到自己在發展出屬於自己的願景上所擁有的潛能，主導個人的生命，與同儕合作解決問題，以及為自己的福祉做出正向的決定。這套流程提醒他們，學習可以、也應該是神奇有趣的事，而追求品質也擴展了『學習』及『學習者』。就某些層面而言，這個流程中的習慣其實屬於情感及環境的層次，同時也可以完全融入學科的內容，因而使得這些內容蘊含更大的目的及意義——對學生及老師皆是如此。」

——湯琳森博士，維吉尼亞大學教育學院教授暨「教育領導力、基金會及政策學程」主任

「我在許多學校中，親眼見證了『自我領導力教育』如何將『放棄』的學校文化，轉變為希望與相信的文化——相信每位孩子都有潛能，可以在學校獲得成功的學習經驗。」

——克拉格，丹麥「樂高玩具教育部門」總裁

「教育工作者已竭盡全力去面對今天的學校所面臨的挑戰。他們對教育充滿熱情、盡心竭力的幫助學生獲得成功。然而，他們無法獨力承擔這個重任。『自我領導力教育』提供了機會，讓學校及教育工作者建立起賦權與自律的強大校園文化。看到全世界那麼多學校的成功經驗，以及他們的孩子正如何憑靠自己的力量，成為二十一世紀的領導者，真是令人振奮。」

——多明尼奇博士，「美國學校行政人員協會」、「美國教育廳長協會」理事長

「藉由賦予孩子一個最有效的工具——他們的自我價值，『自我領導力教育』因而得以打破孩子自我放棄、邊緣化的世代循環。這些學校正在賦權給孩子，幫助他們成為活生生的見證，看見自己的生命以及他們為這個世界所帶來的改變。」

——芬恩，波士頓記者

「《7個習慣教出優秀的孩子》切中要害、嚴謹、極度實用，是一本精采無比的書。書中核心理念皆透過真實學校中的故事、敘事、案例及照片來呈現。每一所希望自己辦學成功、真心關懷而且能夠幫助到社區中每位孩子的學校，書架上都應該有這本書。」

——彼德森博士，威斯康辛大學麥迪遜校區榮譽教授及《形塑校園文化》一書共同作者

「『自我領導力教育』是美國學校教育中最令人興奮的成果，它肇始於北卡羅來納州一所學校對孩子潛能的夢想。桑莫絲校長和西恩・柯維共同創造了一個我們在學校中未曾見過的新連結，迫使我們必須反思自己的核心價值，同時幫助我們所服務的孩子去建立起他們的核心價值。身為教育工作者，尤其是磁性學校中的教育工作者，我們非常明白每位學生內在有無限可能。『自我領導力教育』為我們指引一條道路，讓我們可以激發、支持學生，讓他們獲得無可限量的機會。所有的學生都必須了解如何培養自己的潛能，同時還要以能夠逼迫他們認清自己是誰、自己代表什麼意義的方式去奉獻所能。我們國家的未來必須仰賴這些領導人，而教育工作者可以獻身於啟發、訓練這些未來所需的領導人。『自我領導力教育』可以應用的範圍遠超過學校的教室。身為家長，我也得以運用最深刻的思維與方式，來引導、培養自己的孩子。」

——湯瑪斯，「美國磁性學校協會」理事長

「我曾親自造訪寇姆斯小學，接待、訪問我的孩子所展現的成熟度讓我深受震撼。寇姆斯是一個經典範例，說明學校可以如何以七個習慣為根基推行自我領導力教育，幫助學生做好面對未來無限可能的準備。本書證明每個學生、每名教職員都擁有非凡的潛能，透過自我領導力教育的流程，這些非凡潛能都能夠得到充分的發揮。」

——瓊斯，「解樹教育機構」執行長

「多年來與數以千計的孩子接觸的過程，讓我清楚認識現代教育中的『隱藏版課程』：聽命行事、成績單要好看，以及尋求外在肯定。多年來，我看到許多才華洋溢的孩子眼中黯淡無光，因為學校裡的作業與測驗，完全無法衡量或獎勵他們所能為這個世界提供的價值。『自我領導力教育』創造ㄌ一種全然不同的校園文化。它要求學生及教職員去評估、實踐他們自己覺得對的事情，激勵自己及別人，以及肯定並培養自己內在既有的非凡潛能。或許更重要的是，它創造了每個孩子都能夠得到的獎勵。最終，『自我領導力教育』最重要的背書，就是讓大家見識那些在它的影響之下成長的學生。簡單說，他們就是與眾不同。我在世界各地從未見過任何學生，能夠擁有與自我領導力學校的孩子相同的自信與熱情。我曾經問過一個自我領導力學校的學生：『你希望未來能夠為你帶來些什麼？』他的臉上掛著微笑，自信的回答說：『偉大的事情。』請考慮將『自我領導力教育』導入你們學校的文化。你也可以期待未來將有偉大的事情發生。」

——杜立，「微細領導力公司」創辦人暨促進長

「為了改變美國最艱困學校的校園文化，我提出了一套改革方程式，而『自我領導力教育』正是其中的核心內涵！柯維博士為了全球的孩子、教師、學校主管所提出的領導力概念，只是他巨大遺澤中的一部分。而西恩·柯維正以強而有力的方式，繼續傳遞這個為年輕孩子培養領導力的火炬！想要擁有真正的學校變革，請閱讀這本書。」

——湯瑪斯艾爾，教育工作者暨《影響力不朽》、《我選擇留下》等書作者

「2007年，當我一踏入寇姆斯小學，我立刻知道這所學校絕對與眾不同。身為樂高教育部門的一員，我長年為教育界提供服務、訪問過無數校園，卻是頭一遭接受二年級孩子的接待。她向我自我介紹，歡迎我來到他們的學校，詢問我到訪的目的，然後禮貌的領我去見桑莫絲校長。我簡直目瞪口呆。在我更深入了解這所學校、桑莫絲校長與學校團隊令人佩服的做法，以及更重要的，學生一再重複的

驚人表現之後，我發現原來他們正以一種獨特的方式，在學校裡推動柯維博士的七個習慣。我非常熟悉七個習慣，因為很早就在職場上將七個習慣列為自己的領導力工具、技能及思維。見到寇姆斯小學以這種全校性、涵蓋孩子整個學習經驗的做法，確認了我對七個習慣早有的信心。校園文化正確，結果就會正確。如果你的目標是為學生做好成為二十一世紀工作族群的準備，你一定知道深刻的學習內容、二十一世紀的技能、『動手做』的學習方式，以及一種尊重與領導力的文化，就是成功的關鍵。『自我領導力教育』流程正是改變校園文化、釋放孩子的想像力、學習、成功的關鍵。」

——特尼普西，美國「樂高玩具教育部門」榮譽總裁

學校主管及老師怎麼說：

「『自我領導力教育』完全符合我們學區的全人教育理念。我們希望培養出全方位的學生——良善、具競爭力和思辨能力，同時也是終身學習者。『自我領導力教育』正幫助我們達成理想。」

——珊芙，領導力發展專家，德州聖安東尼奧市東北獨立學區

「『自我領導力教育』幫助學生掌管自己每天的行為及學習。這是我從事教職以來最深刻有力的一套教育流程。它完全改變了我們的校園文化、降低紀律問題、增加了教職員、學生及家長的參與感，也提升我們的學業成就。」

——麥卡坦，密西根州波蒙小學校長

「即使五歲大的孩子都了解『主動積極』、『雙贏思維』的意思，知道如何使用領導力工具來解決問題。校車上的紀律問題大幅降低。我們的學生會設定個人及學業目標，並做計畫來達成。達標所帶來的內在滿足簡直難以衡量，而且每次達成之後，學生還會自動提高標準。我們也不再需要處理學生的霸凌行為。老師、家長、社區及學生的參與感從來沒有這麼高過！」

——潘娜爾，紐澤西州法明岱爾市亞迪納小學校長

「保長國小位處都市邊緣，都市化、少子化使得學生人數逐年減少。許多保長的孩子看不見自己的天賦、對未來也不懷夢想，甚至逃避學習，而我也迷失在「解決孩子問題」的漩渦中，變得忙與茫。導入自我領導力教育後，我看見了藍天白雲、學校的木棉樹、伴隨著一所希望校園，孩子笑聲朗朗、自信大方、熱情探索自己的夢！孩子身旁的老師，笑容也變得如陽光般燦爛。在保長，教育真的不一樣了！」

——李凱莉，新北市保長國小一年級導師

「自從溫徹斯特小學推行『自我領導力教育』之後，學生在閱讀測驗、完成家庭作業的責任感上都大有進步，但更重要的是自信的提升。學生更加主動，願意大膽嘗試新事物，而從前他們多半極度缺乏學習意願。我親眼見證教職同仁身上發生許多改變生命的事。家長開始在家庭中實踐七個習慣。我真的相信，『自我領導力教育』是所有想要為孩子的生命帶來改變的人，以及想為自己打造不凡人生的人真正需要的教育改革行動。」

——布萊克蔓，紐約州西塞尼卡市溫徹斯特小學校長

「它正在拯救生命。」　　　　　　——泰蘭，佛羅里達州夏綠蒂港阿姆斯壯小學校長

「我們學校打從一開始就推行『自我領導力教育』。教職同仁接受正式訓練，並且將七個習慣融入每個科目，聯手打造信任、負責的文化，也為教職員及學生建立起領導力。根據美國教育部進度報告的評鑑結果，本校被評選為紐約市公立學校第一名。」

——克蘭，紐約市史坦頓島公民領導力學校創校校長

「我們的目標是將一所好學校變得更好。之前許多行動、計畫都可以產生短期的成效，但卻無法對孩子培養自己的責任感或學習能力上產生長期的效果。自從推行『自我領導力教育』，家長都非常支持，因為看到每件事都可以互相整合、發揮綜效，共同來幫助他們的孩子。教職同仁則認為『自我領導力教育』是能夠幫助學生充分釋放、發揮天賦才能的方法。」

——渥拉科索，澳洲新南威爾斯省格林納維爾市聖碧瑾小學校長

「我們學校的每個學生都是某一方面的領導人。這不是我個人的成就，而是一群老師認真努力與學生一起整合、規劃的結果。」

——范盧雯，加拿大安大略省布藍特福市萊爾森高地小學校長

「出門度寒假的路上，我收到朋友送的《7個習慣教出優秀的孩子》。它的內容深深觸動了我的心，讓我在一口氣讀完之前，根本無法放鬆度假。它真的使我生命中的每個層面、我的家庭、我的學校都獲得綻放天賦的機會。」

——馥茹賽絲，挪威哈本斯派特學校暨幼兒園創辦人暨董事

「我們的終極目標是幫助學生做好迎接人生的準備，而不是在他們的人生中，時時刻刻跟在身旁提醒、指導。還有什麼事情會比把七個習慣以及其中所蘊含互古常新的原則教給學生，更能夠達成這個目標？」

——夏普，佛羅里達州塞米諾郡公立學校小學教育部主任

「無論是從老師或家長的角度，短短兩週內我們就看到驚人的改變。將『自我領導力教育』推行到學生身上五個月後，行為懲戒的比例竟然減少了85%。」

——布萊荻，密西根州高地市德澤小學校長

「『自我領導力教育』是全校性變革的藍圖。」

——珂蘭寧，麻州波士頓公立學校識字教練

「『自我領導力教育』中有許多工具可以幫助學生解決問題。如果我們可以從一開始就教導他們這些原則，就能夠幫助他們成為未來的問題解決專家。」

——瓦西伍尼，印尼雅加達安尼薩學校老師

「薩齊姆中央學區是全美最大的郊區學區之一。『自我領導力教育』為我們的學生、教職人員及家庭，都帶來了正面的影響。它不是一個課程，而是一種持續不斷的分享、以身作則及個人成長的流程。學區內許多校長的報告都指出，學生的紀律懲戒大幅下降。家長也提出無數的故事，說明『自我領導力教育』對他們的孩子及家庭所產生的影響。」

——諾藍，紐約長島薩齊姆中央學區督察長

「『自我領導力教育』的核心是關係的建立。因為有了良好的師生關係，學生的自信與成就都大幅成長，尤其是透過目標設定的流程，老師也熱情投入，我們有了更多的共同語言，而家長的參與及溝通也增加了。這是我所做過最有意義與成就感的事。」

——米勒，密蘇里州曼徹斯特市蘭哈洛小學校長

「我是母親，也是孩子學校的校長。世界的轉變快得令人措手不及，新世代的孩子思考模式、生活語言，都和我們大相逕庭。教學現場的老師也常感憂慮，如何讓孩子在世代交替之際能延續傳統又不墨守成規、懂得知足感恩又能不斷創新？如何幫助孩子成為新世紀的中流砥柱？長久的憂慮，就在引進『自我領導力教育』之後，老師有了依循的方向及共通的語言。我每天都聽到七個習慣、見證七個習慣的應用。在家中也一樣，我不再需要重複提醒兒子『早點上床！』或『先做功課才可以玩電動！』。現在我會聽到兒子說：『媽媽，別忘了要事第一。』或『爺爺，別跟奶奶爭執，要用雙贏思維！』七個習慣真的在孩子身上產生了魔力，每個孩子都能心領神會，真是非常神奇！」

——丁柔，台北市立人中小學校長暨家長

「身為薩克森哥達小學的新任校長，我必須為學校規劃一份重整計畫，因為薩克森哥達已連續五年未能達標。我們花了好幾個月，研究各種可行的變革。最後我們發現，只有七個習慣及『自我領導力教育』能夠幫助我們創造出學生、教職員及家長所渴望的永續性的改變。推行第三年，我們獲得了南卡羅來納州『年度最佳進步學校獎』的肯定，成為三所決選學校之一。薩克森哥達小學的變革經驗，是我教育生涯中最有成就感的一件事。」

——侯珂，南卡羅來納州列克星敦市薩克森哥達小學校長

「從一開始，我們就鼓勵孩子和教職員大方分享自己的優點與強項——當然不是為了自誇。現在，老師們都更了解彼此以及學生的優點與才能。家長也非常歡迎這種以優點為重心的教育方式，而它也對孩子的發展產生極大的助益。」

——羅依克絲，荷蘭阿默斯福特亞特蘭提斯小學校長

「教導領導技能及七個習慣大大改變了我——不論是身為人師、人母或人妻。它讓我的生活更有條理、更知道如何決定生活的優先順序、將注意力集中在最重要的事情上。」

——艾蒙，寇姆斯小學幼兒園部老師

「真希望我們三十五年前就有這套『自我領導力教育』。」

——特薇奧普，伊利諾州昆西市萬福聖禮小學五年級導師

「當我觀察現在的孩子，我覺得他們好像缺少一些技能，像是人際能力或團隊能力。新加坡的社會步調很快，我們的教育系統非常考試導向。由於學生家長通常很忙、家庭組成單純，而孩子也有一大堆的功課要做，因此，他們沒有太多機會與其他孩子接觸，或藉由玩耍培養人際能力。身為老師，我非常慶幸自己是在一所能夠教導孩子『雙贏思維』、『統合綜效』等技能的學校。這些技能可以幫助孩子成為更有效能的學生，更可以幫助他們面對生活中的各種挑戰。」

——鄺麗文，新加坡蔡厝港小學老師

「打造共同的目標及擁有共同的語言，大大改變我們每天的工作。學校有了正向的文化，教職員及孩子們真心關懷彼此。與孩子、家長之間的艱難溝通大幅減少。教職員重拾工作的樂趣與熱情。部門間的合作大大改善。我們所屬的三所學校都看到了學業成績的大幅成長。」

——莎林，瑞典卡爾斯克魯納雅姆亞斯科勒學校總校長

「在為學生及教職員打造一個有凝聚力、鼓勵合作的組織氛圍上，『自我領導力教育』極為重要。它為創造這個學校所期待的改變，提供非常好的基礎。在專業學習方面的內涵中，他更改變了老師對彼此、對學生，以及對整個學習環境的思維。這個學校所發生的一切，簡直驚人。」

——伍華蒂博士，南卡羅來納州列克辛敦市第一學區督察長

「鼓起勇氣、加上希望藉由創新帶來正向改變的期待，我們推行了『自我領導力教育』。我們的目標是強化孩子的品格、為孩子提供個人及學業成長的優良環境，這個流程為我們的『終』大大加值。聚焦於每個孩子的價值，強化了孩子的獨特性與主體性、提升孩子的自信，以及希望以『統合綜效』來打造一個更好世界的渴望。」

——琳孔，哥倫比亞波哥大白金漢學校總監

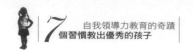
家長怎麼說：

「第一次聽到讀小學二年級的兒子背誦出柯維博士的七個習慣時，我簡直驚喜萬分！一年級之前，孩子生性拘謹膽怯，後來我發現，學校已經幫助孩子將柯維博士的七個習慣，真正內化在個人及學校的生活、行為之中，孩子的學業及個性都成長很多，比以前成熟穩重、比以前獨立勇敢。我對孩子能夠在這麼小的年紀，就有機會運用七個習慣，真是非常感恩。」

──陳柳朱，台北市私立立人中小學家長

「我之所以能夠看到孩子在自己的眼前逐步改變，主要得歸功於『自我領導力教育』。我那八年級的女兒一向有過人的自信，而且是天生的領導人。但是團隊合作從來都不是她的強項。透過學習七個習慣、承擔領導人的責任，她現在完全變成懂得與人互賴共存的人。我那四年級的兒子則獲得安全走出自己舒適圈的信心、勇於擔任領導人，並且在之前認為完全不可能的方面獲得個人的成功。」

──湯瑪絲，密蘇里州愛莉思維爾市奎思維尤中學

「我的孩子因各種不同的領導力機會而受益良多，這都是寇姆斯經驗的一部分。透過音樂表演、演講、擔任座談會主談人、校園導覽、參加像是科學之夜及美術展覽等家庭活動、協助師長舉辦活動等，我兩個個性大不相同的女兒都培養出自信、動力，以及對個人學業表現的品質要求。這在其他學校是不可能發生的。」

──英格爾哈特，寇姆斯小學家長

「我們將這些原則帶進家庭，並且清楚在家庭生活中感受到它的益處。重點是鼓勵責任感而非彼此指責、擁抱自己及別人的長處與優點。」

──艾德華絲，佛羅里達州聖奧古斯汀市沃茲溪小學

「領導力流程正好是我的兒子回到正軌最需要的幫助。他開始培養出對學校功課主動積極的態度，作業準時完成，不再遲交。「要事第一」讓他幾乎每次都能在放學前就完成自己的數學作業。我們每個禮拜都可以看到他的成長，而他也從一個膽怯、對自己缺乏信心的孩子，一步步變得充滿自信與動力。他在人際關係及運動方面都非常強勢，但他逐漸培養出雙贏的心態，也學會在課堂及做分組專案

中與人統合綜效。當得到他為自己行為負起責任的機會時，他做到了。對此，我們永遠心存感激。」

——海爾蜜，華盛頓州馬科蒂奧市馬科蒂奧小學

「當九年級的兒子要求在完成家庭作業前先玩一下電動時，我真高興能夠聽到讀幼兒園的小女兒搶先一步說：『要事第一，先做功課！』」

——波拉莎，夏威夷珍珠市雷華小學家長

「過去兩年，七個習慣讓我的兒子長大了。自從學校開始推行『自我領導力教育』，孩子變得更有責任感、更有自信。他學會如何主動在事前做計畫，也學會更注意別人的需要。七個習慣讓我的孩子收穫滿滿，這種能力是別人奪不走的，可以讓他成為社會上有用的人。身為家長，我真高興看到這些改變，也對學校充滿感謝。」

——劉慧玲，台北市立人中小學家長

「七個習慣對我的孩子和我自己的生命都產生重要的影響。有一次，我對兒子說：『你根本沒在聽我說話，你完全不主動積極。』結果他反而對我說：『媽咪，你也根本沒在聽我說。你也很被動消極。』那真是一次重要的思維轉換。我突然意識到，『天哪，原來是我自己的問題。』也就是說，這是雙向的問題。我們大大受益，真的大大受益。」

——梅依，加拿大亞伯達省麥迪遜海特市奎斯伍德小學家長

「我們的孩子會以正面的方式在家中學習並運用這些語言來進行溝通。我們正一起學習如何停下腳步，先尋求『知彼』，而非急著發洩情緒。結果，我們彼此的溝通變得更親密、更融洽。藉由在家中應用學校所運行的策略，我們的家庭變得更有凝聚力。」

——歐爾森，愛達荷州凱里市凱里學校家長

「自從推行七個習慣以來，我看到孩子有了極大的改變。進步最多的地方包括他們都急於早早排定事情的優先順序，以確保能夠為完成自己的工作負起責任。他們做功課、在校上課及幫忙做家事的習慣都有了驚人的改善。」

——艾達麥克，佛羅里達州聖奧古斯汀市沃茲溪小學家長

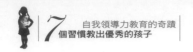
「不知從何開始形容領導力特質如何改變了我們的女兒。她們培養的品格特質與習慣不僅對在校表現有所幫助，也將對她們一生有所助益。我們全心相信這種教育方式，認為它是連結家庭與學校的關鍵。」

——薩克斯頓夫婦，寇姆斯小學家長

企業及社區領袖怎麼說：

「從小學教育開始，學生就被賦予擔任領導人的機會，並且真心相信他們可以成為未來的領袖。因此，當我和朋友談起我們所贊助的學校，我會告訴他們，我們是在贊助大家的未來。我們以這種方式來回饋如此善待我們的社會。」

——蔣佩琪，「貓熊快餐連鎖」及「貓熊關懷協會」創辦人

「我們從幼兒園開始，十三年來，我們擁有了改變整個社區心態的機會。短短十三年之內！」

——蘭恩，「恩能索公司」執行長

「我們將『自我領導力教育』導入PSKD曼迪里小學及印尼時的願景，是為學校所有的利害關係人，包括教職員、學生及家長，提供一個共同的架構及語言，來幫助每個人實現他們的領導力天賦。推行『自我領導力教育』流程三年之後，PSKD曼迪里不僅獲得了『燈塔學校』的資格，而且完全滿足了我們當時所有的期望。」

——塔西嘉，印尼「達摩伯馬克納基金會」董事長

「在我念書的那個時代，所有人都被困在學業之中。因此，當我看見孩子在學習倫理道德、社區參與以及領導力，我認為這件事非常令人感動且值得。」

——奎絲薇爾，「佛羅里達州國際扶輪社」會員

「這些孩子未來不會成為偷車賊，他們將成為自己有能力買車的車主。」

——雷諾茲，加州維克多維爾市警察局長

「我們有些同仁曾經接受七個習慣訓練，所以當他們聽說奎斯伍德小學也在教導孩子七個習慣時，我們看到了雙贏的契機。這為我們提供回饋社會的機會，而孩子透過七個習慣學習到的生活技能，對他們未來的成功也至為關鍵。」

——瑞德蒙，「加拿大標準催化劑科技公司」副總裁

「『自我領導力教育』最棒的一點是，它不只是為菁英兒童或問題兒童而設計的，而是為每個孩子所預備的，不論他們的社經背景或過去的經歷為何。」

——克林姆，「聯合勸募協會」董事暨伊利諾州昆西市財政局長

「面對二十一世紀，未來的人將會需要堅實的品格，因此我們決定讓學生在日常生活中學習並操練領導力技能。『安尼薩十大核心價值』及『高效能人士的七個習慣』是我們學校最重要的柱石。我們希望安尼薩的孩子能夠成為自己人生的真正領導人，永遠對身邊的人心存關懷。」

——拉席得，印尼雅加達「安尼薩學校基金會」董事長

「我們每天致力於為國家打造更好的未來。我們相信，藉由強化教育品質，將能夠消弭社會階級的鴻溝，並培養出一批新世代的領導人。『自我領導力教育』正幫助我們將哥倫比亞的公立學校轉變為卓越與領導力的典範，而成千上萬的哥倫比亞孩子，也將成為他們個人生命及職場生涯的領導人。」

——瑪德里蘭，哥倫比亞「特培爾基金會」執行長

「七個習慣提供了簡單、植基於原則的架構，可以幫助我們成功面對個人及社會的挑戰。身為大型教育機構執行長，我們正把七個習慣帶給成千上萬的中小學生。眼見學生在學業及行為上不斷突破、成長，是我專業生涯中最具有成就感的一種經驗。」

——阿莫林，巴西「阿布里爾教育機構」董事長暨執行長

有些時候，

生命中會出現特別的時刻。

這些時刻讓我們得以暫時停下腳步，

重新尋找一個

得以重新檢視自己生命軌跡與目的的制高點。

希望閱讀本書能夠為各位提供一個這樣的時刻。

7個習慣教出優秀的孩子

自我領導力教育的奇蹟

7個習慣讓教育不一樣

嚴長壽

(公益平台文化基金會董事長)

過去這六、七年歲月，我正式離開職場、投入公益。原本只希望靠著自己探索和學習，運用以前在觀光與文化產業的經驗，協助弱勢偏鄉打造一個可預見的未來，沒想到，我卻從一開始單純的產業輔導，逐步走向台灣（尤其是偏鄉）的核心問題——教育。更沒想到，原來是教育門外漢的我，居然將餘生全部投注在教育改革上。

抱著油煎火燎的心情，2011年我出版了《教育應該不一樣》，分享自己在教育現場的第一手觀察。但是書出來了，問題並未解決。

因為隨著時間挪移，這幾年來，全世界的教育也同時面臨了革命性的改變。包括科技的快速進步、線上學習的廣泛開放等，幾乎顛覆了從工業革命以來的傳統教學理念，也讓我一次又一次看到台灣教育問題的急迫性。

可是回到教育現場第一線，看到的，依然是無奈的教育夥伴。他們不僅無法改變環境，甚至必須日復一日、年復一年抱守成規。還有一個最新的領悟則是，科技與線上學習或許可以改變學生的學習方法與速度，卻無法改變他們的學習態度、生活紀律及與人相處、合作的能力。這些議題相形之下更重要，是決定一個人成敗的最終關鍵，但是老師不會教、學校也不會考。

　　無獨有偶的，最近，《紐約時報》大篇幅報導美國杜克大學及賓州大學為期二十多年的追蹤研究，印證了我的觀察：幼兒時期能否具備「與同儕合作的能力」、「體諒對方感受的能力」、「自我解決問題的能力」，將決定他們成年後的成敗。然而，即使以《紐約時報》的影響力，也只能反應問題，無法從根本改變教育。

　　此時此刻，看到柯維博士生前和夥伴出版的《7個習慣教出優秀的孩子》，更能深刻體會到，他將攸關職場成功的「七個習慣」轉化為教育理念的苦心。

　　尤其令人興奮的是，柯維的教育理念，在台灣已經落實為具體的行動。一群對改變台灣教育現狀深具使命感的熱血份子所成立的社會企業——沛德國際教育機構，近兩年正在台灣許多角落積極推展以「七個習慣」為核心的「自我領導力教育」。公益平台數次邀請沛德團隊到花東舉辦訓練講座，每一場都獲得非常正面的回響。

　　在我個人最近的參訪活動中，也到新北市汐止的保長國小，親自見證了這所學校經過近兩年推動後的成果。保長國小是一所城市邊緣的偏遠小學，弱勢家庭比例偏高，課業一向不是他們的驕傲。但是，當見到一個個不同年級的小學生，充滿自信地引領訪客認識他們的學校、侃侃而談七個習慣的概念和實踐，我心中無限感動。

　　除了對校長、老師及沛德團隊表達敬意，我在現場也特別表示，在今天這個時代，偏鄉代表的不是地理的隔絕，偏鄉是你用什麼方式、用什麼態度去面對它的心理距離。

　　事實上，《7個習慣教出優秀的孩子》這本書，以及正在教育現場努力「翻轉」的夥伴，正以實際行動，向自己、也向政府證明，教育可以不一樣。

我看到台灣教育的新希望

陳藹玲

（富邦文教基金會董事）

不論是推廣生命教育、媒體素養、呼籲親師尋找孩子的天賦，富邦文教基金會過去27年來的服務對象主要是青少年。但最近幾年我們發現，等到青少年時期才給予協助，似乎晚了。尤其現在的孩子，自小就接觸到各種複雜資訊，社會化得早，心性也比較早熟，若能從小（其實最好是幼兒起）就開始關心他們的發展，一定可以給予更深刻的幫助。

十二年國教已讓師生、家長面對教改議題就有點聞之色變的現在，做為民間組織的我們該如何有效又有系統地提供協助，而不會一廂情願的熱心，反而造成學校及孩子更大的負擔？研究多時但尚未有結論時，恰巧碰到了Ginger（沛德國際教育機構資深顧問姜雪影）。Ginger當時剛獲選為公視董事，特別邀請也曾擔任公視第一、二屆董事的我聊聊，隨後在她的引介下和Patrick（沛德國際教育機構執行長柯沛寧）見面。Patrick在台東均一中小學及台北復興中小學都曾任教職。他們神采飛揚地跟我分享了「自我領導力教育」（The Leader in Me，TLIM）運用在學校現場的願景。我早已拜讀過柯維博士的書，也知道這套領導力訓練在企業人才的培養上非常普遍且成功，唯獨不知道它已經被運用在小學教育上，而且效果顯著！

在為台灣教育奮力一搏的共同目標下，富邦基金會決定和沛德成為合

作夥伴。

　　說實在的，一開始合作難免還是有一點不確定，覺得自我領導力教育的七個習慣培育系統裡，好像有不少口號、標準，這讓一向強調鼓勵年輕孩子有更多創意、表達自己想法的基金會團隊擔心，這會不會變成刻板的公式，反而把孩子框住了？會不會讓孩子被規範太多，變成一個模子印出來的樣子？

　　經過兩年實際推行，前往保長國小（台灣第一所推行TLIM的公立小學）參觀孩子的學習成果之後，我們很開心的發現，之前的擔心真是多餘了。保長國小位於新北市汐止，是一所只有154個學生的偏遠小學。參觀當天，看到孩子們的眼睛炯炯有神，臉上帶著羞澀笑容，但卻又充滿自信、應對進退自然有禮，就連小學二年級的同學，對著陌生的大人都可以落落大方、清楚介紹自己的作業、活動和教室裡的一切！我們也感受到校長、老師的熱誠，以及他們對孩子打從心底的關心和引以為傲。更教人服氣的是，七個好習慣的培養看似品德教育的內容，卻讓所有孩子的課業成績大幅提升！原本數學、國語、英文各科成績都遠低於新北市平均值的保長，如今竟然大幅逆勢成長、甚至超越平均值！

　　事實證明，自我領導力教育提供了一個模式，能夠有效讓師生運用共同的語言、建立共識。也就是說，七個好習慣及相關的工具、方法，可以讓真正要傳達給孩子的價值觀內化，而後在教室內外，甚至帶到家庭和社區中實踐。這個過程一定是非常辛苦，若沒有校長的支持、老師的熱忱，根本不可能完成。然而，一旦堅持做下去，它的效果也是驚人的！

　　自我領導力教育，讓我看到了台灣教育的新希望。希望保長國小的經驗可以說服更多的學校、教育機構，甚至是台灣的師培體系，一起投入「自我領導力教育」的行列，共同開創台灣人才培育的新頁！

7個習慣打造未來的領袖

洪蘭

（中央大學認知神經科學研究所教授）

看了這本書，才知道為什麼台灣教改二十年，愈改孩子愈辛苦。原來我們忙著改制度、廢聯考，卻忘了改變教育的內涵和父母的心態。本質未改，只改外表形狀，當然是徒勞無功了。

其實，制度是人在操作的。制度改了，人的觀念沒改，大家去鑽制度的漏洞（中國人真是天下最聰明的民族，只要有漏洞，沒有不發現的），新制就比舊制更糟糕了。我們應該了解，科技進步太快，當學生畢業進入社會時，他所學的東西已經過時了。比如說過去大家熱衷於投資辦公大樓，現在智慧型手機一出來，大家在家裡辦公、在雲端會面，辦公大樓乏人問津，只好改為單身旅舍（rooming house）。但是不管二十一世紀資訊如何爆炸、文明如何進步，只要是人的社會，這本書中所講的七個習慣還是人類社會運作的核心。

書中說要訓練學生「主動積極」。幾乎所有成功的人都是主動積極的人，他們不會坐在家中抱怨政府虧欠他們、老闆只給22k的薪水，而是出去創造自己的機會。抱怨是最可怕的習慣，它像騎木馬，你一直坐在上面，但不會前進一步。當你把時間和精力都花在抱怨別人時，怎麼有時間去解決眼前的難題呢？自怨自艾也是我們在臨床上看到陷入憂鬱症深淵最快的一個方法。現在我們跟學生說：下雨了，把傘打開就好，再抱怨別的

都無濟於事。當年我出國時，父親囑咐我：天下事不能盡如你意，遇到了，換個角度想，可能就會看到轉機。好比說，明明是塊大石頭，如果你頂在頭上，就會被它害到滅頂，把它踩在腳底下，卻能幫助你爬出來。

在學校裡，我們要教可以用到的知識，尤其是生活的知識。孩子必須了解，凡事取決於心態。當你自立自強時，別人會敬佩你，就會來幫助你，最後力量匯齊了，你就成功了。因此訓練孩子主動積極去尋找機會、解決問題是學校第一個要教的做事態度，也是學生出社會後成敗的關鍵。

第二個習慣「以終為始」是訓練學生計畫好了再去做，謀定而後動。因為人生不能逆轉，時光過去了也追不回來。常常看到年輕人不懂人情世事，誤入歧途後，「一失足成千古恨，再回頭已百年身」。但是因為人無法未卜先知，有時迂迴的路不可避免，但這也沒有關係，任何路，只要好好的走，都能學到東西。我是先念了法律系，後來才轉去念認知神經科學，我也曾後悔浪費了四年時光念法律。但是在人生的路途中，我發現法律系給我的邏輯訓練常常在不知不覺間，幫助我避開了很多陷阱。蘋果電腦創辦人賈伯斯在里德學院就讀時，曾去旁聽了一門「Calligraphy」（書法課）。沒有人想到二十年後，他把各種字體用到蘋果電腦上，成為蘋果電腦的一個強項。

這本書所列出的每一個好習慣我都覺得是教育孩子的核心。我再提提書中列出的習慣三「要事第一」，要把時間花在最重要的事情上。最初看到這個習慣時，我心想，難道有人不是這樣做嗎？為何還需要特別拿出來講？後來發現的確有人每天忙忙碌碌，但忙的都是雞毛蒜皮的小事，結果一生一事無成，虛度了光陰。

民國四十幾年我念小學時，有一次國光劇團公演「小放牛、三叉口」。我很愛看京戲，很想跟父親去看戲，可是第二天要月考，我在那兒舉棋不定。父親說，先把必要的事做完，你就會有很多時間去做你想做的

事。於是我趕快溫習完功課，安安心心的去中山堂看戲。因為責任已了，便可享受自由。而我妹妹下午先去午睡、沒有溫書，她雖然也去看了戲，卻心神不定，邊看邊害怕考不好，會挨老師打。從此我了解重要的事要先做，它可以解放你的心靈、免除你的焦慮。如果孩子從小學會這一個好習慣，他以後將受用無窮。

品德是決定一個人一生成敗最大的因素，既然已有學校很成功的應用這些原則在教育孩子上，為何其他學校不跟進呢？

杜威說的好：「用昨天的方法去教今天的兒童是剝奪了他明天的機會。」教育是為學生出社會做準備，既然社會不一樣了，我們怎能不跟著改變呢？美國的就業調查發現，除了法律、工程和醫學這幾個專業學院，其他領域畢業生後來的工作都和他在大學的專業沒有很大的相關。在求職面試時，公司看的是人品，不是技術，因為技術可以培訓，而人品很難改正。

學校現在一定要拋開分數和排名的迷思，用自己的特色去吸引對學習有興趣的學生。本書中的寇姆斯小學，因為以培養領導力為教學核心，學生人數從不足額的三百五十人暴衝到滿額的近九百人。他們教學生求知與做事的能力、學習和他人相處（特別強調「聆聽」的重要性，這一點是所有成功的CEO共同的長處），最後教孩子如何自我實現：你只要有好的頭腦、健康的身體、求知的能力、良好的人際關係、高尚的情操，怎麼可能不成功呢？

仔細想來，這些正是我們台灣學生普遍缺乏的能力，我們需要大刀闊斧的改善教育內涵，不要再為了課綱在那兒消耗時間和精力。愛因斯坦說的好：「如果用爬樹的能力來評定一條魚有多少能耐，這條魚終其一生都會認為自己是個笨蛋。」

「但願少年有知，但願老者能為」，生命不可蹉跎，我們趕快依循這七個習慣來打造我們未來的領袖吧！

自我領導力教育對台灣教改的可能啟示

周祝瑛

（政治大學教育系教授）

筆者於2009年為第一版《7個習慣教出優秀的孩子》（以下簡稱「本書第一版」）寫幾句推薦的話時，曾提到：「很企盼這本書能觸及國內各階層教育決策者的內心深處，成就更多台灣的『桑莫絲校長』，引領我們國家教改的寧靜革命。」回頭檢視這本書第一版自出版後對台灣的教育改革，有何影響？一開始確實有「起而效尤」的現象。很多學校（尤其是小學）帶頭從事有關「領導力教育」、「七個習慣」的演講或研習，引起了許多學校與校長們的注意與行動。例如：本書二版後記提到保長國小推行「自我領導力教育」（The Leader in Mc，簡稱TLIM），有效的打造了「保」證成「長」的品格學園。

我相當認同本書「領導力教育」所抱持的理念：「教育是為了培育孩子們個人獨特的能力，幫助他們肯定自我價值，以迎向多元的現實世界。」我一直以來提倡並致力於「多元智慧」（Multiple Intelligences）在中小學教育的發展，始終認為「在紙筆測驗上表現不佳的孩子，一定在其他智能上有過人之處」。至於每個孩子獨特的潛能在哪裡？就要透過各種不同的教學活動來發掘並增強他的潛能特質。

就以本書「領導日」的設計來說，實際上的內容主要就是國內中小學的「親師懇談」加上「學習成果發表」，不一樣的是「領導日」改由學生

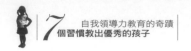
來主導。謹以另外兩個例子來說明這項活動背後的教育理念。

筆者曾參加女兒的「親師懇談」，發現有個男生非常特別，他在導師作PPT簡報時，一直站在教室前頭的兩邊，負責關燈和為導師呈現各項教學資料與成果，表現大方且有禮。會後我私底下問女兒，她說：那個男孩是自己的partner，以前常常不寫作業、上課打瞌睡，成績不大好，但最近因參與許多班上的活動，開始發現自己能派上用場，於是上課改善很多。由此可見：多給孩子舞台表現，就有機會發展每個孩子的潛能，哪怕是那些看起來「不起眼」的學生。

另一次是兒子國中二年級時，邀我參加期末學習評量親師會，以便向家長報告他這學期各方面「是否達到自己預期的目標」。過程中兒子除了需拿著各課程檔案夾，向家長報告他的學習成果，還需接受其他人的提問。幾次一問一答之後，兒子便可以自己歸納出結論：期末時每一項都有進步，大致達到期初預定的目標，除了數學以外！

以上例子可說明：教育是培育或「轉化」孩子的個性發展；發現、正視並發展每個孩子的潛能特長，才能讓他（她）「自信」而「自律」地追求人生的夢想。透過本書「自我領導力教育」的理念和策略，正可以協助上述多元智慧與多元發展的理想。

誠如2008年諾貝爾經濟學獎得主克魯曼（Paul Krugman）曾說：「人類之所以至今還受苦的原因，是因為沒有改變舊習慣。」因此，「自我領導力教育」迄今對我國教育的改革影響仍有待推廣，主要是大家都有惰性：一動不如一靜。的確，大家寧可承受因不改變而可能造成的痛苦，也不願承擔因改變習慣而帶來的不便。因而，政府的公權力適時介入有所必要，如：辦理教師和行政人員相關研習營、設立標竿學校、融入相關教學、鼓勵創新與改變等措施。

最後，在十二年國教即將全面實施之際，不妨從國際上教育改革的發

展趨勢，來省思「自我領導力教育」如何可以為台灣十二年國教的推動提供助力。近年來，在全球化以及網際網路快速發展下，各國政府都面臨到前所未有的壓力，而必須調整教育的整體結構。例如：

1.教育部門大多經歷改組，必須與教育青年發展、職業訓練，或是人才培育等部門相結合。

2.教育政策多受政黨左右，教育中立的理想需要更多具有獨立判斷下一代的參與。

3.在網路文化盛行下，當亞洲國家的青少年還在為升學壓力而掙扎，西方國家的學校更重視學生未來的就業問題。

4.學制延長爭議多，各國政策經常在義務教育應該向下延伸一年，還是向上提昇一年之間擺盪。

5.國際教育評比不能忽視，無論是PISA、TIMSS，甚至世界一流大學排行等，都是備受矚目的新興國際項目。

6.公平、效率與全球化備受關注，但階級複製與貧富懸殊現象逐漸加深。

從以上國際教改的六大趨勢，可看出這些其實是與台灣近年來推動教改的方向息息相關。因此，台灣的教育不能再只靠公部門的推動，唯有民間力量的加入，才能挽救日趨嚴重的學生學習雙峰現象，以及教育市場化、貴族化等問題。

有鑑於此，從本書再版中的許多新案例，可以進一步提供有興趣的國人與團體，從事更多基層教育的有效改善措施。

看見教育的生機

鄭端容

（前新北市莒光國小校長）

人真的有「三句不離本行」的習性。看完全新改版的《7個習慣教出優秀的孩子》一書，我這離開教育現場已近二十年的人，整個思維竟都還在教育一事。

放下書，我神遊在記憶中的教學現場，一九五〇、六〇年代，質樸的鄉鎮小學，我和幾十個高年級小朋友在一起。

我問孩子們：「你們長大了想做什麼？」孩子們告訴我他們的夢：要做醫生、要開飛機、要當老師、要去上班，要當大阿兵哥（軍官）、要去工廠、要去鎮公所上班、要做老闆、要回家跟爸爸種田，要開麵店、要做土水（水泥土）……。接著我再問：「你要做什麼樣的醫生？什麼樣的機師？什麼樣的老闆？……」孩子們的回答就較多樣，也很雜，像：做個好XX……。經過我追問「好」是個什麼好法？我將他們的回答整理起來，大約是：親切、有技術、認真、誠實、勤勞……。

在那個時代，類似貢獻、合作、服務等語詞還不普遍，但孩子們的發言裡都有這個概念。

從孩子自己所描繪的未來形象，可見到有他自己，也有周邊的人，不愧是人「類」的子孫，蘊藏著人類向善向美的天性，也讓人看到教育的無限可能。

　　我問孩子的那兩個問題：「你長大了要做什麼」「你要做一個什麼樣的人」，這幾乎是我們每個人都會問孩子的問題，也幾乎是我們每一個人也都曾被問過的問題。看似很普通、很簡單，其實是人生的大哉問。

　　大人，尤其是教育方面，到底該給孩子什麼樣的能力，才能讓孩子足以安身據以追求自己的幸福，同時又能奉獻自己、與人合作，謀求社會更好的發展呢？

　　是而每個時代、每個國家，都該有因應這個時代的教育目的、教育內容和教育方法。據我所知，處在這激動的二十一世紀，所有進步的國家，都對這國家層級的任務極其敏感和重視，陸續提出相關研究和政策，我從他們產、官、學各方面所提出來的意見中發現：培養「解決問題的能力」和「人際的能力」是所有對國家教育大計所提建議的共通項。我極為認同。

　　因為生而為人，每個人便時時刻刻處在必須解決問題的壓力中。所謂問題，小自個人的衣食住行、人際往來、感情問題、生老病死，大至社會環境、政治、經濟、天災地禍等。每一個人的處境雖然不同，但都有必須解決的問題。所以，有人說，人生便是解決大小問題的歷程。因此，能夠把和自己相關、和大家相關的問題好好解決的人，就是一個優秀的人、就是一個成功的人、就是一個可以追求到幸福的人、就是一個可以貢獻社會的人。這麼看來，在所有問題都愈趨複雜難解的今天，「為孩子厚積解決問題的能力」應該就是當前教育的核心任務了（解決問題的過程必有人際互動）。

　　只是，一句「解決問題的能力」，多抽象、多難以捉摸啊！教育的目的和教育的內容必須是具體可行的啊！

　　在接觸《7個習慣教出優秀的孩子》這本書之際，這些思維在我的腦海中奔騰，我也很興奮，因為柯維博士研究的成果「七個習慣」，正可以

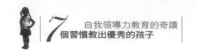

是「解決問題的能力」這個教育目的下，很具體、很有效的教育內容。

　　柯維博士提出的七個習慣，也可以說是七種能力，能力必須一再磨鍊、反覆練習才能落實，最終才能「上身」而成為習慣。換句話說，能力必須滲透到身心，才能產生化學作用成為習慣，也才能夠在需要它的時候，可以不用思考、不用提醒，以神奇的化學作用，成為解決問題的綜合能力。這個歷程並不簡單，但本書把這整個歷程的道理和做法，用一個個實徵的紀錄，闡釋出來，看了會觸發我們「想要學」的強烈意念，和「想要做、可以做、必須做」的決心和信心。

　　新北市保長國民小學是台灣第一所推行以七個習慣為架構的「自我領導力教育」現場，或許可以提供我們實徵的支援。

　　我在二○一五年十一月應邀前往保長國小參訪。導覽時，每位來賓面前都有一個小朋友。一個二年級的小男孩上前來，說要為我介紹他的班級、導覽他的學習成果。我牽起他的手，他臉上帶著稚氣和些許緊張，但舉止有節、口齒清晰的自我介紹。剛開始，我察覺他的小手有些僵硬，但在行走間，我發現他知道怎麼閃身讓路、尊重客人，尤其他感覺到我的年邁，移步之際會注意我腳下的安全。場中有一處需要脫鞋，他告訴我客人不用脫，然後蹲下身、脫下自己的鞋，整整齊齊地擺好。之後再穿鞋時，他很快拿了鞋、擺齊、穿好，再起身邀我。在我面前的原來是一位小紳士！

　　每經一處，他都會介紹他們在這裡做了什麼，再說明這件事與七個習慣的關連，對於我的提問，他也都能適切回答。我讚嘆他的回應有條有理、口齒清晰，而他態度中自然流露的「身為保長人的驕傲、信心和喜悅」，也深深感動了我這教育老兵。

　　導覽結束前，我說我已成為他的粉絲，請他簽名。他握筆正確、認真勾勒出三個漂亮的字。活動之後，他在送我的合照後面附了信，筆跡工

整，文字中更看得出童稚的真情和寫作的好能力。在保長，我看見孩子們都處在學習的快樂中，他們的成長甚至超乎我的預期。我也看見七個習慣的教育似乎也牽動了品格教育外鑠與內發的相互作用。

對《7個習慣教出優秀的孩子》這本書，我只有一句話：「好看！」因為每一個例子都自成一個故事，關心孩子、關心教育的人讀來肯定會被深深吸引。當我們到過一個好地方或好店家，總是會有「趕快帶親朋好友來」的衝動。我對這本書就有這種感覺，所以特別要向「想要找回教育熱情和理想的教師夥伴」，還有，正在為兒女找尋幸福的父母親，我負責地、熱切地推薦這本書。

自我領導力教育就是解答

柯沛寧

（沛德國際教育機構執行長）

兩年半前，我與幾個志同道合的夥伴以「社會企業」的模式，創辦了沛德國際教育機構。會選擇離開自己最喜歡的教學現場，最重要的原因是，我們發現一套能夠有效協助老師達成教學目標、確實提升學生品格、生活技能與學習成果的教育系統，並希望能夠帶進台灣、迅速普及。

話說從頭——我是一名老師。2000年第一次教學開始，我就愛上了這份工作。與其說是工作，不如說是一種生活方式。多年來在課堂上、校園中、球場上、宿舍裡與孩子們相處，幾乎是我的一切，我喜歡這種隨時接受挑戰的工作。孩子們很天真，時常給我最真實、立即的回饋，若教學或班級經營有效，我也會看到孩子快速成長，深覺與有榮焉、很有成就感。隨著一些成功經驗的累積，我開始希望能夠多做點什麼，與同事分享信念與做法，希望能在學校裡做一些改變。

然而站在教學第一線，我也和所有的老師一樣，時常面臨不知如何解決的問題：提不起勁學習或完全放棄的態度、屢勸不聽的行為問題；被動、沒有方向、焦慮、憂鬱的孩子、缺乏向心力的班級、沒有信任感的家長等……

更嚴重的是，學業導向、滿載的課表、考試的壓力、功利的社會價值觀、媒體的影響、網路世界的誘惑，更不時給學生、孩子的家長以及擔任

老師的我，帶來巨大的挑戰。

我感到疲累、無力、甚至沮喪。雖然沒有放棄思考如何改變校園文化、給孩子最關鍵的協助，但也開始懷疑自己——連自己的班級都無法建立起正向的文化，還談什麼改變學校……

家長與社會都希望孩子能夠平安長大，成為負責任、快樂、自信、有成就的人，但我們的教育真能達成這些目標嗎？

就在思考這些問題的時候，我接觸到了《7個習慣教出優秀的孩子》一書。書中的故事讓我心馳神往，我興奮地與學校夥伴分享，並積極爭取將「自我領導力教育」導入學校的機會。為了學習並確保計畫的可行性，我與兩位夥伴拜訪了寇姆斯小學，親眼看見自主、自動、自信的孩子，完全不樣板！我也發現快樂、專業、合作、有尊嚴的老師；聽見驕傲的家長分享自己孩子的改變以及對學校的感謝。

我發現，原來自我領導力教育已發展出一套完整的「系統」。就像電腦的作業系統，自我領導力教育擁有完整的安裝流程，而這個流程的施力點，就是一套架構清晰的師培課程。

自我領導力教育選擇在師長身上做最大的投資，因為這件事槓桿效益最高——師長是孩子的典範，與孩子接觸的時間長、影響大。絕大多數的孩子花最多「學習」的時間在學校，思想與行為深受師長及校園文化的影響。

透過幫助師長找回初衷、釐清願景、確立使命、提升自身的效能，自我領導力學校的老師們得以積極發掘每一位孩子的天賦、透過授能與賦權，為孩子打造發揮天賦的舞台及成功經驗。這件事完全改變了師生關係、徹底改造了校園文化，甚至將影響力擴散至家庭與社區。

我心想，這就對了！台灣的學校也要有這樣的機會！我發現，原來我所面臨的挑戰其實有根本的解方，做法也很明確。

　　自我領導力教育的核心元素是「以身作則」。參加完七個習慣訓練及自我領導力教育研習之後，我清楚理解到，老師才是一切改變的開端。要全方位提升效能，必須先從老師自己的思維及行為的改變著手。學生要好，老師得先好！

　　我開始實踐七個習慣、改變自己，從設定目標、時間管理，培養雙贏心態、專心聆聽等，一步步做起。漸漸的，透過相互支持、習慣內化，同事之間有了共同的語言，團隊的效能逐漸提升。

　　過程中我發現，自己最需要加強的是習慣五「知彼解己」（或許很多老師也和我一樣）。因為多年來「好為人師」，常常只顧著自己講、忘了聽孩子說，造成師生關係緊張等低效能的結果。

　　我有一個現在常與人分享的例子。一天，我在班上告訴學生，我正努力鍛鍊習慣五「知彼解己」，希望請他們擔任我在學習過程中的「責任夥伴」（accountability partner）。規則是，只要是我不先理解學生就說教、嘮叨，大家可以勇敢糾正我、不用客氣。我們還設計了計點機制，如果老師「犯規」，累計5點，就要請客！孩子們當然成了我最忠實的「糾察隊」。

　　改變習慣，知易行難。我很快就累積到了4點，而最後一擊發生在一次打掃時間之後。我發現教室垃圾桶上放了一坨報紙，未經思考，我就在全班面前責怪衛生股長與負責倒垃圾的學生。這時孩子同聲大喊：「吼……老師沒有先理解我們！」原來，報紙中包的是不小心打碎的馬克杯，因為不確定該如何做好垃圾分類，學生決定放學後再請教老師。我又錯怪學生了！我立刻道歉、全班歡呼、履行承諾──請喝飲料！我反思，從表面上看來，學生贏了飲料、老師輸了，但這其實是師生的大雙贏，因為我們成了學習的夥伴，不但我鞏固了剛開始建立的新習慣，孩子也提升了對習慣五的覺察力，大家都進步了！我慢慢體會到「以身作則才能建立

信任」的道理。這就是「原則」的力量。

授能與賦權（empowerment）則是教導七個習慣與領導力的最高原則。我發現孩子們理解七個習慣的速度超乎想像，他們學習與實踐的能力甚至超越成人。但重要的是，師長必須為孩子創造承擔責任的機會及發揮天賦的舞台。

我發現，在台灣現有教育環境裡，師長往往因為不放心，或只從成人的角度出發，希望控制學生的思維，因而無法真正讓孩子釋放天賦。但在自我領導力教育中，老師的思維完全不同──孩子才是學習的主體，孩子的「聲音與選擇」（voice and choice）最重要。這樣的學習對孩子才有真實的意義，才能讓孩子體驗到自主學習的樂趣、擁有真正的學習動機與成就感。

舉例來說，邀請學生參與規劃、分工、執行、檢討學校的期末成果展，是自我領導力學校的常態。也就是說，老師必須打破一般過往的思維與做法──成果展不再是老師忙，而孩子則像道具一般被安排呈現。新的思維是孩子是學校的主人，他們是主體，應該由他們決定成果展的內容與進行方式。放手、放心是賦權的關鍵！只要事前有適當的準備、釐清期待及陪伴，相信孩子，他們一定會全力以赴、成果驚人。

我發現我之前真的是小看學生了！原來問題不是出在孩子，而是我看待他們的方式。

和我一樣，許多老師開始看見每一個孩子獨特的天賦、為他們打造舞台與成功經驗。透過以身作則、授能、賦權，大大的改變了師生的關係。孩子們因為被信任、被尊重、被聽見，開始了自主、自動、自信的正向循環。全體師生開始浸淫在符合原則的校園文化中，嘗到高效能、事半功倍的美好滋味，影響力甚至逐漸擴散至家庭（請看本書「後記」保長國小的故事）。

　　兩年多以來，沛德有機會與七所學校、一個課輔機構的老師共創屬於台灣的自我領導力教育。思維建立與行為改變的過程非常不容易，但這些實踐自我領導力學校的師長、孩子，甚至家庭，都已開始品嘗初熟的果實。感謝這群勇於嘗試與改變的領導人，願意承擔「先行者」的重任，為台灣教育系統升級披荊斬棘、成為孩子生命中的貴人。在此向他們致上最高的敬意。

　　我們如何能夠裝備孩子們在未來遽變的世界中擁有安定的心靈、活出有意義的人生、做出真正的貢獻？我們的下一代如何能夠擁有堅實的品格及優秀的生活與工作的能力？

　　我深信，自我領導力教育是一個解答、可以為我們提供改變的行動力。盼望藉由《7個習慣教出優秀的孩子》第二版的問世，台灣社會能夠重新思考品格及生活技能的本質及方法。我們盼望更多學校與教育工作者能夠加入自我領導力教育的行列，共同為台灣的教育打造出大家期待已久的改變。祝福你在閱讀中得到希望與力量，我們一起加油！

追念與致敬

就在《7個習慣教出優秀的孩子》第二版定稿前夕，柯維博士與世長辭，享年八十歲。

柯維博士這一生活得精采、充滿意義。他的足跡踏遍全球，熱切教導這個世界如何以亙古常新的原則來提升個人及組織的效能。數以百萬計的人受到柯維博士影響，得以提升自己的生命品質與意義。

當柯維博士拿到哈佛大學MBA學位時，大家理所當然的認為，他一定會投入蓬勃發展的家族事業。然而，他卻告訴父親，他希望投入教職，而他也做到了。柯維博士職業生涯的前二十五年都在大學教書。他最珍惜的是，學生因為找到並發揮了潛能，眼睛所發出的光彩。由於柯維博士的課太受歡迎，後來甚至必須移到體育館去上課。

隨著時間推移，無數企業與政府開始邀請柯維博士去傳授他教給學生的這些原則。無論去到哪裡，柯維博士總能觸動人心、啟發眾人，將生命提升到更高的層次。這些工作終而促使柯維博士離開校園，創立富蘭克林柯維公司（FranklinCovey®），並成為全球最具影響力的領導力企業之一。雖然如此，柯維博士一直認為，自己最基本的身分仍是老師。

當柯維博士的職涯漸入晚期，大家認為，他應該會放慢腳步，多花一點時間享受家庭生活。柯維博士確實享受了更多的家庭生活，但他並沒有停止追求生命的初衷：「用力生活，愈活愈精采！」他永遠相信，自己可以有更大的貢獻。然而，以柯維博士已經創造的成就來看，如此「更大」的貢獻可能會是什麼呢？

　　人生最後，柯維博士的熱情重返校園。自1989年出版了《與成功有約》這本經典之作以後，超過五十萬的教育工作者、三百萬學生（多為青少年及大學生）都學習了七個習慣。這讓柯維博士欣慰萬分。但更讓他熱情澎湃的，則是小學校園裡慢慢出現的火苗。

　　一切要從1999年美國北卡羅來納州洛利市的寇姆斯小學開始說起。寇姆斯小學裡一些創意無窮的老師，開始將七個習慣教給學校裡的孩子 ——甚至是四歲大的小小孩。他們的做法最獨特的地方是，他們不只將七個習慣設計成一門課，相反的，他們以七個習慣做為改變整個校園文化的基本架構。很快的，寇姆斯小學從一個亟需翻身的問題學校，一躍而為全美第一名的「磁性學校」*。學生的紀律問題驟降、自信心大幅提升、教職員及家長的滿意度，甚至學生的學業成績都大幅提升。

　　不多久，其他學校也開始推行這套「自我領導力教育」（The Leader in Me，此為本書英文書名）流程，成果也同樣耀眼。風聲傳出後，許多人直接找上柯維博士，堅稱柯維博士有「道德責任」，必須將這一切寫出來。為了回應這個「道德責任」，柯維博士在2008年底出版了本書。這本書觸動了眾人的神經，並引發一波自發性的漣漪效應。到目前為止，第一版在全球總共售出了二十萬本，超過兩千所學校開始推行「自我領導力教育」流程。

　　在推動學校上路的過程中，大家學習到許多寶貴的經驗。許多實務典範及幫助學校啟動、持續推行自我領導力的祕訣紛紛出現。於是我們決定將《7個習慣教出優秀的孩子》增訂改版，以便呈現至少一部分的新發展、新發現及新願景。不幸的是，在尚未看到第二版成功告成之前，柯維

---

*譯注：磁性學校與磁性課程是美國公立學校面臨校際間激烈競爭所形成的一種學制上的變革。磁性學校無學區限制，學生除了學習讀、寫、算的基本技能外，更可參加特殊專長的學科，如：音樂、戲劇、電腦、法律、視覺藝術等。

博士就先一步離世。

因此，我們三人滿懷謙卑，決心聯手完成這份手稿。為此，柯維博士之子西恩‧柯維扛起了富蘭克林柯維公司執行副總一職，並擔負領導富蘭克林柯維公司教育團隊的重責大任。透過撰寫《7個習慣決定未來》、《與未來有約：年輕的你將面對的6個關鍵決定》，以及《與成功有約兒童繪本版》等書，西恩一直致力於將七個習慣帶給學生、甚至幼童。他的著作也都成了《紐約時報》的暢銷書。

透過本書，大家會開始認識寇姆斯小學的校長桑莫絲。身為「自我領導力教育」的先行者，桑莫絲除了帶領校務，也是傑出的演講家與驕傲的母親。大衛‧海契博士則貢獻了他帶領許多企業、政府及教育組織進行變革的經驗與深度。海契博士是本書第一版的研究團隊負責人，除了負責領導增訂版的研究團隊，過去幾年也為全球數百所學校在推行自我領導力教育的過程中，提供了重要的協助。

柯維博士如果在世，他一定會第一個跳出來，堅持將這一場驚人的教育改革運動歸功於那些全心投入、創意十足的教育工作者，而非他自己或我們這個團隊。這些教育工作者彼此統合綜效，與家長、企業領袖及各地的教育當局聯手，共同為孩子的教育帶來一股新希望。數以百計的老師、地方教育主管、校長、家長、教授，以及各地教育委員會成員，自願為本書貢獻智慧、提供意見，甚至嚴謹的校閱。我們在此向他們致敬。

除此之外，柯維博士也一定會向他的長期戰友奎格致上最真摯的謝意，因為奎格從一開始就為這項計畫提供了最具前瞻性的指導。奎格以及富蘭克林柯維教育團隊的講師群、業務同仁、客戶服務人員及總部同仁，也都為本書提供許多獨特的洞見。這些貢獻只有他們為孩子及為教育工作者提供最佳服務的熱情差堪比擬。

在呈現本書時，我們清楚認知到，教育工作者近年來一直是大量負面

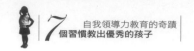

報導的攻擊對象。但這完全不是本書的目的 —— 與其當個批判者，我們寧可將心力放在發掘教育界正在發生的許多正面的事情上。最近幾年，在拜訪任何一所學校之後，我們無法不對其中一些甘心樂意自我犧牲、每天盡心竭力為年輕生命帶來改變的老師感到由衷的敬佩。在此向他們致上最深的敬意。

希望這本從教育現場出發的全新增訂版，能夠讓大家覺得深受啟發與激勵。如果書中這些教育工作者所做的努力及所獲得的成果也讓你心有所感，我們邀請你深刻思考，可以如何運用你的力量，將這種轉變的機會帶給你周遭的學校或孩子。我們希望你能夠加入我們的行列，為幫助我們的孩子今後能夠擁有一個更高效能、更有意義、更滿足的人生而努力。

西恩・柯維

妙麗・桑莫絲

大衛・海契博士

www.theleaderinmebook.com

1 | 好得令人難以置信？

我們推行品格教育多年，但成效不彰。當我開始跟人提到可以嘗試「領導力教育」，有些不以為然的人認為這又是一堆華而不實的理論。但現在，他們也都成了領導力教育的信仰者。

—— 萊莉，佛羅里達州塞米諾郡公立小學

○○八年底出版的《7個習慣教出優秀的孩子》，以派特爾博士夫婦的故事開場。當時他們剛搬到北卡羅來納州首府洛利市，開始展開為自己孩子尋覓學校的任務。他們希望能為孩子找到一個能夠安全學習、充分啟發心智的環境。他們向鄰居、同事打聽之後，有一所學校不斷被提起，那就是寇姆斯小學。

從書面資料看來，寇姆斯小學平凡無奇。它是一所座落於洛利市郊區的公立學校，有近九百個學生，其中18%學生母語不是英文，40%的學生家境清寒、接受政府的午餐補助，21%的學生接受特教課程。學校校舍已有五十年歷史，許多老師在寇姆斯任教數十年。

雖然從書面介紹看不出寇姆斯小學有任何不尋常之處，但派特爾夫婦卻不斷聽到完全超乎他們想像的事蹟。他們聽說，寇姆斯小學的學生不僅成績優異，而且充滿自信且謙恭有禮、教職員潛心教學，而且還有一位「全美年度最佳校長」。寇姆斯的學生少有紀律問題 —— 事實上，其他學

寇姆斯小學是位於北卡羅來納州洛利市的公立國小。

校的問題學生到了寇姆斯，竟都出現驚人的改變。這一切聽起來好極了。事實上，對派特爾夫婦而言，這個學校似乎有點「好得令人難以置信」。

派特爾夫婦決定親自到學校走一趟。他們發現，光是走進寇姆斯的大門，就是一種耳目一新的經驗。那裡有著其他學校沒有的氛圍。牆上到處是令人愉悅、甚至激勵人心的布置。多元文化受到擁抱。他們發現，所有學生和教職員都學過「七個習慣」，也就是多年來全球頂尖領導人都深深浸淫的領導力原則的訓練。他們觀察到，所有學生都有自己的「領導力角色」，而且許多決定都由學生來做，而非老師。他們看到學生自己訂定學業目標及個人目標，同時在每個學生特色獨具的領導力筆記本中進行目標追蹤。所有的一切都令人驚艷。這次拜訪讓他們深信，自己聽說的一切都是真的。

派特爾夫婦把孩子送進寇姆斯小學。如今他們都已畢業，也獲得一生難忘的學習經驗與回憶。許多家長也參觀過寇姆斯小學，親眼見證這所學校是不是真的「好得令人難以置信」。絕大多數的家長不僅對自己看到的一切深深滿意，而且興奮得知，如今全球已有三十五個國家、超過兩千所學校正在推行自我領導力教育。

你做何決定？

派特爾夫婦、其他人（甚至你）之所以會覺得寇姆斯小學是不是「好得令人難以置信」，最主要的原因是，這所學校的一切與我們所熟知的教育現況反差實在太大。我們被校園中的霸凌問題、學生言行粗魯、成績低劣、缺乏紀律、暴力充斥、畢業比例過低、教師素質低落等惡行劣跡徹底洗腦，以致我們都成了冷血的懷疑論者，無法相信任何正面的故事。我們要不是根本不相信所聽到的一切，就是認定這等好事絕對只是曇花一現。

質疑當然有其價值。它讓我們不致輕信一時蔚為風潮卻根基淺薄的理論或計畫，最後卻換來熱鬧一場、失望收場。然而，質疑雖然有其好處，卻也是願景與熱情的一大殺手。質疑心態只會創造批評家，而非典範。質疑心態不能讓人跳脫框架思考，反而限縮了框架。質疑心態只能帶來毫無企圖心的教育改善策略及平庸的教案。這也是為什麼質疑心態及它的一班好友——悲觀主義、消極心態、冷漠、絕望——絕不能被聘任來掌理學校、班級、輔導室、圖書館，甚至是學校的操場。

更適合領導及掌理學校的基本心態是「希望」。「希望」會大聲告訴我們更好的方法、讓孩子和教職員大步向前、在不幸事件所帶來的陰影背後看到一線光明。「希望」也可以讓我們看到每個人的潛能。派特爾夫婦及許多家長在寇姆斯小學及許多學校裡看到的，就是「希望」。他們在老師教學的熱情與投入上看到希望；他們在孩子熱情學習一生受用的技能上看到希望；他們在積極投入、心滿意足的家長身上看到希望。在「自我領導力教育」的旌旗下，這一切正在為教育界帶來一股全新的希望。

讀完這本書之後，我們希望你對「自我領導力教育」的了解，可以讓你自己決定，自我領導力教育是否真的「好得令人難以置信」。

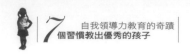
符合現實世界的需要

本書中的學校經常強調的一點是,他們正在做的事情「完全符合現實世界的需要」。請容我們說明。

不久前,我們還活在所謂的「資訊時代」。在那個時代裡,掌握最多資訊的人,或是說腦袋裡裝進最多知識的人,就能在以資訊為主的各種考試中得高分、進入以資訊為主的頂尖大學,然後幫助自己加速攀爬以資訊為主的事業階梯。在那個時代裡,所有學校唯一關心的,就是如何在學生的腦細胞中塞進最多的資訊。

那個時代過去了。取而代之的是「知識工作者」的時代。過去我們必須在學生腦袋裡努力塞進只有頂尖學府裡的頂尖專家才能擁有的知識,但現在,不管你在天涯海角,只要滑鼠一按,這些知識唾手可得。無論是在飛機上,或是在等公車、坐在辦公桌前,甚至是住在茅草房裡,口袋大小的手持裝置幾秒鐘之內可以提供的資訊,遠比不久前,我們得在某個大學的圖書館裡整整呆上一個月才能取得的資訊多上更多。也因此,過去許多需要高學歷才能獲得的菁英工作,如今卻可以輕易交給電腦,或是只有基本教育程度的人接手。單純的知識,已不再是決定一個人能否在當今這個現實世界中成功的主要因素。

如果知識或學問不再稱王,那麼,決定一個人是否能夠在新的現實世界中成功的關鍵因素又是什麼呢?根據品克及一些專家的研究,能夠在當今世界冒出頭的贏家,是那些擁有水準以上的創新能力、優秀的問題解決能力,以及「先見之明」的人。這些人是發明及設計專家、大格局思考者、能夠創造「意義」的人,以及善於辨識「模式」的人。他們長於分析、優化、統合綜效、表達、運用知識來做有益的事。這就是他們被稱為「知識工作者」的原因。

　　不僅如此，在進入「知識工作者」時代的同時，我們的社會型態也改變了。愈來愈多的孩子在放學後會直接回家、關進房間，獨自一人打電動，一直打到父母進門為止。電動遊戲的設計多半是「搜尋」，然後「摧毀」，不需與人溝通或「找出更好的解決方法」，沒有後果，也不需為自己的行動負責。其他學生則是選擇在下課後與朋友在網路世界中「聊天」，而不必實際「碰面」。我們協助推行自我領導力教育的一所學校中，竟有90％的學生來自單親家庭，其中大多數的孩子從來沒見過自己的父親。另一所學校則位於毒品氾濫的區域，學校外牆布滿彈孔。

過去幾十年，這個世界屬於一群擁有特定心智能力的特定族群 —— 會寫程式的電腦工程師，專搞訴狀的律師，以及玩弄數字的MBA。但現在，即將豬羊變色。

—— 品克，《未來在等待的人才》

　　另一方面，科技與交通的進步讓這個世界變成一個全球性的競技場，愈來愈多孩子開始以世界公民的角度進行思考，某些孩子則覺得自己應該享有某種「特權」。社會變遷的例子不勝枚舉，其中許多改變讓不少成人擔心，今天的孩子要如何才能學會與人正常溝通、以文明的方式解決衝突、與多元背景的人共同合作，或如何在這個競爭激烈、隨時處於動盪狀態的世界中平穩度日。

　　沒錯，「時代變了」的確是一句老話，卻一點都不過時。事實上，這個時代改變的速度，快到連「知識工作者的時代」都已不足以形容我們身處的世界。因此品克才會觀察到，除了擁有知識工作者的特質之外，真正能夠悠遊於今日世界的人，同時也必須長於聆聽、善於建立團隊。他們必須能夠「了解人性互動的微妙，深諳獨處之樂，同時還能幫助別人找到

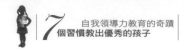
快樂」。他們自己或許沒有廣博的知識，但卻懂得如何將聰明的人聚集起來，整合知識、共同找出解決方案。換句話說，他們不僅要有善用知識的能力，更要擁有優秀的人際能力。

品克絕不是在唱獨角戲。我們在第二章會看到，許多專家早已預知新時代的來臨。他們說的絕非未來世界，而是此時此刻！他們強烈呼籲教育工作者，必須仔細思考新現實世界中逐漸成形且沛然莫之能禦的三大挑戰：

學業。在新的現實世界裡，學生要學的不是死背、反芻知識，而是要懂得如何在現實情境中活用知識。他們必須擁有優秀的分析、思辨、解決問題以及創意的能力，才能迎接未來的生活。要能如此，教育工作者必須重新檢視、調整自己的教學方法及課程內容，以面對這種全新的學習及活用方式。

校園文化。在當今的現實世界裡，哪個學校不需要與冷漠的學生、霸凌、紀律問題、蹺課或學生的孤獨感奮戰？哪個學校不需要面對缺乏合作的教職員、冷淡的老師、缺乏願景、抗拒改變、閒言閒語的毒素，或是絕望的家長？過去，學校或許可以容許校園文化自然形成，但今天的學校無法再讓打造校園文化淪為被動的工作。學校必須更主動、更積極。

生活技能。社會已經發出愈來愈強烈的呼聲，要求學校必須教導學生更多個人生活以及人際互動的技能。它們有時被稱為工作技能、職場技能，或是「社會情緒學習技能」，甚或是更簡單的「生活技能」。無論是什麼名稱，現況是，許多學生進入大學、職場、婚姻，甚至在成為父母時，都不具備這些能力。

沛然成形的三大挑戰

　　這些欠缺部分說明了為何超過三成的學生都熬不過第一年的大學生涯。因為他們缺乏處理生活、獨立自主或與人交往的能力。過去，我們都假設學生會在家庭中學習到這些技能，但這種假設顯然已不存在。

　　當然，這些挑戰一點都不「新」，學校早已為這三大挑戰奮鬥多年。不同的是，教育工作者現在面臨到全新一波的壓力 —— 社會期待學校同時提供面對這三大挑戰所需的教育內涵，而且標準必須拉高。這就是新的現實。

　　當今的學校在回應這個新現實上，表現如何？世界著名發展與認知心理學家嘉納（著有《多元智能》、《心智解構》等經典之作）的回答是：不甚理想。在他的著作《決勝未來的五種能力》中，嘉納指出：「當今的學校教育主要仍在教導我們的孩子如何面對過去的世界，而非教導他們面對未來的世界。」相同的，在《孩子如何成功》一書中，塔夫也指出，「過去幾十年，大家對於兒童發展的想法被嚴重誤導。在教育孩子時，我們都弄錯了重點，我們教的並不是孩子真正需要的『技能』。而且在培養、教導這些技能時，也用錯了策略。」

　　我們顯然不需要大師來提供這些觀察。我們不也常聽到企業家苦惱的抱怨說，剛聘用的年輕人徒有聰明才智，但對如何與人合作、搞定事情的優先順序、清楚表達自己的想法上卻完全一籌莫展。又有多少家長抱

新的現實世界需要新的方法來教導我們的孩子。

怨，他們從高中光榮畢業的孩子，雖然大學入學考試成績科科優異，但卻完全不知如何為自己訂定目標、以成熟的態度解決衝突，或與任何「長得不像數位螢幕的東西」正常互動？如果你去問這些企業領導人或家長，是否覺得學生在教育過程中已經為面對今日的世界做好了準備，你可能會聽到一個一致而明確的回答：「差遠了！」

本書將一一探討這三大挑戰。在此我們只需指出，許多人之所以認為自我領導力教育完全符合現實世界的需要，理由之一正是，自我領導力教育正協助許多學校有效回應這三大挑戰。更好的消息或許是，許多教育工作者都異口同聲指出：「這不是增加一件我們必須做的事，而是讓我們能夠以更好的方法去做我們原本就在做的事。」

全新的思考層次

有個問題一直在我們腦中盤旋：整體而言，教育界有沒有以正確的思考層次來面對這三大挑戰？愛因斯坦就曾警告：「我們不能用製造出問題的思考層次來試圖解決問題。」也就是說，在回應這三大挑戰之前，我們或許需要先退一步、挑戰一下自己思考的方式，也就是重新檢視我們的思維模式。

多年以來，塞利格曼博士一直是聞名於世的心理學家。近幾年，他開始被尊為「正向心理學」（Positive Psychology）之父，這是心理學中一

個比較新的研究派別。就在塞利格曼博士擔任美國心理學會主席時，更精準的說，是他在自家花園工作的時候。塞利格曼博士在他充滿智慧的暢銷書《真實的快樂》中形容說，當時他正在整理花園，五歲大的小女兒妮琪就在旁邊自顧自的玩。後來，妮琪開始跳來跳去，甚至在花園裡奔跑了起來，塞利格曼博士忍不住吼了她兩句，於是妮琪走開了。

不久，妮琪回到花園對他說：「把拔，我想跟你說一件事。記不記得我五歲生日那一天？我從三歲到五歲一直很喜歡吵鬧，幾乎每天都哭哭啼啼的。五歲生日那一天，我決定自己以後不要再吵鬧了。那是我做過最困難的一件事。如果我都能不再吵鬧，你一定也可以不要再發脾氣。」

我們應該給塞利格曼博士一點獎勵，因為他真的聽進去了。經過一番自省、思考，同時驚訝於小女兒正向思考的天性，他宣告：「從這一刻起，我決定改變。」

那次簡短的對話不但啟發了塞利格曼博士，讓他改變自己在家的行徑，同時也改變他的研究方向。他突然認知到，過去一個世紀，心理學的研究多半放在如何「解決病人的問題」，把焦點放在找出哪裡出了問題，以及如何減輕病人的痛苦。他開始思考，心理學是否應該有個領域，專門研究哪些事情使人快樂。研究過程中，他得到一個結論：「養育孩子……不僅止於解決孩子哪裡出了問題，而是找出並強化孩子的長處與品格上的優點，幫助孩子找到自己的利基，讓孩子能夠充分發揮自己這些正向的特質。」這是塞利格曼博士全新的思維模式。

新的思維模式讓塞利格曼博士重新檢視自己多年來在諮商工作及精神疾病方面的研究。回溯多年來哪些做法有效、哪些沒效，他的結論是：

在精神疾病的預防方面，近年最重要的進展，是辨識並協助孩子滋養他們原本就擁有的長處、能力及品格上的優點，例如長遠思考的能

力、希望、人際能力、勇氣、因沉浸於某些事物而享受到快樂及滿足的能力（the capacity to flow，心理學稱之為「心流」）、信心及工作道德。鍛鍊這些長處及優勢，將能幫助我們對抗精神疾病的風險。擁有憂鬱症基因的孩子，可以藉由培養樂觀及看到希望的能力而預防憂鬱症的發生。貧民窟中因生活周遭毒品氾濫而可能染上毒癮的孩子，如果能夠培養出長遠思考的能力、在運動中找到快樂、優秀的工作道德，就比較能夠抗拒毒品的誘惑。但為孩子建立這些成為緩衝的能力，對長久聚焦於「治療疾病」的心理學界而言，仍然非常陌生。

塞利格曼博士在事業已臻成熟之際，還能退一步、聽從五歲小女兒的建議，重新挑戰自己的思維模式，確實令人佩服。但我們之所以提及塞利格曼博士，絕不是單純因為對這件事的佩服，而是當我們在全球各地與許多學校攜手合作、研究他們的成功之道時，我們所看到的竟然與塞利格曼博士在心理學界的發現完全相同。

多年來，教育界已發展出如雷射刀一般精準的能力，能夠準確發掘孩子的學業問題，以便開出各式各樣補救教學的處方箋。行為學專家也發展出極為細膩的系統，將所有學生乖張、脫序的行為分門別類，以便我們能夠正確的診斷、治療這些干擾孩子的問題。我們也發展出類似的工具與策略，來評量老師的表現、幫助他們提高教學效能。我們在找出學生、成人、學校「到底出了什麼問題」上，變得能力超強──而且確實立意良善、用心良苦。

這些工具與策略絕對有其價值。但在我們極力追求改善學生的學業成績時，我們是否也變得太過專注於孩子的「問題」？在努力改善老師的教學績效時，我們是否也變成一群冷血判官，一直想找出老師的「問題」，以便我們能夠有效的「修理」？教育界是否因此而成了「修理業」？如果

我們也和塞利格曼博士一樣，先退一步，試著「發掘並強化孩子（以及成人）的長處及品格上的優點，幫助他們找到自己的利基、讓他們能夠充分發揮自己的正向特質」，我們是否也可能會學到些什麼？培養長遠思考的能力、懷抱希望的特質、人際能力、勇氣、找到自己的心流、樂觀、工作道德，是不是也可能會有一些價值？

寫這本書時，這些問題一直縈繞在我們腦中。我們希望大家能夠和我們一起，退一步、探索一下教育的本質，共同尋找能夠有效面對三大挑戰的新思維模式。

共通的主軸

當您閱讀每一章時，請特別留意以下這些共通的主軸：

全校。自我領導力教育希望能夠開發、運用全校（全體教職員、全體學生）的天賦才能，同時強化家長與社區的支持。

最近，在一場自我領導力教育的研討會中，講者邀請聽眾舉出一位對自己的生命產生重大影響的人，一名聽眾立刻說：「小學餐廳裡的阿姨。」他解釋說：「念書對我而言很辛苦。但這位阿姨總是會很關心的問我說，今天上課還好嗎？她讓我自己感覺很好。」另一人則說：「學校操場的輔導老師。有一天，她特別在一群朋友面前稱讚我很誠實。從此以後，我就一直以此砥礪自己，好不辜負她對我的讚美。」還有人提到圖書館管理員、校工、導護媽媽、警衛伯伯、輔導老師、校車司機、護士阿姨等。要推動學校變革、幫助孩子面對未來的人生，我們為何不好好利用全體教職人員的才華與貢獻？自我領導力教育視每位教職人員都是可以有所貢獻的人，因為每個人都是領導人。

學生也是一樣。許多學校都有特別為資優生設計的課程或活動，也有

為弱勢學生規劃的補救教學。自我領導力教育不是為特定學生設計的。當
一位家長問桑莫絲校長：「我的孩子必須是一名優秀的領導人，才進得了
寇姆斯小學嗎？」她回答說：

> 今天早上，一個IQ不到七十的孩子被指派要負責歡迎到校參觀的訪
> 客。他將來或許不會成為企業家，但他的人際能力好得驚人，我相信
> 將來一定會有很好的工作機會等著他。他將自己視為禮儀達人。他不
> 斷進步。即使學業上有一些限制，但他相信自己的能力。這就是自我
> 領導力教育能夠為所有的孩子帶來的改變。

每個人都是天才。但如果你根據爬樹的能力來評斷一條魚，它將終其一
生認定自己是個笨蛋。

——愛因斯坦

　　自我領導力教育認為每個孩子都有自己的強項、都是能夠有所貢獻的
人，也都是領導人。

　　全人。沒有任何兩個人生來一模一樣。個性就像指紋，每個人都不相
同。但一出母腹，他們所處的環境就開始形塑他們，讓他們染上一些「文
化DNA」，也就是「同質性」。太過頭的話，這些同質性就會抹煞孩子獨
特的性格、價值及潛能。

　　有些學校簡直成了「同質性製造工廠」，運作模式就像生產線，只負
責製造具有兩、三種特定專長的孩子，例如閱讀、數學及寫作。他們每天
要求學生將自己在美術、音樂、電腦、體育、機械、戲劇等方面的興趣留
在校門口，然後坐進椅位排得筆直的教室、保持安靜、不准亂動 —— 同
時還得維持學習熱情。更糟的是，孩子的價值多半還只能由兩、三個科目

的考試成績來決定。

　　相反的，自我領導力
教育致力於孩子的全人發
展——身、腦、心、靈。
自我領導力教育相信，每個
孩子、每位教職員都有自己
不同凡響、了不起——偉
大——的地方。但「偉大」
並不是指居高位或完成什麼
壯舉，而是擁有強健的品格

自我領導力教育致力於發掘、滋養、尊重每一個人的獨特天賦。

及獨特的天賦。而所謂的天賦，不見得與閱讀、寫作或使用計算機的能力
有關。自我領導力教育致力發掘每一個學生及教職員的天賦才能，並創造
機會，讓他們能夠滋養、運用這些天賦。

　　全面發揮想像力。自我領導力教育不是一套專案、計畫，而是一個流
程，由老師為自己精心打造的流程。它不是裝在盒子裡的套裝軟體。它需
要發揮想像力——大量的想像力。

　　自我領導力教育就像是電腦或智慧型手機裡的作業系統。它是影響
學校所有層面的基本信念。教職人員及學生可以自由運用自己的天賦才能
及想像力，設計出各式各樣的課程、計畫、活動、集會，來強化這套流
程——只要不違背自我領導力教育的基本原則及共同語言。

　　事實上，推行自我領導力教育真正的樂趣來自於走進校園，看到老
師及學生的想像力充滿走廊及教室。它來自聽到老師和學生自己創作、可
以強化某個領導力原則的歌曲。它來自看到一位老師正在上自己已經上了
十幾遍的課程，但卻因靈光乍現、頭一次將某個領導力概念巧妙融入課程
時，眼中所綻放的光芒。它來自看到一個學生第一次對著滿屋子的大人

演講後，回到座位時滿臉發光的模樣。它來自聽到一位老師說：「我已經教了三十年的書，但自我領導力教育讓我重新找回當初選擇教育工作的初衷。」

我們的經驗是，大多數的教育工作者都喜歡偶爾接受挑戰，讓自己能夠重新思考、重新定義、重新想像自己的學校及課堂。有些教育工作者甚至稱自己為「想像力改造家」（re-imagineers）。

大步向前

所以，大家可以特別留意幾個主軸：全校、全人，以及全面發揮想像力。請在本書的每一頁找尋它們的蹤跡。

本書各章節的重點整理如下：

第二章將繼續幫助大家了解自我領導力教育的來龍去脈 —— 它是怎麼開始的，以及為什麼會開始。

第三章到第五章將深入探討「如何」的問題 —— 自我領導力教育如何協助學校面對三大挑戰，以及教育工作者如何能夠不將自我領導力教育看成是「多一件事」，而是「用更好的方法去做原本就在做的事情。」

第六章及第七章將說明學校可以如何引導家長及社區投入自我領導力教育的行列，以強化、擴大自我領導力教育的影響力。

雖然本書中的例子多半來自小學，但只要稍做調整，同樣的流程也可以成功的引進中學教育。而這正是第八章的內容。

第九章則是說明啟動及永續推行自我領導力教育的一些典範做法。當各位讀到第十章，也就是說明教育界面對新的現實世界，自我領導力教育為何這麼重要時，我們希望各位已經擁有足夠的資訊，可以判斷自我領導力教育是否真的符合當今世界的需要，是否真的能夠幫助我們的孩子，在面對今天的現實及明天的挑戰時做好準備。

　　我們也希望，當各位讀到本書的結尾時，也會和我們一樣，對本書提及的教育工作者油然產生敬佩之心，簡直就是這個時代的奇蹟創造者。他們只是我們在兩千多所自我領導力學校中所看到的動人故事及實務典範中的一小部分。我們為他們每天盡心竭力、為許多年輕生命帶來改變，向他們致敬。

　　最後，希望你在讀完時會清楚發現，這本書不僅與釋放孩子的天賦有關，也和你自己，以及如何釋放你的天賦、潛能息息相關。我們向你提出挑戰 —— 敞開心胸、積極迎接新的思維模式。仔細思考你可以如何將本書中所讀到的內容，實際應用到你自己的生活及工作之中。請在讀完每一章時，花一點時間思索每一章最後所提出的「個人反思」問題。請努力強化你所獨有的「偉大」特質。

2 | 一切如何開始，
以及為什麼會開始？

千人忙砍罪惡枝條，一人掘除罪惡之根。

——梭羅

寇姆斯小學的自我領導力教育之旅始於1999年。幾年之後，桑莫絲校長記錄了這趟旅程如何開始以及開始的原因。我們以幾段她的回憶做為這一章的開始。以下就是桑莫絲校長的故事：

我叫妙麗·桑莫絲。我生長在北卡羅來納州的萊爾斯維爾。父親在我十歲時過世，母親獨力扶養我和我姊姊，也一直是我們最好的典範。我大學就讀北卡羅來納大學教堂山分校。因為不知道自己該走什麼路，我年輕時的生命經驗很辛苦。還記得大學時期，有一天我坐在一張長椅上，誠心祈禱有人能告訴我未來的路該怎麼走。突然，我心中升起該去教書的強烈使命感。我一直很喜歡與孩子們相處，那時的我就在一所大學的附屬幼兒園兼任老師。一旦決定要朝教育的領域發展，我就知道找到了自己的天職。

大學畢業後，我回到萊爾斯維爾教了五年書，後來又到馬里蘭州教了七年書。我在那裡碰到一群很棒的同事，其中包括蔻勒。她告訴我，她認為我有潛力成為學校的行政主管，這是我自己從來都沒意識到的，我也從沒想過教書以外的可能性。她對我的信心啟發我重回學

校，取得碩士學位。

後來，為了尋根，我們家搬回北卡羅來納州。第一年我擔任一年級的老師，之後在教學資源教室服務，接下來的職務就是副校長。

之所以與大家分享桑莫絲的個人經歷，是因為任何一所學校的歷史及成就，深深受到每天穿梭於其中的每個人的人生經歷及生命哲學的影響。學校本身沒有行為能力，是其中的「人」有行為能力。因此，是桑莫絲校長與夥伴的人格特質及使命感，共同創造了寇姆斯小學長久以來的成功與特質。這一點，我們從桑莫絲接下來的自述中，可以看得更清楚：

最後，我成了北卡羅來納州洛利市寇姆斯小學的校長。寇姆斯小學是一所好學校，但表現卻不特別優異。它是一所磁性學校，也就是說，它絕對有獨特之處，以吸引學區外的孩子來就讀。可惜的是，學校當時正在推動的磁性課程，並沒有吸引到很多學生。寇姆斯可以容納七百名學生，但當時全校只有三百五十名學生。

1999 年，我前往華府參加一場由史蒂芬・柯維博士主持的研討會。我在研究所修領導學的課程時，就已經接觸過他的作品，因此非常期待終於能夠親耳聽到他的演說。演講過程中，我一度非常激動。我環顧全場，看到滿場看來頗有成就的人，聚精會神聽著柯維博士所說的每句話。我相信他們也都跟我有相同的領受：柯維博士正在分享的，是一套不受時空限制、亙古不變、放諸四海皆準的基本原則。

我發現自己同時在使用校長的腦與家長的心在聆聽。我愈聽愈興奮，心中更不斷對自己說：「如果你能把這些基本的人生準則教給孩子，他們就不必等到長大成人後才能學到。試想，如果可以從小就開始，並持續用這樣的眼光來看事情，他們的生命會產生多大的改變，未來

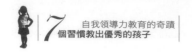

的世界會有多大的不同！」

每一次中場休息，我都很想跑去問柯維博士，他對於把這套原則教導給孩子有何想法。但直到最後一次休息時間，我才終於鼓足勇氣。柯維博士一走下講台，我就上前提問：「柯維博士，您認為這七個習慣可以用來教導孩子嗎？」他回問：「多小的孩子？」我說：「五歲。」他停頓了一下，然後展開笑容對我說：「我看不出為什麼不行。」他又加上一句話：「如果你真的這麼做了，請讓我知道。」

這就是我們那一天的對話內容。我當時完全沒有意識到，這段短短的談話，對我的人生產生多大的影響。

事實上，許多家長都產生了與桑莫絲校長在華府那場研討會中的相同感受：「真希望我家那個正值青少年時期的兒子也能根據七個習慣來生活。」或是「如果剛念大一的女兒也能活出這些習慣，那該有多好！」許多企業領袖也異口同聲：「全公司每一位同仁都需要學會如何運用這些習

▶與成功有約：高效能人士的七個習慣

當桑莫絲與企業領袖一起坐在研討會會場時，她心中不斷思索：「如果孩子可以從小就學會七個習慣，他們的生命會產生多大的改變，未來的世界會有多大的不同。」請詳閱以下七個習慣的摘要，看看你是否也會得到相同的結論。

習慣　：主動積極

我是負責任的人。我主動自發。我決定自己的行動、態度與情緒。我不將自己的錯誤歸咎他人。不必別人開口要求，我就會選擇做

對的事情 —— 即使在沒人看到的時候，也是如此。

習慣二：以終為始

我凡事先設定目標、做好計畫。我做有意義、對別人有貢獻的事情。我是班上重要的一份子，對學校的使命及願景能夠有所貢獻。我努力尋找方法，使自己成為好公民。

習慣三：要事第一

我把時間花在最重要的事情上。也就是說，我會對明知不應該做的事情說「不」。我會規劃事情的優先順序、訂定時程表，然後努力按照時程進行。我做事有紀律、有組織、凡事井井有條。

習慣四：雙贏思維

我有勇氣爭取自己所愛的事物，但也會體貼別人的需要，然後在其中求取最好的平衡。我會努力在別人的情感帳戶存款。產生利益衝突時，我會努力找出雙贏的解決方法。

習慣五：知彼解己

我願意聆聽別人的意見與感受。我努力站在別人的角度來看事情。

我專心聆聽他人說話、不隨意打斷。我可以自信的提出自己的想法。與人交談時，我會專注看著對方的眼神。

習慣六：統合綜效

我看重別人的長處，並努力向他們學習。我善於與人相處，即使對方與我極不相同。我長於團隊合作。解決問題時，我會努力尋求別人的意見，因為我知道團隊合作可以創造出比任何個人努力更好的結果。我很謙卑。

習慣七：不斷更新

我藉著正確的飲食、運動以及睡眠來照顧自己的身體（身）。我花時間與家人、朋友相處（心）。我可以在不同地方、透過各種不同的方式學習，而非僅限於學校（腦）。我努力尋找好的方法來幫助他人（靈）。我努力尋求自己身、心、腦、靈四方面的平衡。

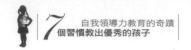
慣。」但桑莫絲想的不是職場人士、大學生、青少年，她想的是五歲的小小孩！

但當桑莫絲回到辦公室，有太多事情等著她處理。她並沒有時間思考和柯維博士有關七個習慣的對話，直到一陣子之後，她收到最後通牒：

> 幾個月之後，學區的督察長（譯注：學區最高主管，相當於教育局、處長）打電話約我進行一次「面對現實的談話」。他說我們學校未能吸引足夠的學生就讀，因此很難保住磁性小學的資格，如果我們不能發展出一套新的磁性課程，就得重回傳統小學的行列。換句話說，「不能自我改造，就等著被消磁」。他只給我們一個星期的時間，臨去之時，他送給我的「鼓勵」則是：「你們不會獲得額外的資源來進行這項自救工程。」
>
> 我和同仁立刻上緊發條，希望能夠想出拯救學校的神奇方案。我們和家長、社區領袖座談，希望知道他們對學校教育有何期待。有趣的是，所有人給我們的答案幾乎完全一致 —— 他們希望孩子能夠成為有責任感、愛心與同情心的人，同時能夠尊重多元、在面對困難的決定時，勇敢選擇做對的事情。
>
> 令人玩味的是，在我們進行的所有訪談及座談會中，沒有半個人提出「我們要孩子學業表現傑出」。大家關注的焦點，都是品格的養成與基本生活技能的學習。

簡言之，桑莫絲和她的團隊只有一個星期的時間來打造一個新的主軸，以保住寇姆斯的磁性學校資格。令人佩服的是，他們沒有圍著一張白板，自顧自的「腦力激盪」起來。相反的，他們願意謙卑面對問題、以開放的心態去找學校的「利害關係人」，直接問「他們」對學校的期待。

老師、家長、企業領袖的期待

正如桑莫絲校長所說，1999年的寇姆斯是一所不錯的學校。學校教職員、學生的素質都不差，但他們絕對面臨一些難題。

首先，學校所在社區人口不斷老化，因而入學人數持續下降。伴隨而來的就是學校教職員士氣低落。無論他們多努力，情況都不見改善。學生成績在學區中位於後段班，紀律問題也不斷增加。雖然有些老師也在推動一些專案，但學校並沒有共同的願景或目標，足以團結眾人之力。教職員的努力有如羅盤上四散的刻度、亂箭齊發。

寇姆斯只有一件事情對它真正有利，就是學生的多元性。北卡羅來納州的「研究三角園區」*以及當地知名的大學，吸引了來自全球各地的人，因此，來自校區之外的孩子讓寇姆斯擁有非常多元的背景。寇姆斯同仁對此倍感珍惜，也希望盡一切努力來保有。

在腦力激盪新的磁性主題時，桑莫絲的團隊問老師，他們對於學校的期待。然而，老師們的第一個回應，卻是他們「不想要」什麼。他們絕對不想要的，就是在既有工作中「新增一個項目」。他們已經竭盡全力，而且瀕臨崩潰的邊緣，因此新的磁性主軸不能在他們幾近飽和的工作上火上加油，再增加新的負擔。

這一點釐清之後，老師們說出真正想要的，是為自己的學校感到驕傲。他們想要一個可以讓自己真正認同，也能讓寇姆斯與眾不同的磁性主題。他們想要擁有學習動機、喜歡來上學的孩子。他們提到，希望成為在知識、創意、資源及最新的教學方法上，讓別的學校羨慕的老師。他們希

---

* 譯注：北卡羅來納州的「研究三角園區」（Research Triangle）成立於1959年，是美國最大的研究園區之一，是北卡大學所在的洛利市、北卡大學教堂山分校所在的教堂山，以及杜克大學所在的德罕市所組成的區域。

寇姆斯對學生的多元背景倍感珍惜。

望能夠像朋友一般的合作、共事。他們希望能夠發揮才能，每天回家時覺得自己真的帶來了改變。他們對這些事情充滿熱情。桑莫絲及她的團隊認真記下這些期待。

下一步，當然就是去問家長對學校有什麼期待。大家開誠布公的討論。簡單的說，家長要的就是他們的孩子能夠學會如何獨立自主、做出負責任的決定、與他人和睦相處。他們希望自己的孩子能夠包容異己，知道如何解決問題，確保自己的安全，知道如何善用時間。他們希望自己的孩子長大以後能夠對社會產生正面的貢獻。

有些家長是企業界領袖，他們覺得孩子應該從學校教育中獲得一些技能與特質，讓他們成為未來的就業市場最需要的人。一位家長甚至分享了一份針對企業所做的調查，其中列出企業最希望自己的員工具備的特質與能力：口語及文字的溝通能力、誠實正直、團隊合作技能、人際相處技能、積極、主動、自發的能力、強烈的工作倫理、分析能力、科技能力、組織技能、充滿創意的腦袋。

同樣的，桑莫絲和她的團隊仔細聆聽這些家長的心聲。他們希望家長與企業領袖的意見，能夠激發出新磁性主軸的火花。

現實世界的聲音

桑莫絲校長和她的團隊在1999年從這些利害關係人口中所聽到的，其實正是今日世界對學校的期待產生巨變的初期訊號。以下提到的研究，可以讓大家稍微了解這個巨變的由來。

1990年代被稱為是教育界「回歸基本」的時代。那些年間，教育的重心回到所謂的「3R」——讀、寫、算（Reading, wRiting, and aRithmetic），而且是基於家長的要求。但在1990年代即將結束之際，卻出現改變的氛圍。1999年4月，科羅拉多州的科倫拜高中，兩位學生持自動步槍在校園掃射，造成十五人死亡。許多人相信，這件校園慘案讓家長和教育工作者大受震撼，因而開始重新思考3R以外的教育內涵。許多家長對孩子在校園內的人身安全及情緒問題大感關切——甚至遠超學業。教育工作者不禁自問：「我們能夠做些什麼，讓孩子不會覺得絕望至此，非得訴諸如此極端的行為？」

事後看來，成人對教育的態度有所改變，遠早於科倫拜事件。1990年代初期，密西根大學的社會學家歐文就已提出，家長對學校教育的期待已經有所改變。他指出，1920年代父母最強調的特質是順服、守規矩、尊重，以及謙恭有禮。但他的研究顯示，1990年代的父母最希望孩子擁有的，卻是自主思考的能力、為自己的生活負責、主動自發，以及包容多元——基本上，就是寇姆斯小學的家長所期待的。

1990年代末，聯合國教科文組織發布一份報告，名為「學習：內在的財富」。這份報告由全球十五位頂尖教育專家執筆，他們建議二十一世紀的教育工作者必須將重心放在四大「支柱」上：

學習求知的能力。除了教導知識與學問，這根支柱要求教育工作者必須想出方法，教學生如何藉由培養專注力、記憶力、研究的能力、抽象思考的能力、求知欲及根據邏輯來解決問題的能力，成為「終身學習者」。

學習做事的能力。這根支柱挑戰教育工作者，必須找出方法來教導「個人能力」，而非只有「技職能力」。技職能力是某種特定工作所需要的技能，通常由技職學校負責傳授。個人能力包括了技職能力，但同時還包

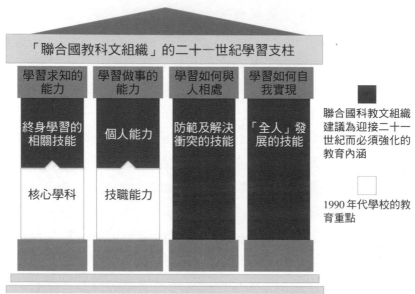

「聯合國教科文組織」的二十一世紀學習支柱

學習求知的能力	學習做事的能力	學習如何與人相處	學習如何自我實現
終身學習的相關技能	個人能力	防範及解決衝突的技能	「全人」發展的技能
核心學科	技職能力		

聯合國科教文組織建議為迎接二十一世紀而必須強化的教育內涵

1990 年代學校的教育重點

譯注：2003 年，聯合國教科文組織又補充了第五大支柱：「學習改變」。

括許多一般生活的能力與特質，例如主動自發的精神、願意冒險的精神、時間管理、人際溝通、創新、領導及團隊合作。報告強調，這些能力「不是只有某些高階人才才需要」，因此「必須教導給所有人」。

學習如何與人相處。有鑑於社會上普遍存在的偏見、衝突、拉幫結派及暴力行為，這個支柱要求教育工作者幫助孩子從小培養「對人類共同特質及互賴關係的了解」，同時也要「教導孩子藉由從對方的角度看事情，來真正了解他人。鼓勵這種同理精神的學校，會對孩子一生的社會行為產生非常正面的影響」。報告中同時指出，學生需要與同儕為了達成共同目標而攜手合作的機會。「當大家可以在精采的專案中共同合作……人與人之間的歧異、衝突就會減少，甚而消弭。」

學習如何自我實現。最後這一根支柱要求教育工作者必須認知：「教

育應該做的是『全人』的培育 —— 頭腦、身體、智識能力、敏銳度、美感欣賞，以及心靈的滋養。」我們需要更努力培養學生，讓他們「能夠在人生各種不同的情境中，為自己做出最好的選擇與行動」，並為他們自己的人生及受教負起責任。

　　進入二十一世紀，成年人對教育的態度加速改變。高曼對「社會情緒學習」（social-emotional learning）的研究影響了許多教育工作者。高曼認為，人類的情緒智商（EQ）比一般的智商（IQ），更能預測 一個人在學業或生活上的成功。在事業成就上，高曼也認為，「情緒智商的重要性比單純認知能力高一倍。」同時，「在最高領導階層的成功上，情緒智商就是一切。」EQ同時包含了「個人能力」及所謂的「社會能力」：

個人能力	社會能力
自我意識	同理心
自我評估	組織意識
自信心	服務心態
自制力	啟發型領導力
透明度	協助別人發展的能力
適應能力	創造改變的能力
成就感	衝突管理能力
主動自發	建立凝聚力
樂觀	團隊合作能力

　　之後，在2007年，一個極受敬重的教育工作者及企業領袖組織「二十一世紀能力策略聯盟」也發布一項針對美國成年人對教育的看法所做的調查。這項名為「超越3R」（*Beyond the Three Rs*）的研究請美國成

年人依照重要性,將學校所教導的各種技能進行排序。調查的結果引人深思。請特別注意下表中,解決問題的能力、團隊合作能力、自主性、領導力、創造力、全球意識、道德及社會責任感等與傳統「3R」的相對重要性。

美國成年人對於教育的看法

	認為此項能力的重要性為9或10的人數比率(%)
閱讀能力	75
電腦及科技運用技能	71
思辨能力及解決問題的能力	69
道德及社會責任感	62
文字溝通能力	58
團隊合作能力	57
口語溝通能力	56
終身學習能力及自主性	50
數學能力	48
領導力	44
創造力及創新能力	43
媒體使用能力	42
全球化認知	42
科學(生物、化學、物理)	38

　　2009年,英國知名全球性「愛德思」教育機構針對二十四個國家的兩千名員工,進行了一項調查,希望了解他們對未來工作族的期待。愛德思指出,這項調查「最令人訝異的發現」,不是清單上的任何一個項目,而是「跨國界的共通結論」。清單中最重要的項目如下:

- 解決問題的能力
- 正面思維
- 創意與創新能力
- 同時處理多項任務的能力
- 主動自發
- 文化敏感度
- 接受任務與責任
- 團隊合作能力
- 同理心
- 溝通能力
- 職場禮儀

2010年，華格納出版了他的新書《教出競爭力：劇變未來，一定要教的七大生存力》。這本書的英文副標題直譯為：「為何連最好的學校都不教我們的孩子最需要的新生存技能 —— 還有，我們可以做些什麼來解決這個問題」。書中，華格納提出他認為職場、公民以及學習上所需的「新基本能力」：

- 思辨能力及解決問題的能力
- 跨網絡協力與影響力領導
- 應變力與適應能力
- 主動自發及勇於創新
- 良好的口語及文字溝通能力
- 獲取與分析資訊的能力
- 求知慾及想像力

最後，美國蓋洛普在一項2013年的全國性調查中發現，80%的成人「非常同意」國小到高中都應該教導學生思辨能力及溝通能力。64%的人非常同意孩子應該學習如何設定目標，而絕大多數的人也非常同意，創意及團隊合作是非常重要的學習項目。這項研究的結論是：「學生的成就或許有賴於精通數學、閱讀等核心領域的學習，但也仰賴核心知識領域之外的能力。思辨能力、創意、溝通能力以及其他的軟實力，包括學生的身心健康，也是孩子未來在高等教育及職場上成功的必要能力。」

以上只是近年來家長、教育工作者、知識領袖、企業領袖所提出的一些比較具有代表性的呼聲。它們與第一章中的品克、塞利格曼、嘉納、塔夫等人的理論完全一致，也與羅賓森爵士及杜維克積極提倡的「要在新的現實世界中存活必須擁有的新技能及新思維」若合符節，更與寇姆斯小學在1999年所得到的答案十分接近。

全球對教育工作者都有共同的期待，認為他們必須打開自己的視野，看到核心學科以外的需求。如此強烈的呼籲對教育工作者而言非常熟悉，因為他們已經聽過多次，同時也希望自己的孩子能夠擁有這些能力。但是，問題出在「怎麼做」？在幾近飽和的工作量及壓力下，老師們如何能夠同時教導這些能力和特質？

學生的期待

為了尋找新的磁性主題，寇姆斯的主力放在聆聽家長、企業領袖以及老師的聲音。但是，學生想要從學校得到的是什麼？多少人問過他們的想法？

多年前，一個小男孩走進桑莫絲的辦公室，希望和她談一談。話才出口，孩子的眼淚就奪眶而出。孩子的父親正在海外服役，他非常思念他的爸爸。小男孩淚眼汪汪的對桑莫絲校長說：「如果世界上所有人都能用我

們學校所教的方式過生活，我爸爸就不用去打仗了。」

我們不必跑到遠方的戰場去見識激烈的衝突，許多社區、家庭、學校早已成了戰場。但我們還是相信，大多數的學生都是好孩子。他們想從學校得到的，不過就是好的教育、和朋友相處的機會，以及一點點的樂趣（不見得是以上的順序）。最重要的，是他們需要能夠覺得安心，而他們對於一個地方是否能夠讓自己安心，反應極其敏銳。

安心的感覺會表現在孩子的臉上、行為上，以及考試成績上。只有以下四種基本需求被滿足時，孩子才會安心：

- **生理的需求**：安全、健康、食物、運動、居所、清潔、衛生
- **智能的需求**：知識的增長，創造力，以及具激勵作用的挑戰
- **社會情感需求**：接納、友善、友誼、尊重
- **心靈的需求**：有所貢獻、意義、獨特感

這四項基本需求代表孩子的身、腦、心、靈，也就是「全人」的需要。由於許多孩子並不能從家庭中獲得這四大基本需求的滿足，許多學生是帶著飢渴來到學校——有些甚至是真的空著肚子來上學。雖然教育工作者常希望自己只需專注於孩子智能上的需求，但現實情況卻常需要他們同時兼顧孩子的四大需求。

就生理需求而言，許多學校一早必須先餵飽孩子的肚子，才能談到學習的需求，尤其是位於都會底層、家庭常三餐不繼的學區。孩子不太可能空著肚子還能學習。他們的安全、健康、衛生都是學校必須持續關切的生理需求。

相同的，許多老師都可以告訴大家，他們得花多少時間來療癒孩子的情緒創傷。有些孩子的情緒問題確實細瑣、甚至好笑，但卻有更多是真

許多孩子的生命因為學校中的成人選擇相信他們而全然改變。

正令人憤怒、鼻酸的問題。孩子愈長大成熟，人際及情緒的問題對他們也就愈發重要，當孩子變得沉默時，也就愈應該受到關切。當孩子在學校無法感受到任何人際的連結 —— 無論是透過同學、老師，或任何一位信任的人 —— 他們的成績就愈堪慮，而他們犯罪、失學的機率也大增。對孩子而言，人際關係真的很重要！

除了孩子學習的需要之外，教育工作者每天面對的最重要需求，或許就是心靈的需求。除了宗教的意涵之外，心靈還有許多意思，包括「性情」或「信念」、「自信」等；查同義詞典還會發現包括意志、道德良知、決心、勇氣、活力、心、熱情、內在、堅忍、力量等。老師及所有教職人員在呵護（或打擊）孩子的心靈上，扮演非常重要的角色。每天，無數孩子的心靈都可能因為學校裡一個成人的讚美、信任，或肯定他們的價值或潛力，而大受激勵。

相反的，也有太多孩子在離開學校系統之前，心靈就早已被踐踏、毀壞殆盡。許多孩子眼中帶著閃光走進學校，但卻在四年級之前（甚至更早），眼中的烈焰就早已全被澆熄。今天的孩子面對的是一個冷酷的世界，它可以很快就耗盡孩子的自我價值。事實上，今天這個社會中，身分遭到盜用最嚴重的形式不是發生在經濟方面，而是在孩子圈裡。今天的孩子不斷受到媒體及同儕的壓力，因而無法成為自己內心真正想要成為的人。社會告訴他們，要「酷」，他們就得隨從某種行為模式、與某些特定

群體廝混。要「辣」，他們就得有某種特殊的打扮、展現某種大膽行為。有些人只是因為一次考試失利或犯了個愚蠢的錯誤，從此被貼上標籤。在個人天賦及自我價值被抹煞、掠奪的情況下，他們只能無奈的融入社會現存的文化DNA之中。只要一位有心的老師或學校職員，就可以藉由給予孩子一點希望、一個願景、一點點樂觀的思維 —— 也就是認同他們的價值與潛力 —— 就可以防止這種不幸的情況發生。

只要孩子在今天愈覺得自己健康、安全（生理需求）、被接納及欣賞（社會情感需求）、智識受到刺激、不斷進步（智能需求）、心靈獲得提升（心靈需求），他們就愈能夠敞開心胸、思考自己的明天。

培養領導人才，一個孩子一個孩子來

回到寇姆斯小學，他們正在尋找一個新的磁性主軸。老師、家長及企業領袖的意見大大影響了桑莫絲和她的團隊。桑莫絲反覆思索他們所得到的意見時，回想起她在華府那場七個習慣研討會的經驗：

就在我們仔細蒐集家長、老師，以及企業領袖的想法時，我不禁想起自己與柯維博士互動的經驗，以及把七個習慣教給孩子會多麼符合眾人的需求。我把自己在華府的經驗與同仁分享，結果就如水到渠成。簡言之，家長、老師、企業領袖提出的要求，總歸起來就是「領導力」這件事。

「這就對了！」大家一致同意：「我們應該以『領導力』做為學校新的磁性主軸！」

我們趕快上網查詢，看看有沒有其他小學用了領導力這個主軸。完全沒有。我們的老師開始思考，我們可以如何以「領導力」為主軸來發展課程及活動。大家都覺得，我們顯然擁有了獨一無二的寶貝。等到

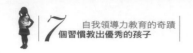

一週後，我們端著領導力主軸再去見學區督察長時，他根本沒機會說「不行」，因為學校教職同仁的活力與熱情已經完全無法阻擋。他幹嘛要阻擋？他自己也愛上了這個磁性主軸呢！

這就是「領導力」成為寇姆斯小學磁性主軸的由來。不久，學校就有了一個全新的使命宣言：「培養領導人才，一個孩子一個孩子來。」學校教職員希望每個孩子都知道，他們的價值遠超過任何考試成績或任何家庭作業的成果。他們希望孩子覺得自己是成功的。他們不是希望每個孩子都成為企業的領袖，而是成為自己的人生、學校及未來的領導人。但他們還是得面對一個頭痛的問題 —— 該怎麼做？

準備上路

第一步就是讓所有教職員都接受完整的七個習慣訓練。他們的課程和企業領袖所接受的訓練，品質完全相同。資深講師摩爾所帶領的訓練，產生非常重要的作用 —— 所有教職同仁產生強烈的共識與連結。課程結束後，大家有了共同的語言，也大大加深彼此的認識。大家立刻開始想辦法將七個習慣運用在會議、解決問題及改善個人生活品質上。

在教導孩子七個習慣時，教職同仁決定先試水溫，以每年級一班開始。一課接著一課，打頭陣的老師想出許多非常高明的方法，將七個習慣融入原有教案，開始教導學生。他們發現，將七個習慣融入課程根本沒有想像的那麼困難。孩子其實很喜歡學習七個習慣。沒多久，前導班級的紀律問題大幅下降，孩子的自信明顯提升。由於家長的反應也非常正面，一年實驗教學結束時，打頭陣的老師的結論是：「每個孩子都應該有學習七個習慣的機會！」

第一年結束時，老師們同時發現另一個現象：全校學年測驗總成績

從84%提升到87%。分析其結果，學校發現，成績進步最主要是來自前導班級。這些班級和其他班級唯一的差別，就是教導了七個習慣。此時，學校教職同仁也開始認為或許他們真的做對了。

與所有利害關係人溝通之後，寇姆斯小學決定以「領導力」做為學校新的磁性主軸。

第二年起，整個學校開始推動領導力主軸，而且加碼演出。激勵人心的布置與名人名言貼上學校走廊、牆壁。朝會及其他學校活動都開始聚焦於領導力。合唱團唱的歌曲提升了孩子對自己的期待、讓學生開始思考自己的未來與願景。班上和學校開始提供學生擔任領導人的機會。這一年，七個習慣語言開始出現在教室、校園、教職同仁會議及操場中。領導力真正完全融入校園師生的一切。

有些教職員也受過「巴立治品管訓練」。他們發現，其中的原則及工具可以有效幫助學校追蹤及運用與學業相關的資訊，因此開始想辦法將巴立治的原則及工具融入學校的領導力主軸。於是，學生開始使用領導力筆記本為自己設定目標、追蹤進度及成果。每個學生都知道自己的學業表現如何，尤其是閱讀、寫作及數學這三個重要科目。第二年結束，學生通過學測的比例再次大幅躍升，高達94%——以寇姆斯學生的多元背景而言，這絕非易事。

最後，寇姆斯的學測成績達到97%的高峰。和驚人的學業成績互相輝映的，則是學校裡完全不同的氛圍。學生、師長愛上了學校，全校士氣高昂，入學率也跟著大幅攀升。學生人數從原先的三百五十人一口氣衝到九百人，而且還有長長的候補名單。新的磁性主題吸引許多學生。學區督

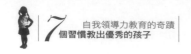

察長終於可以鬆口氣了。

從此之後，每一年，教職同仁都會重新校準他們的做法，以面對新一年的挑戰。摩爾博士或其他顧問的造訪，也不斷啟發全校教職同仁更上層樓。他們希望自己每年都有一些新的進步。這種持續進步的現象凸顯了自我領導力教育的本質，它不是一種一次性的活動，而是一個不斷更新的流程，每一年都會帶來新的面貌與成長。

漣漪泛往全球

當《7個習慣教出優秀的孩子》第一版上架時，已經有八所學校正在實踐寇姆斯小學的做法，還有其他幾所學校也正要展開行動。五年之後，推行的學校衝破兩千大關。雖然這些學校大多數都在美國，但加拿大也有超過一百所學校加入行列，北美以外也有兩百多所學校正在推行。這些學校多半是透過自發性行動而產生的 —— 家長與家長、老師與老師之間的溝通、共同發起。

這些大多是公立學校，但也有許多特許及私立學校推行自我領導力教育流程。由於七個習慣是根植於包括負責、團隊合作等放諸四海皆準、亙古不變的原則，因此能夠跨越任何藩籬 —— 思想、文化、政治、信仰、世代、生活習慣、社經差異等。因此，自我領導力教育才得以走進幾乎所有類型的學校，包括都會、郊區、偏遠、磁性、獨立、宗教等學校。

在巴西，已有上百所學校展開自我領導力教育的旅程，其中包括一些最艱困的地區。在哥倫比亞，一個基金會贊助了六十幾所學校，而目標是 百所。墨西哥、波多黎各、百慕達、千里達、瓜地馬拉、智利、阿根廷，都有學校正在推行自我領導力教育。許多亞洲國家的學校，例如新加坡、台灣、中國大陸、韓國、印度及馬來西亞，也都正積極導入自我領導力教育。印尼已有十所學校開始推行，泰國則有六所，其中包括榮獲「皇

家最佳學校獎」的沙提班納小學。台灣則在2013年正式引進自我領導力教育，短短兩年之內，已有七所學校開始推行。歐洲許多學校也紛紛加入陣營，尤其是北歐各國。瑞典已有數個市政當局贊助區內學校推行自我領導力教育。荷蘭也已上路，匈牙利則有七所學校。澳洲的自我領導力學校已臻成熟，非洲及中東地區則剛起步。各位將在本書讀到其中一些學校的推展情況，但這只是少數代表性的案例。

　　觀察這些學校的過程中，我們獲得許多重要的心得。首先，教育的三大挑戰 —— 學業表現、校園文化及生活技能 —— 是彼此連結、密不可分的。許多學校將它們視為三個個別的挑戰，首要重點則放在學業上，因為這是教育的主要工作。然後，如果時間允許，或是碰到某個特殊危機，他們才會在校園文化上下功夫。最後，如果還有剩餘時間或資源，他們才會兼顧一些生活技能 —— 本書此後將統稱為「領導力技能」，其中包括七個習慣。但是，學校發現，只要針對其中一個挑戰下功夫，其他兩大挑戰也會同時改善。也就是說，這三大挑戰本質上就是連動的，而非獨立存在。

　　第二個關鍵結論是，學校的轉化是高度個別化的一個過程。沒有任何一所學校、一個班級，跟另一所學校或另一個班級完全一樣，因此，每所學校、每個班級的推行方式都不可能全然相同。每所學校、每個班級都必須仔

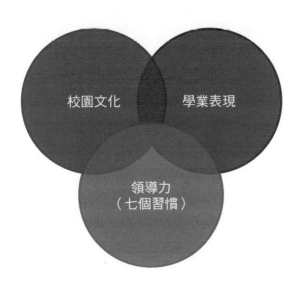

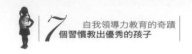

審視自己獨特的內涵,然後決定以什麼方式、用什麼速度來推行自我領導力教育。這一點也成為自我領導力教育最受稱道的特質,因為它不是一種套裝計畫或既定的劇本,而是一種鼓勵每位教職人員及學生都發揮自我天賦、熱情及想像力的推動流程,也就是每所學校、每個班級都能夠擁有自己獨一無二的內涵。我們稱之為打上自己的印記或擁有獨特的「心紋」。因此之故,本書以下所有的分享內容及做法,都應該被視為大家發揮自己想像力的跳板,而非刻在石板上、不得違逆的戒律。

第三個重要結論是,由內而外的學校轉化成效最好。一如先前曾經提過,學校並沒有行為能力,是其中的人有行為能力。學校的轉化是來自個人的轉化。因此,學校的轉化必須從檢視個人(從教職員開始)的思維模式 —— 也就是思考的方式 —— 開始。

本書還會與大家分享更多重要的結論與心得。

●研究指出……

高曼以及他所參與成立的「學業、社交與情緒學習組織」(Collaborative for Academic, Social and Emotional Learning,簡稱 CASEL)整合許多相關研究,充分顯示生活技能、文化與學業之間的連動本質。研究結果包括:

1. 讓學習環境更安全、更友善、更有參與感、提升學生的社交能力,將可強化學生對學校的依附感。而這種依附感將可降低學生的曠課率、提高畢業的比例及學業成績。

2. 當學生對學校及忠於社會道德規範的老師、同學有依附感,他們就會展現出較為符合社會規範的行為、迴避高風險行為。

3. 為學生提供參與的機會，可以提升學生表現出符合社會規範行為的內在動機，從而降低校內的犯罪率及其他脫序行為。

4. 支持性的環境氛圍可以提升學生與老師、同儕互動的意願，從而強化他們的人際技巧。也就是說，藉由創造一種社交能力學習環境，讓學生有機會經常運用、強化自己的社交能力，老師及學校就可以改善學生的社會情緒能力。

5. 社會情緒學習教導可以為學生提供包括決策能力、拒絕技巧等基本社交能力，因而使學生得以避免落入高風險行為，強化有助正向發展的行為。

6. 學生的高風險行為與學業成績低落有強烈的連動關係。同樣的，學業表現不佳也是高風險行為的一種風險因子，而學業成就則是一種保護因子。

7. 社交與情緒技巧若能與學科內容整合，將可大幅強化學習成效。

關於「領導力」

自我領導力教育就是這樣開始的。接下來的章節將說明自我領導力學校如何面對教育的三大挑戰。進入這些章節以前，我們必須先說明「領導力」的意涵。

基本上，領導人有兩種：

1. **自己的領導人：**為自己的人生負責。獨立、自主、掌控自己的選擇、行為及最終的結果。向前看、對自己的人生有規畫、有清晰的方向，同時也具備達成人生使命所必須的紀律。

2. **別人的領導人：**要成為別人的領導人方法很多，而且並不需要正

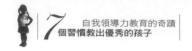

式的頭銜。這些領導方法包括:

- 與他人分享知識或才華,並因而拓寬他人的思想與才華。(才華及思想領導)
- 啟發他人看到他們自己的才華及潛能、成為別人的典範、楷模。(啟發式領導)
- 引導一個群體(無論大小),朝達成有意義的目標前進。(組織團隊領導)

本書第四章對領導力的各種定義有更詳細的闡述,但在自我領導力教育中的定義,尤其是與領導他人有關的定義,則是柯維博士的最愛:

領導力是一種與人清楚溝通他們的價值與天賦,終而使他們深受啟發、領悟自己天賦潛能的能力。

想像一個學校中的每個人 —— 每位領導人 —— 都實踐這個定義,會出現什麼結果?這就是自我領導力教育必須以這個定義為基礎的原因。

教育的終極目的絕非學業、校園文化或領導技能。這些都只是手段。教育真正的目的是幫助學生發展、培養出一生帶得走的技能與思維,讓他們能夠掌握自己的人生,與他人有效合作,無論在家庭、學校裡、職場,甚至在玩樂之中,都能做出有意義的貢獻。我們希望他們能夠擁有為自己的今天與未來做出優秀決策的能力。學業、文化、領導技能是達成這個終極目的的重要手段,因此,我們希望學校能夠有效而均衡的面對這三大挑戰、不偏廢任何一個面向。

除了幫助學生,自我領導力教育還有一些附帶的目的:一、幫助

教職員擁有更高效能的個人生活及專業能力；二、強化家庭與學校的關係 —— 主要藉由學生將領導技能帶回自己的家庭；三、改善社會 —— 藉由為社會提供一批批優秀的工作族群及公民，使得社會成為更具吸引力、更安全的生活及工作環境。

自我領導力教育的目的，就是要對創造出這樣的結果有所貢獻。

個人反思

思維模式就是一個人思考的方式，也就是我們看待世界的一種心智地圖。寇姆斯小學去找他們的利害關係人 —— 老師、家長、企業領袖，希望了解他們對學校有何期待。基本上，就是給他們一個機會去描述自己心目中理想的學校。你對於一所理想的學校有什麼樣的思維？你對於領導力有何想法？一個正式的領導頭銜是否足以讓一個人成為領導人？你是什麼樣的領導人？你可以如何成為更好的領導人？

3 | 教導7個習慣

> 七個習慣就像維他命，散布在各處。不管我們有沒有意識到它們的存在，這都是我們日常生活的必需品，可以混合使用，也可以單獨應用。當七個習慣成為我們生活的一部分，我們會更健康、更快樂、更成功。
>
> —— 愛琳·開，中國移民學生

這是一堂科學課。今天的主題是貝類。這是一堂芙樂老師帶著二年級學生上過無數次的課程。但今天卻很不一樣。

教室中間擺了個籃子，裡面有大大小小、各式各樣的貝殼。貝殼的顏色和形狀讓孩子的小手指蠢蠢欲動。芙樂老師把貝殼一顆顆拿出來，說明每顆貝殼的特色，以及裡面可能孕藏的小生物 —— 芙樂老師多年來一直都是這麼做。

然後，不一樣的地方來了。這一次，在把每顆貝殼放回籃子之前，芙樂老師都會暫停一下，指出每顆貝殼上的某個小缺口、某道刮痕，或任何瑕疵。所有貝殼都放回籃子後，芙樂老師請孩子安靜下來，她要告訴他們一件事。芙樂老師說，她讀大學的時候有個習慣：專愛挑別人的毛病，就像她剛才挑出每顆貝殼的瑕疵一樣。她尤其最愛挑室友的毛病，即使是最不起眼的小事也不放過。

一天，芙樂老師遇到緊急狀況，亟需幫助。當時她唯一能想到的就是找室友幫忙。當她打電話回宿舍時，其中一個有著「最討人厭的毛病」的

室友接起電話。還好，那名室友立刻幫她順利解決危急狀態。

從那一天起，芙樂老師開始把注意力放在那名室友的優點，而非缺點上。事實上，當芙樂老師和那名室友漸漸變成死黨時，她的缺點似乎也全都不見了。芙樂老師說，這個經驗讓她決定，她也應該把注意力放在其他幾名室友的優點，而非缺點上。不久以後，室友們都成了她的好朋友。

這時候，芙樂老師開始請孩子進行寫字練習。她請每個學生從她準備的罐子裡拿出一張紙條，上面有一個同學的名字。然後，孩子要寫出一個他／她喜歡這名同學的理由 —— 也就是一個優點。孩子必須用最工整的方式來寫，因為待會兒這張字條會交回到那名同學的手中。每個學生都卯盡全力寫出最工整的字。然而，到了把寫作成果與同學分享時，拿到紙條的同學最有興趣的，並不是評判紙條上的字寫得有多漂亮，而是同學看到自己有什麼優點。芙樂老師的這堂課結束後，那一籃貝殼也就成了孩子們一個重要的回憶，她可以用來隨時提醒孩子要看重別人的優點而非缺點。

只需要一點點的調整，芙樂老師就結合了一堂原有的科學課以及寫字練習，巧妙的融入了習慣六「統合綜效」的核心概念 —— 珍視他人的優點。芙樂老師不覺得這是「多一件事情」，而是「以更好的方法去做自己原本就在做的事」。她覺得這可以幫助孩子擁有更快樂的人生。

7個習慣的案例

芙樂老師將七個習慣中某一習慣的精髓融入既有教案中，正是自我領導力學校教導孩子七個習慣最主要的方式。我們將與大家分享更多將七個習慣教給孩子的案例，但請讓我們先說明，為什麼七個習慣在今天的世界中那麼重要。

1976年，美國慶祝建國兩百週年，當時柯維博士是大學教授。他決定針對美國兩百年來出版的各種「成功文獻」進行研究。他縝密的閱讀幾

百本書籍、期刊、文章，以及歷史偉人的傳記，目標是找出這些人之所以可以擁有高效能背後的共同特質及行為模式。他在這次大規模的文獻研究中，找到了高效能人士的七個習慣，並將精華濃縮為《與成功有約》一書。而他也開始傳授七個習慣 —— 先是教大學生，之後則是企業界、政府，以及教育界的領袖。

柯維博士最重要的發現之一，就是這七個習慣都奠基於亙古不變、放諸四海皆準的原則之上。也就是說，無論一個人的國籍、年齡、宗教、種族、健康或經濟背景如何，皆一體適用。這些原則由來已久，未來也將繼續存在。事實上，這些原則似乎與時俱進，完全符合新的現實世界的需要。

柯維博士還發現，七個習慣的先後順序非常重要。前三個習慣 —— 主動積極、以終為始、要事第一，可以幫助一個人變得更**獨立**。它們可以讓人更負責任、更能掌控自己的人生、規劃自己的未來、設定優先順序，並以專注及紀律來達成自己的目標。內容包括了時間管理、規劃、目標設定，以及其他要獨立自主生活（也就是自我領導力）所需的基本技能。確實實踐這三個習慣，就能達成柯維博士所說的**個人成功**。

成為獨立的個人固然重要，但企業家或家長並不認為，「獨立」是員工或孩子唯一的目標（以終為始的「終」）。他們希望自己的員工或孩子能夠與他人有效合作。這就是為什麼接下來的三個習慣（雙贏思維、知彼解己、統合綜效）如此重要。這三個習慣涵括了衝突管理、聆聽、溝通、激發創意、面對多元、問題解決及團隊合作的能力。它們可以幫助一個人與別人更加互利互賴，也就是達成所謂的**公眾成功**。

習慣七「不斷更新」，可以維繫並強化前六個習慣。實踐不斷自我更新、持續改善的原則，可以讓人擁有一個平衡的人生。它可以引導我們照顧自己的「全人」、在四大領域保持良好狀態 —— 身、腦、心、靈。這四

大領域正符合一個人的四大
基本需求。

　　全面檢視七個習慣可
以反映出兩大重點。第一，
「個人成功」先於「公眾成
功」。要與別人擁有高效能
的關係，自己必須先成為高
效能的人。第二，七個習慣
含括了下頁表中父母、企業

七個習慣植基於亙古不變、放諸四海皆準的原則。

領袖、教育領袖一直希望孩子應該擁有的特質與生活技能。注意「父母、
老師及企業要什麼」的標題之下，左邊一欄是能力，右邊則是品格特質。
這一點顯示，七個習慣固然包含品格特質，同時也包含了面對職場、人生
所需要的技能，也就是我們一再說的「領導技能」。

　　過去，大家都假設學生會在家庭中學習這些能力與品格特質。但現
在，我們已經無法假設任何事情。正如迪卡特市學區副督察長沛恩所指出
的：「學生就學之前並不具備這些習慣。我們為何要聽天由命，任由環境
決定孩子是否學會這些技能？我們何不行行好，給每個孩子一個機會？」

　　然而，老師哪有時間教孩子這些技能？老師每天的工作都快滿出來，
怎麼可能做到這件事？

　　這真是非常重要的問題，而我們即將說明的，正是自我領導力教育
的一個關鍵要素 —— 自我領導力教育在教導七個習慣時，採用的是一種
「無所不在」的策略。「無所不在」的意思是，七個習慣及其他領導力教
材可以融入任何活動、任何課程、任何諮商時間、任何家長或社區通訊、
任何集會、任何晨間報告事項或走廊上的討論。它可以刻意規劃，也可以
不經意發生。它不是每個月的「中心德目」，也不是一種完全規劃好的課

七個習慣	父母、老師、企業要什麼	
習慣一至三（獨立） 主動積極 以終為始 要事第一	• 目標設定 • 規劃 • 時間管理 • 組織	• 主動自發 • 責任感 • 願景 • 誠信
習慣四至六（互賴） 雙贏思維 知彼解己 統合綜效	• 衝突管理 • 聆聽（同理心） • 表達能力 • 問題解決 • 心胸開放	• 團隊合作 • 尊重 • 道德／進退應對 • 誠實 • 重視多元
習慣七（全人） 不斷更新 （照顧自己的身、腦、心、靈）	• 身體強健 • 社交能力 • 腦力 • 有趣	• 情緒穩定度 • 貢獻／意義 • 學習動機

程。主要以三種形式進行：

- 融入式教學
- 直接教學
- 以身作則

融入式教學

　　教導七個習慣最常見的方式就是融入式教學。正如芙樂老師將習慣六「統合綜效」巧妙融入科學課與寫字練習，她也可以將任一習慣融入任何其他的教案或科目 —— 數學、文學、歷史、美術、音樂、科技、體育，以及外語學習，什麼科目都可以。

我們一直很關注孩子的閱讀能力，但是我們也同樣關注孩子的品格力和社會力。

—— 迪寇斯莫，亞利桑納州鳳凰城喜瑞都小學校長

　　最容易融入教學的科目就是文學課。你可以在任何教室或圖書館書架上的書中，找到許多習慣貫穿其中。例如，有些老師常用《亞歷山大衰到家》這本童書來教導習慣一「主動積極」。班上的孩子可以一起朗讀這個故事，然後改編故事情節來說明亞歷山大可以用哪些不同的方式來處理他所面對的「衰到家」的情況。他們可以先演出一些被動消極的反應，然後再演出主動積極的反應。孩子可以學習到，他們生活中的一些選擇，將會決定自己的情緒、態度以及行為。其他老師則常用《小紅母雞》來教導雙贏思維，並討論為什麼當每個人都肯出力時，所有人就都可以成為贏家。許多老師非常訝異，兒童讀物中竟然有那麼多七個習慣的例子，而最快在故事中找出各種習慣的，通常都是孩子。

　　許多最好的教案是將兒童文學與作文課相結合。印尼首府雅加達的PSKD曼迪里小學，老師會指定學生閱讀一些小朋友碰到人生困難抉擇的故事，閱讀完的作業就是寫信給故事中的主角，為他們提供如何以七個習慣來面對不同情境的建議。之後，老師會請學生腦力激盪，共同想出如何以七個習慣來解決自己在實際生活中所碰到的問題。

　　另一個將七個習慣融入文學與寫作課程的例子，來自加拿大亞伯達省艾蒙頓市的貝絲尼可斯小學。奧迪賈克老師的班級被學校指派要在朝會帶領七個習慣的活動。這些五年級的孩子沒有把這個任務看成是「多一件事」，而是將它當成亞伯達省詩詞與歷史指定課程的一部分。歷史課中，學生閱讀了泰瑞‧法克斯這位運動家，也是加拿大英雄人物的故事。泰

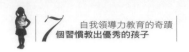
瑞‧法克斯不幸罹患了癌症，但他卻決定以橫越加拿大的長跑行動來為癌症的研究募款。學生在研究的過程中找出法克斯所展現的七個習慣，然後將自己的研究結果寫成一首七小節的詩，並在學校的朝會中輪流朗讀。任務圓滿達成，班上學生也完成了亞伯達省的兩項指定課程。在此同時，他們更學會了如何以七個習慣來面對人生的境遇。

一個國家的樣貌取決於它的年輕人幼年時讀些什麼。它的理想在那時成形；它的目標在那時確立。

—— 米契納

佛羅里達州逢恩公園市英國莊園小學的科學課裡，強生老師與學生談到了第四個習慣「雙贏思維」。她先跟學生討論地球環境以及自然資源的稀少性，接著問學生，如果人類一直只想要滿足自己的需求，會產生什麼結果。學生開始討論人類面對環境問題的一些「贏－輸」及「輸－贏」思維，以及這些思維將會帶來的後果。然後，學生開始腦力激盪「雙贏策略」。相同的，寇姆斯小學的凱利老師以愛因斯坦的家庭關係與學生討論，愛因斯坦如何在生活中應用七個習慣。

數學課鼓勵學生以「統合綜效」來解題；科技課要求學生在設計專案時必須「以終為始」。歷史課更是充滿討論的機會 —— 歷史人物如果發揮了「知彼解己」或「要事第一」的精神，歷史將如何改寫？

寇姆斯小學的依莎朵爾、貝賽特和包薇爾老師，則是將領導力原則融入音樂課、美術課及體育課的先鋒部隊。每一年，依莎朵爾都會將再平常不過的音樂課，變成極具啟發性的體驗。「音樂老師通常就是教孩子唱歌、玩樂器，以及欣賞音樂，」依莎朵爾說：「但為何不選擇一些具啟發性、振奮精神、可以強化品格的音樂呢？」音樂課也可以為每個孩子的生

命埋下一些希望的音符。

退休之前，貝賽特老師的美術課也是如此。她的每個美術作業幾乎都與領導力有關。她最喜歡的一個作業就是為《時代》雜誌設計封面。五年級的學生必須畫一幅自畫像，並為封面下一個標題，說明自己未來可能會因為什麼樣的成就而登上雜誌封面。因此，在學習美術的同時，學生也會開始思考自己的人生目標，以及希望自己成為什麼樣的人。到了學期末，學校的走廊幾乎掛滿美術作品，而每件作品的背後也都蘊含某些領導力原則。更重要的是，貝賽特老師會花時間去了解每個學生的想法，以及每幅作品中所隱含的故事。她對孩子的夢想與感受的關注，遠大於色彩與形狀。

包薇爾老師則是帶著孩子在體育課努力「不斷更新」，設定改善飲食習慣及運動的目標，並定時追蹤進度及成果。學校裡的每個孩子都知道，如果不能在體育課中充分貫徹習慣七，他們就無望加入任何運動校隊。包薇爾老師抓住孩子心的方法，可比任何體操選手的比賽招式都精采。

這些專家都了解自己的角色有多麼重要。學校裡每個孩子每週都會接收到她們的影響力。她們讓七個習慣活了起來，變得趣味盎然。

老師們愈能在不同科目的教學裡，將七個習慣應用在真實情境之中，學生就愈能體會如何將習慣運用在他們自己的真實生活。七個習慣的教導隨時隨地都可以發生——上課、集會、晨間報告、家長之夜。這也正是為什麼老師們會說，「它不

美術作業可以幫助孩子開始思考自己的未來。

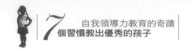

是多一件事情，而是用更好的方法去做我們原來就在做的事」的主要原因。

直接教學

雖然融入式教學是教導及強化七個習慣最常見的方式，但將七個習慣變成獨立教案或課程的直接教學也有其好處。事實上，推行自我領導力教育最有成效的學校，通常都會撥出持續而固定的時間來進行簡短的直接教學。

新學年開始的時候，尤其適合進行直接教學。許多自我領導力學校都遵循香港著名兒童節目主持人王者匡所建議的方式，將開學第一週到十天的時間，用於發展校園文化及基本規範。它們會利用其中一段時間來全面複習或教導七個習慣。對於第一年推行的學校，這表示他們得從頭教起。第二年以上的學校則是用來全面重溫七個習慣。舉例來說，一年級的麥朵蔓老師就會將開學第一週設定為「領導力營」。學生會參與許多有趣的活動，一面學習七個習慣，一面了解何謂「領導人」。孩子會共同撰寫班級使命宣言及這一年的行為公約。學生非常喜愛參加這個領導力營，並因此全面認識七個習慣的基本概念。有些老師則傾向於每週介紹一個習慣。

位於新北市汐止區的保長國小是台灣第一所全面推行自我領導力教育的公立小學。看到第一年的教學成效，及孩子在「領導日」令人驚艷的表現，對保長孩子深負使命感的師長們也決定利用第二年的開學日，為學生設計一連串超有創意的「七個習慣闖關活動」，幫助孩子全面複習。那一天，不但孩子重溫了七個習慣，老師們也玩得極有成就感。

許多低年級的老師會以《與成功有約兒童繪本版》來開始七個習慣的教導。兒童繪本版中，每個習慣都有一個代表人物，生動的故事及人物可以立即抓住孩子的想像力，幫助孩子迅速掌握七個習慣。在自我領導力教

育網站（TheLeaderinMeOnline）中更有無數直接教學的教案及色彩繽紛的資源可供使用。

直接教學在處理霸凌問題、打斷老師說話或作業遲交等班級問題時，更是特別有效。五年級的溫瑟老師以互動方式教導統合綜效，讓孩子清楚看到彼此合作來保持教室整潔可以讓每個人都更方便、更快樂。有問題需要解決時，七個習慣的功效通常益發能夠彰顯。

直接教學的機會俯拾皆是，但多數學校和老師都覺得，規劃出固定時間進行直接教學，通常更為實際有效。密西根州的波蒙小學就用每天一開始的時間來教導七個習慣。他們稱之為「領導時間」（LEAD time）。麥卡坦校長說明：

> 每位老師都把第一堂課的前十至十五分鐘用來進行「領導教案」。開學第一週，每一班都使用同樣的教案。然後我們會有一個大綱，讓大家進行到學年中。之後，老師就可以自行決定自己的班級最需要加強哪些習慣。教案內容無所不包 —— 一本書、一首歌、針對一句名言進行討論、從學生手冊中選一個活動來進行，諸如此類。領導時間主要都由老師負責，唯有最高年級（五年級）是由學生負責規劃並執行班上的領導時間。每週一次的「社區圈」時間，則是由學生的「燈塔團隊」負責。

我們非常高興看到，為了回應現實世界的需要，愈來愈多的國家開始要求學校直接教導學生一些必備的生活技能。他們認真聆聽家長、企業領袖及教育工作者的心聲，並確實做出回應。新加坡一直是全球教育領域最受推崇的國家。新加坡要求學校，每週至少撥出一小時來教導學生生活技能及基本價值。蔡厝港小學和勵眾小學決定用那一個小時來教孩子七個

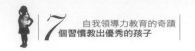

習慣。每週一的早上，每個班級都必須花半個小時來學習一個七個習慣的相關概念。然後在週間，學生也必須上一堂由七個習慣專門老師教導的課程。而七個習慣也無所不在的融入當週所有課程及活動。

　　進行直接教學時，老師會運用各種教學策略來使學習變得生動有趣，而且符合所有學習風格的需要。他們使用故事、遊戲、玩具、電影、戲劇、詩詞、比賽、作業、美術、舞蹈、體育等方式，來確保教學達到效果。班級自創的饒舌音樂劇，正是最受孩子歡迎的教導七個習慣的方式。選擇學生熟悉的歌曲，將七個習慣編成歌詞，也是一種常見的教學技巧。試著哼一下愛芙芮老師以「小星星」改編的這首七個習慣歌：

主動積極每一天，停步思考靠自己。
雖然做來不容易，努力嘗試要持續。
主動積極每一天，停步思考靠自己。

　　在蔡厝港小學，學生根據白雪公主與七個小矮人的故事共同創作短劇。每個小矮人就代表一個習慣，並全力幫助白雪公主整頓生活。寇姆斯小學五年級的韋伯老師則是利用影片來教授七個習慣的高手。佛羅里達州英國莊園小學的孩子則發明了自己的綜合堅果餅乾食譜，其中每種堅果都代表一個習慣。類似的例子不勝枚舉。我們想說的是，老師們用上了每種感官（眼、耳、鼻、舌、心，加上觸覺），配合多元的教學方法，將七個習慣教給擁有各種不同學習風格的孩子。老師的創意永無止境。而且，大家是否注意到了 —— 以上好幾個例子都是讓孩子自己發揮創意的結果呢！

　　任何事情都有需要特別留意的陷阱，教導七個習慣也不例外。第一就是不要教得太用力。學生有好幾年的時間可以學七個習慣，他們不需要立

刻學會每個概念，也不需要每天都被填鴨。第二，不要拿七個習慣來教訓、打擊孩子。只要孩子一聽到「你為什麼不主動積極一點？」或「你不是應該要事第一嗎？」或「你真的得好好學習知彼解己！」，他們大概就會立刻倒盡胃口，再也不想學七個習慣了。

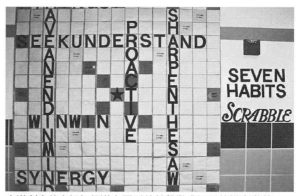

充滿創意的老師把領導力原則的教學變成好玩的拼字遊戲。

以身作則：由內而外的原則

《美國最佳都會型學校的教學方法》一書分享許多案例，說明一些美國公立學校如何打敗環境，在學業成績上揚眉吐氣，同時找出優秀公立學校之所以獨占鰲頭的成功關鍵因素。最重要的成功關鍵因素到底是什麼？不是學生，不是學生的家庭環境，而是學校中的大人每天的言行、榜樣。

雖然融入式教學及直接教學都是教導領導技能非常重要的方法，然而，最高層次的教導絕對是「以身作則」。不是說一套、做一套，而是身體力行。學生從大人的言行之中學到的東西，遠比他們口中說的教訓多得多。這也是為什麼當一群企業領袖訪問學校之後，五年級的喬瑟琳會不解的問校長：「為什麼他們跟我握手的時候，眼睛都沒有看著我？」

因此自我領導力教育的第一步，就是讓學校裡的每個成人都接受完整的七個習慣訓練。因為它是一種由內而外的過程，必須從成人的內在思維轉換、實踐這些習慣開始，然後才能外展到教導給學生。當大人能夠以身作則的實踐七個習慣、運用領導技能，他們的生命內涵就會成為學生最好

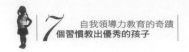
的教案。

　　以身作則、實際運用七個習慣，也會給成人自己帶來極大的收穫。一位備受尊敬的學校主管就分享說：「自我領導力教育中的領導力技能正是學生最需要的東西。我們面對的是日益嚴重的幫派問題及不斷惡化的家庭問題，學生就需要這些領導技能來面對這些情況。」她立刻接著說：「但事實上，七個習慣也正是我們教職同仁最需要的東西。它為我們提供了面對學生、家長及彼此的新方法。」最後，她的結論是：「七個習慣對我自己幫助最大。它宛如及時雨，不但幫助了我，也幫助了我的教職同仁和學生。」

一個學校的品質與特質，以及學生的成就，與學校裡成人之間人際關係的本質比較有關，且遠大於任何其他因素。

—— 羅蘭・巴斯

　　當愛荷華州一位剛進職場的年輕老師被問到，七個習慣為她的學校帶來了什麼改變，她立即回答：「七個習慣幫助我不再以消極的態度對待學生，上課時也更有組織、更有效的聆聽家長意見。過去會讓我立刻發飆的問題，我現在卻可以用非常平靜、主動積極、同理的態度面對。」有沒有注意到，她口中為學校帶來的所有改變，同時也讓她自己的工作效能獲得了改善。同樣的，一位紐約的資深老師在剛結束七個習慣訓練時，站起來感謝學區督察長說：「我已經教了三十年的書，第一次遇到完全針對我的需要而來的專業發展課程。它已經改變了我的生命。謝謝，真的謝謝。」

　　當成人學習七個習慣，並從運用七個習慣而獲益時，學生也會因為見證大人實際活出七個習慣而受益匪淺。實踐七個習慣不需要完美，只需要努力就夠了。

教室之外的老師

在自我領導力教育中，並沒有所謂的「非教職」人員。學校裡的每個成人都是老師 —— 尤其是在以身作則這件事情上。

在寇姆斯小學，一切都是從蘇珊和咪咪開始。在奎思維尤中學，一切則始於金姆、茱莉及凱瑟琳。她們是誰？她們是學校辦公室的職員。她們是與孩子們接觸的第一線人員。她們所使用的七個習慣語言以及在牆上所掛的名言與飾品，隨時都在教導、提醒每個人，勿忘實踐七個習慣。

在靠近加州沙加緬度的魯卡拉小學，學校辦公室的助理喬依絲和雪莉一起製作了一個色彩繽紛的資料夾，裡面每一頁都會介紹一個習慣。當學生因為紀律問題被送進辦公室來見校長時，她們都會請學生先閱讀一下那個資料夾、同時想一想，他們原本可以運用哪個或哪些習慣來處理自己所面對的問題。等到莎森校長請他們進去時，闖禍的學生通常已經知道應該如何面對自己的問題了。

在某些學校，七個習慣是由輔導老師負責直接教學的任務。諮商老師每個月輪流到各班教導七個習慣，並將習慣與霸凌、焦慮、壓力、衝突管理等學生所面對的現實問題相連結。而輔導老師也可以使用同樣的語言來輔導各年級的學生或是與家長溝通。華盛頓州南維德貝小學的諮商老師葛蕾是利用朝會時間教導學生七個習慣，而在輔導學生時，她通常也都會問學生，哪些習慣可以解決他們所面臨的問題，而「學生經常一語中的」。

圖書管理員是另外一個精采的資源。有些圖書管理員會讀蘊含七個習慣的故事給學生聽，也有人特意找出與領導力有緊密連結的書，然後將它們放在最醒目的地方，方便老師和孩子借閱。一位媒體專業老師則製作了彩色的書籤，標出書籍中相關的習慣，來幫助學生學習。

我們要說的是，教導七個習慣不只是課堂老師的責任，還需要整個學

各處室及老師辦公室是強化習慣的好地方。

校共同努力。即使只是以身作則及隨時使用七個習慣的語言，所有教職員同仁都可以協助教導學生七個習慣。

家長也是重要的資源，他們可以協助帶領每週一次的課程、七個習慣活動，或協助孩子創作有趣的七個習慣短劇的劇本。這是團體合作的行動。

請學生當老師

到目前為止，本章一直從學生是「一只半空的杯子」這個角度，來討論如何將領導力技能教給學生。也就是說，成人擁有一些孩子所沒有的知識與智慧，因此必須努力傳授給學生。

但若換個角度，大人改以孩子是「一只半滿的杯子」這個角度來看待領導力技能的教導，情況又會如何？也就是說，我們可以如何讓孩子來教導自己的同學或低年級的學生？孩子是否會因此而學得更多、更深刻？

麥卡提博士所帶領的猶他州費蒙特小學就以「旋轉領導人」為名，讓孩子當老師，來教導其他學生七個習慣。每個月，高年級班會和低年級班彼此配對，由高年級學生朗讀一本小書給低年級學生聽，並帶他們做一個相關的活動。有一次，他們利用《奧嘟嘟魚》來說明習慣一「主動積極」的重要性 —— 尤其是「你的處境由你決定」這個概念。奧嘟嘟魚走到哪裡都皺著眉頭，告訴大家因為自己長得醜，所以根本快樂不起來，只能悶悶不樂。但藉由聽高年級的學生說故事，低年級的孩子學到了，他們和奧嘟嘟魚一樣，其實可以選擇自己的情緒和態度。這個做法讓大孩子、小孩

子同時受益。

類似的做法也出現在愛荷華州的康寧漢小學。他們每週都有所謂的「家庭時間」。高年級和低年級班級兩兩配對，組成一個「家庭」，共處二十分鐘，用來討論七個習慣的相關概念。有一次，一個「家庭」的大

當孩子學過《奧嘟嘟魚》之後，主動積極的一項重要精神 —— 選擇自己的情緒與態度，就成了教室布置的一部分。

孩子用投影機在牆上打出一個有關統合綜效和團結一致的名言。討論中間，一位頗受歡迎的女生自動站起來，提出一個她觀察到一直重複發生的學生行為問題。她不斷對在場的學生說：「我們不需要大人來制止，我們可以自己停止這種行為。」這是一個大人不可能帶動的自發性「誓師大會」，而年幼的孩子 —— 尤其是小男生，個個聽得聚精會神。有時候，學生自己可以用大人永遠不可能模仿的方式來說一些話、做一些事。

學生甚至可以幫助老師學習七個習慣。密蘇里州凡登市史坦頓小學的三年級老師史特琳參加七個習慣訓練之後不久，有一次在慢跑時被車子撞倒。經過幾個月的密集物理治療，她終於回到學校，但她非常擔心自己的體力和情緒，是否能夠應付每天繁重的工作。第一天返校，她發現自己的學生在一面鏡子上為她貼了一張「主動積極」的紙條。學生以七個習慣的語言來鼓勵她面對自己的挑戰。她說，學生每天都以七個習慣來提醒她，讓她得以重拾願景與精力，順利回到現實世界。

利用學生在做研究及教導七個習慣不是只有好玩而已。想想看，從教學中獲益最多的是誰？是老師還是學生？絕對是老師。我們稱之為「教學相長」。孩子愈成熟，他們也愈能夠擔當起教導七個習慣的責任 ——

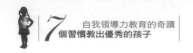

包括理念和應用，幫助孩子以最能夠強化自己的學習保持程度（learning retention）、學習轉移（transfer of learning）以及自信心的方式學習。

自我領導力教育適用於所有學生

結束本章之前，我們要再三強調，七個習慣及其他領導力技能的目的，是造福所有的學生。事實上，有些最具啟發性的故事，發生在自閉症及擁有其他特殊需求的孩子身上。七個習慣的共同語言以及具體又含有指示性的本質，可以為孩子提供穩定的環境，讓許多有特殊需求的孩子得以有更好的表現。

一位家長以電子郵件分享了一個例證。賈德娜女士有兩個女兒、一個兒子在俄亥俄州修托山小學就讀。兩個女兒的學業與社交技能都沒有問題，但對就讀二年級、有自閉症的艾文而言，可就不是如此了。賈德娜女士在給諾蘭校長的一封信中寫道：

今年以前，艾文只有過一次邀請朋友來參加的生日派對。他從前非常不喜歡派對，也很少受邀參加任何孩子的聚會。有朋友到家裡來，都是我邀請的，最後也是我在陪小朋友玩，而非艾文。幾年前，我問艾文，他最好的朋友是誰？答案是媽咪。

當學校開始推行自我領導力教育時，我看得出來它應該可以幫助艾文在學業上更加專注。我沒預料到的，卻是學校之外的成果。艾文的社交生活大大改變了。艾文這一年主動邀請一些朋友到家裡來玩，最近甚至要求我們幫他辦生日派對，並邀請同學來參加。我當然立刻進入「媽咪模式」，決定到兒童遊樂場的餐廳盛大舉辦，這樣，艾文和他的同學就可以又有得吃，又有得玩。

艾文和爸爸開車到每個同學家，親自送上請柬。到了每個同學家，艾

文都會主動下車，到家門口去和朋友或他們的父母交談。當朋友打電話回覆時，艾文會在電話裡向他們說明派對的細節以及他想要什麼樣的禮物。這些事情對許多孩子而言，簡直再平常不過了。但對艾文而言，卻是驚天動地的大改變！

生日派對那一天，我緊張極了，因為我希望一切都很順利。然而，艾文卻一派輕鬆。我們提早抵達、布置會場。艾文穿上跳彈簧床的特殊鞋子，一溜煙就跑去玩了。我守在門口等著幫艾文迎接朋友。結果，當朋友一一抵達時，艾文竟然自己從遊樂場跑回來，親自迎接每位同學。他與同學一一握手，謝謝他們的光臨。這簡直讓我瞠目結舌。艾文帶著朋友去換鞋子，並向他們說明遊戲規則。他們高興的玩了整整一個小時。

那一天，艾文就像典型的二年級小男生，和好朋友開心的慶祝自己的生日。派對結束時，艾文一一擁抱他的朋友、謝謝他們今天的光臨。當我們一起寫感謝卡時，對艾文而言，朋友的參加遠比他獲得的禮物更值得感謝。

如果沒有七個習慣，這一切可能發生嗎？或許吧，但我不這麼認為。自我領導力教育為我的兒子開了一扇門，讓他能夠快樂的做自己。即使和別人有一些小小的不同，但他還是團體的一份子。現在，他在朋友圈中非常自在。自我領導力教育點燃了艾文的生命之火。

最近，我很想再問艾文，他最好的朋友是誰。

我很擔心他的答案不會再是媽咪。但老實說，那絕對會是最大的驚喜！

再次強調，七個習慣及自我領導力教育的目的，是造福所有的學生。

總結

教導孩子七個習慣的終極目的，是幫助孩子做好面對人生的準備、擁有自主的能力（獨立）以及與他人合作的能力（互賴），幫助孩子成為健全的學生、成功的父母、職場上的達人，以及社會上的好公民。但七個習慣也不只是為孩子的未來作準備，他們今天就需要這些習慣。七個習慣包含了家長及企業界一直期望學校能夠教給孩子的所有技能及品格特質。

當學生與教職員開始應用七個習慣，間接的好處是學校的文化及學生的學業表現也將大大提升。一所處境艱困的都會公立學校成功翻身後，校長被問到，七個習慣導入學校兩個月時，她是否注意到學校有什麼改變？這位校長第一時間回答說：「老師們在教師休息室的互動方式有了很大的不同。」之後她又指出，學生在操場玩的時候，行為也有很大的改變。第二年，學校終於在多年之後，再度達到「年度進步指標」（Adequate Yearly Progress, AYP）。

台灣的保長國小也是一所處境艱困的偏遠學校，許多指標都落後於學區平均。推行自我領導力教育之後，保長成了熱門參訪學校。短短不到兩年，保長更獲選為台灣教育部的「品德教育特色學校」。不但如此，六年級的謝子慧老師為了確保孩子畢業前有機會接受完整的自我領導力教育，還主動「超前進度」，而她也一舉獲選「新北市104年度友善校園評選」的「優秀導師獎」。所以，七個習慣不僅可以讓學生及教職員建立起重要的領導力技能，更有助於學校的文化及表現。

教導七個習慣不是一種一次性的活動，也不是一種一次性的教學，它是一個持續進步的旅程，而且必須由內而外 —— 從學校裡的大人開始。

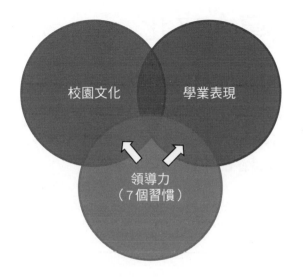

個人反思

習慣 ，「主動積極」的意思是，我們必須為自己的行為及態度負責。也就是說，我們無法選擇哪些事情會發生在我們的人生之中，但卻可以選擇自己回應的方式。如果你可以選擇在人生中以不同的方式去做某件事，以提升自己的效能，那件事會是什麼？改善那件事可以如何幫助你成為更有效能的領導者，或改善自己的處境？在「當孩子的榜樣」這件事上，你的表現如何？

4 | 打造領導力文化

面對教育現有的挑戰，我們需要的不是改革，而是轉化。轉化的關鍵不是讓教育變得「標準化」，而是「個人化」，以發掘每個孩子獨特的天賦來打造他們的成就，讓孩子進入一個他們願意學習，而且可以自然而然發掘自己熱情所在的環境。

——羅賓森爵士，《讓天賦自由》

有些人在發現還有第八個習慣時，都會感到頗為吃驚。第八個習慣是「找到自己內在的聲音，並啟發他人找到他們自己的聲音」。

奧莉薇亞對此知之甚詳。

奧莉薇亞是紐約州溫徹斯特小學三年級的學生。她聰明、美麗，成績也很好，但她同時也患有「選擇性緘默症」（selective mute）。

奧莉薇亞在家中可以自在的開口說話，但從幼兒園開始，她就選擇不在學校中對任何人說任何一句話 —— 除了每年對一位老師或同學說一句悄悄話之外。但也有例外 —— 奧莉薇亞只肯在弟弟的班上，讀故事書給弟弟和他的同學聽。

所以，當奧莉薇亞自願要在學校的「領導日」擔任演說工作時，大家可以想像桃蒂老師有多驚訝。桃蒂老師知道，這代表奧莉薇亞得在兩百多名大人的面前說話。她擔心，如果這件事出了差錯，可能會給奧莉薇亞帶來極為長遠的傷害。但是她也不想讓奧莉薇亞錯過開口說話及參與領導日的機會。於是她再問一次：「奧莉薇亞，你確定嗎？」奧莉薇亞堅定的點

點頭 ── 還是沒開口。這讓桃蒂老師很不放心。

桃蒂老師把奧莉薇亞自願在領導日演說的事告訴了布萊克蔓校長。布萊克蔓校長又驚又喜，但也一樣擔心 ── 是否該讓奧莉薇亞暴露在這樣的風險當中。為此，布萊克蔓校長堅持，奧莉薇亞必須先通過一次測試。布萊克蔓校長連續四天與奧莉薇亞溝通，但奧莉薇亞沉默依舊。最後，到了第五天，那是一個週五，布萊克蔓校長對奧莉薇亞說：「奧莉薇亞，我知道你希望在學校的領導日演說。只要你願意在下週一早上負責晨間報告並背誦公民誓詞，你就可以在領導日擔任演說。你願意嗎？」奧莉薇亞依然以點頭回答。

週一早上，布萊克蔓校長參加完學區會議之後回到學校，只見她的同仁個個噙著淚水，卻滿臉欣喜。她們說，奧莉薇亞一早準時抵達學校，走上講台、拿起麥克風，以最甜美的聲音說：「大家早，我是奧莉薇亞。」然後她有條不紊的進行晨間報告，並且完整背誦出美國公民的效忠誓詞。全校陷入一片歡呼。

學校選拔出八位學生擔任領導日的演說。每位學生負責說明一個習慣以及他們如何將這個習慣應用於生活之中。第一次會議時，布萊克蔓校長問，是否有人想要介紹自己最喜歡的習慣？奧莉薇亞立刻舉起手來，小聲的說：「第八個習慣：找到內在的聲音。」這個選擇讓布萊克蔓校長大吃一驚，不僅因為它恰恰反映了奧莉薇亞的特殊情況，而且，學校其實還沒有真正教孩子第八個習慣是什麼。

奧莉薇亞開始準備演說。她仔細研究第八個習慣，並在家人協助下寫出了演說大綱。領導日那一天，奧莉薇亞按照順序走上講台、面對一大群成人。看著所有緊盯著她瞧的眼睛，奧莉薇亞稍微遲疑了一下。布萊克蔓校長和桃蒂老師立刻緊張的說：「加油，奧莉薇亞！我們知道你一定會說得很好。」

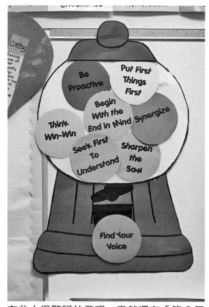

有些人很驚訝的發現，竟然還有「第八個習慣」。

然後，奧莉薇亞彷彿這一天完全屬於她似的，平靜的開口說：

大家好，我叫奧莉薇亞，是桃蒂老師三年級班上的學生。第八個習慣是「找到你自己的聲音，然後幫助其他人找到他們的聲音」。這個習慣意謂著你可以告訴別人，你正百分之百投入於打造自己的人生這件事情上。所謂百分之百的投入，代表你的身、腦、心、靈都在探索自己的人生。

要找到自己的聲音，你需要好好檢視自己的天賦。每個人都有自己的天賦！不要隨便讓人打擊你的信心。而且，你有能力可以啟發別人去做偉大的事情。

我是以在弟弟的幼兒園班上說故事來練習這個習慣。我也和弟弟的同學分享我們班正在做的蝴蝶生命循環觀察。我給他們看我們班的毛毛蟲。我藉此與別人分享我的知識。

我致力於成就大事。謝謝大家。

大多數的觀眾並不知道奧莉薇亞的情形，但從她的表情，他們知道應該有很特別的事正在發生。那些知道奧莉薇亞情形的人則是勉力壓抑自己激動的情緒。奧莉薇亞的媽媽忍不住哭出聲來。她非常高興奧莉薇亞能夠擁有一個讓她覺得自己被愛、備受尊重，而且有機會可以貢獻天賦的學習環境 —— 一個能夠幫助她找到自己聲音的地方。

習慣與環境

前面幾章主要說明如何教導高效能的**習慣**，這一章的重點則是如何打造一個高效能的**環境**。如果學生學了高效能的習慣，但卻被放進低效能的環境（校園文化），也就是不友善、不安全、不受尊重的環境，他們不可能好好培養自己剛剛學到的習慣，或改善自己的學業成績。這就好像把一顆最好的種子種進有毒的土壤裡，卻奢望它能夠發芽、開花。這是絕對不可能發生的事。

相反的，當學生處於高效能的環境之中，奇蹟就可能發生。一個五年級的小女生剛轉進新學校，她小時候原本非常可愛、大方，但長大的過程中卻變得憤怒而輕慢，甚至多次與人拳腳相向。她搬來與祖母同住，因而轉了學。以下是她的自述：

> 轉學第一天，情況不太好，因為我帶著從前學校的習氣而來。但我發現這裡每個人都對我很好，他們告訴我，我是他們的朋友。我覺得非常不習慣，但我很快就發現，在這裡有事的時候並不需要「打一架」，只需要「好好說」。
> 我從老師、同學那裡學會七個習慣。七個習慣改變了我，因為我看到別人如何活出這些習慣，而我也很想和他們一樣成為領導人。
> 我開始運用七個習慣與別人理性溝通、了解自己。我有自己的使命宣言，而且我把使命宣言做成一個牌子、掛在自己的置物櫃裡。
> 我很感謝這所學校裡的人，從我踏進的第一天起，就一路支持我。他們幫助我找到自己內在的那個領導人。

這個原則同樣適用於大人。在高效能的環境裡，成人也會有較好的表現，而在低效能的環境裡，成人的表現也會變差。

習慣與環境是密不可分的

　　也就是說，習慣和環境會彼此影響。正向的習慣可以創造出好的環境，而好的環境，也會幫助我們培養好的習慣。問題來了：學校如何才能打造出正向的環境或文化？

　　許多學校以消極的態度來面對校園文化。他們任由校園文化自然成形，或是被動的從一個危機捱到下一個危機。當一個危機發生時 —— 例如霸凌事件，他們會立刻成立行動小組、全力滅火（至少暫時把火滅了），然後就解散 —— 直到下一個危機發生。相對而言，自我領導力教育採取主動積極的態度，量身打造學校的文化，而不是「靠運氣」。它專注於三件事：

1. 校園環境
2. 共享式領導（Shared Leadership）
3. 領導力活動

▶你們的校園文化，效能如何？

　　低效能的人會創造出低效能的校園文化，高效能的人則會打造出高效能的校園文化。你在自己的學校裡觀察到的是什麼樣的文化？

習慣	低效能文化	高效能文化
1	**被動消極**：教職同仁喜歡找藉口、把錯誤歸咎於別人或制度，情緒不穩、習慣將注意力放在自己控制圈之外的事、等待別人來告訴自己該做什麼。	**主動積極**：教職員主動任事、勇於承擔、掌控自己的情緒、專注於自己可以控制的事情、不等別人開口就主動把事情做好。
2	**茫無目標**：教職同仁缺乏願景與使命、沒有共同的目標，計畫隨時改變。	**以終為始**：教職員共同追求有意義的願景、擁有明確的全校性目標及策略，每個人也有清晰的個人目標。
3	**回應所有緊急事務**：教職同仁持續回應各種危機，學校沒有時間規劃或培養人才、缺乏紀律。	**要事第一**：教職員專注於重要的事、勇於對於無關緊要的事情說「不」。大家撥出時間做計畫、花時間在準備及預防的工作。
4	**贏輸思維**：教職同仁只想「我贏你輸」或乾脆雙輸，互信不足。大家爭搶資源、因為擔心別人超越自己而不願分享教學經驗與做法。	**雙贏思維**：教職同仁擁有雙贏思維、值得信賴，隨時在「勇氣」與「體諒」之間尋求平衡、想方設法讓全校都受益。學校鼓勵合作及經驗分享。
5	**先求解己**：大家不肯彼此聆聽，也覺得自己不被了解。同仁無視彼此的感受，也不敢分享自己的感受及意見。	**先求知彼**：在提出解決方案之前，會先仔細了解問題。大家充分發揮同理心、不隨意評斷別人、可以自在表達自己的想法。
6	**單打獨鬥**：大家自掃門前雪或拉幫結派，認為自己的想法永遠比別人好、不喜歡跟想法不同的人在一起。	**統合綜效**：同事之間努力發掘彼此的想法、珍視多元思維、謙虛，大家喜歡團隊合作、創意無限、不怕跳出框架思考。
7	**保持駑鈍**：教職同仁的專業技能過時，生活不平衡、忽視人際關係，而且有時彼此根本不熟悉、生活缺乏意義。	**不斷更新**：大家一起不斷精進、努力與時俱進、活力充沛、享受家庭般的感覺。全校教職員士氣高昂。

校園環境

一個學校的環境包括：**眼見**、**耳聞**，以及**感受**。

眼見 —— 實體環境

除了增加幾個由貨櫃改裝而成的教室之外，寇姆斯小學的實體建築多年來並沒有太多改變。但只要一進學校，一種截然不同的感受就等著孩子去體驗。走進學校大門，學生立刻會看到一面彩色磁磚拼貼而成的學校願景圖。這是從前的畢業班同學在一位家長的協助下，留給學校的一份禮物。左邊的大辦公室，牆面上漆著色彩斑斕的圖畫，孩子都恨不得能被老師送進辦公室見校長（通常是犯錯的孩子才會被送進校長室）。

大辦公室的後面是兩道走廊。左邊那條走廊的牆上貼滿圖表，說明學生的學業進展。右邊走廊則是許多孩子的美術作品以及一整牆的人物壁畫，這些都是來自各國、曾經造訪寇姆斯的領導人。橫跨天花板邊框的，則是所有人都不會錯過的標語：「我們珍視你的不凡天賦」。它不只是給孩子看的，同時也是給大人看的。

接下來則是向四面八方開散的走廊，每條走廊都有一個以七個習慣或其他領導力概念命名的街牌。幼兒園所在的走廊掛滿布告欄，連結不同的領導力概念與學習內容。每個年級都有這樣的布告欄，而且內容經常改變，是一種「活的」環境元素。光是欣賞布告欄中學生創作的故事及作品，就可以花上好幾個小時的時間。

「媒體中心」入口上方寫著大大的「領導力」字樣。這是一位家長的創作。各種牆壁上穿插著不同名言，例如：「領導力就是選擇做對的事 —— 即使沒人看到的時候，也是如此。」另一面牆上則掛著學生參加校內各種傳統活動的照片，彷彿一條時光隧道。還有一面牆上則掛著當地及各領域領導人的照片 —— 太空人、舞蹈家、藝術家等。這些領導人

都與寇姆斯的孩子分享過擔任領導人的意義。學生餐廳裡，有一面從天花板到地面的七個習慣大壁畫。走進另一條走廊，則是一整排的各國國旗，用來彰顯寇姆斯學生的多元背景。國旗的對面則是所有教職員為這一年所設下的個人使命。體育館的

哪個學生不想進去這間辦公室！

上方有許多與運動相關的勵志名言。教室外面則張貼每一班的班級使命宣言。有些布置經常更換，有些則長存不朽。

教室裡的牆壁彷彿正在大喊「歡迎光臨」！許多牆面上都貼滿科學、數學、單字及歷史布置 —— 和其他學校沒什麼兩樣。但散布其間的則是與七個習慣相關的提醒、班級目標、行為公約、學生領導力追蹤圖表，以及學生目前正在統合綜效的各項專案。

這樣的內容舉目皆是。整個學校彷彿對著每個人大聲的說：「這是一個對學生有很高期待、也可以讓學習變得非常有趣的地方。」每幅作品、每張圖表和照片都在強調：「每個人都有獨特的天賦、每個人都可以對學校的成功有所貢獻」。他們的目標是：不需要開口，學校的環境就能直接傳達學生的價值與潛能。

類似的環境在全球各國的校園中不斷興起。我們看到許多奇妙的校園布置，正以各種不同的語言在啟發、激勵學生及教職同仁。雖然有些布置是由成人創作、看來頗具專業水準，但最動人的卻常是一些孩子自己設計、製作的內容。事實上，在某些學校，例如伊利諾州的萬福聖禮小學，學校的牆壁第一年時顯得空空蕩蕩。然後，一天又一天，各種展示在牆上

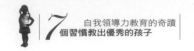
一個個迸發，學生開始接手、負責打造自己喜歡的環境。它成了一所真正屬於孩子的學校，學生有了責任感、歸屬感。

有些學校的牆上、天花板、地板、操場、廁所都有各式各樣的布置，有些學校則採取簡約風格 —— 應該由教職員和學生來選擇自己想要的環境。許多學校選擇請學生每年創作兩、三幅永久性的裝飾，五年後，大家會發現：「哇，我們的校園實在太棒了！」腳步放慢，讓學生參與，通常都會比跑得太快、由老師負責所有的布置好太多。環境布置的目的是塑造校園文化、培育學生，不是打造專業的美術館。

一所學校當然不可能只靠改變環境及裝飾（眼見）就能改變學校的文化，但實體環境的重要性卻絕對不可低估。

耳聞 —— 共同的語言

當我們問到自我領導力教育對學校產生的最大影響是什麼，老師們最常給我們的答案是：「它給了我們共同的語言。」

七個習慣成為學校的共同語言，其實是學校教職員將七個習慣充分融入教學、會議、活動、走廊布置及學校各種集會所產生的自然結果。學生學習七個習慣語彙的速度絕對不輸任何流行用語。一旦每個人都學會七個習慣的語言，就會開始隨時隨地使用它。一年級的老師碰到蹺課的五年級學生，可以很自然的問：「你這麼做算是『要事第一』嗎？」而這位學生會完全了解這句話的意思。

許多同時在好幾個學校教書的專科老師或社工人員指出，在自我領導

以一個人現有的樣貌待他，將會扼殺他的發展。以一個人有潛力達到的樣貌待他，則會讓他超越自己。

—— 歌德

力學校工作,比起其他學校要容易很多,因為無論他們教任何年級、碰到任何背景的學生,都可以使用同一套語言。他們甚至可以對家長使用七個習慣的語言,因此,「處理起事情來簡單多了,」他們說。

七個習慣並非自我領導力教育唯一的共同語言。其他正向的語言也隨時會出現,例如:「我們喜歡專注於『可能性』」或「我們看重學生做得到的事,而非他們做不到的事」、「每個孩子都重要」、「我們每天都會對孩子說我們愛他們」,或是「每個孩子都是領導人」。

在寇姆斯小學,每天學生會聽到一連串正向語言的時候,就是早上抵達教室的時刻。導師及一名接待的同學會站在教室門口歡迎他們。他們會與每個走進教室的同學握手,雙眼友善的注視他們,叫出他們的名字,同時加上一兩句稱讚的話 —— 無論是他今天的穿著或當天要做的事。少有學生一整天都沒聽到別人以正面的方式提起他的名字。

光是重複稱孩子(甚至大人)為領導人,就是一種強而有力的語言,足以帶來行為的轉變。一個經典案例是,一名小男孩的前任校長打電話到寇姆斯,警告老師必須特別小心這個男孩的乖張個性。她說小男孩之前曾經一拳把她打到不省人事,並警告說他可能成為學校的危險人物。許多學校在收到這樣的問題學生時,通常都會立刻將他納入嚴格的行為管控計畫。桑莫絲校長回憶當時學校如何以截然不同的方式處理這個情況:

當時寇姆斯才剛剛開始推行自我領導力教育,我認為,要是這個計畫行得通,它就應該可以對這個小朋友發揮效用。我從來沒去看他的個人檔案,回想起來,這或許不是個聰明的做法。但那確實是出自內心的決定,我覺得應該給這個孩子重新來過的機會。

一下校車,我們立刻可以看出他是什麼樣的孩子。他走起路來一副來者不善的架勢。我迎上前去,對他說:「你一定就是某某某,我們

一直很期待你的到來。」站在我身旁的訓育組長加上一句：「我們很高興你到寇姆斯小學來，我看得出來，你一定會是很棒的領導人。」而他的回話卻是：「你他Ｘ的誰呀？他Ｘ的滾一邊涼快去。」我對他說：「我們這裡不用這種方式說話，我們使用不同的語言，但我還是很歡迎你。」

我們開始跟他建立關係，他原本強悍的外表竟然逐漸褪去。我們的團隊有很好的支援系統，大家隨時都會對他說，我們每一天都會愛他。一開始當我們對他說「我們愛你」時，他會以咒罵回敬我們，有時則以我們好像都是雙頭怪物一般的表情睥睨我們。但到了十月左右，他竟然開始吐出「我也愛你們」這樣的回答。

十一月，他決定參加學生會長的選舉。雖然沒當選，但他卻已成為學校裡頗受歡迎的人物。

他的脾氣確實不好，偶爾也還是會爆發一下，但他的生命已完全改變了。他的成績大有進步，還曾登上榮譽榜。他後來再度搬家，學校和他失去了聯絡。但自從那次經驗以後，我清楚知道，自我領導力教育絕對可以幫助每個學生。

許多教育工作者都極具藝術天賦，有能力創作出最漂亮的布告欄及布置。但他們只能算是「外牆裝飾師」，學校當然也需要他們，然而真正的藝術家，也就是真正的「教育家」，則是那些知道如何啟發出學生內在之美的人。

這些人正是所謂的「室內設計師」，而語言是他們最主要的工具。在這個人們四處高喊恐懼與絕望的世界中，學生需要不斷聽見正向、肯定、希望的語言。

感受 —— 情緒環境

加拿大亞伯達省艾蒙頓市的利瑞吉小學已經推行自我領導力教育超過四年，也見證了無數的改變。有趣的是，當被問到自我領導力教育帶給學校最大的改變是什麼時，巴特菲德校長的回答竟然是：「給人的感覺很不一樣。」

在寇姆斯小學的教師休息室裡面，一句名言橫跨了整面牆：「幾年之後，學生可能會忘記你教過他們什麼，但他們永遠會記得你給了他們什麼樣的感受。」

沒錯，當被問到自我領導力教育給他們的孩子帶來什麼影響時，家長的第一個回應，通常都是與孩子對學校的感覺以及孩子對自己的感覺有關。絕大多數人的第一個答案都是：「它真的讓我的孩子對自己更有自信。」許多家長會告訴你，他們的孩子在先前的學校很不適應、表現不佳，但自從轉入自我領導力教育學校，卻變得非常喜歡上學，人際關係及學業成績也都大有進步。他們也會告訴你，害羞的孩子如何破繭而出。

回到奧莉薇亞的學校，另一個令人驚訝的故事與一個名叫戴文的小男孩有關。學區副督學長打電話給布萊克蔓校長，詢問是否可以考慮接收一位名叫戴文的學生。戴文住在另一個學區，但因嚴重過敏，根本不可能實際到校上學。戴文可以透過一個儀器的螢幕在家中看到班上的情形，而班上同學也可以看到戴文，儀器的音響系統也可以讓戴文提問或回答問題。戴文甚至可以控制攝影機，讓它轉到學校的其他地方。戴文顯然不是典型的轉學生。

其他幾個學區都拒絕了戴文，但溫徹斯特小學的教職員卻將它視為機會。「我們當然願意接受他，」溫徹斯特的教職員說。在詢問布萊克蔓校長是否願意接受戴文時，副督察長對她說：「整個學區中，我覺得你們學校的文化及學生是最適合戴文的環境。」也就是說，雖然戴文永遠不會到

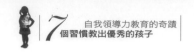

校上課，但這位副督學長還是很關心戴文的「感受」。

　　華盛頓州馬科蒂奧小學的孩子，可以讓我們對自我領導力文化帶給學生的感受有一點基本的了解。當問到學生，自從推行自我領導力教育之後，學校有哪些改變。孩子們的回答是：

- 我覺得自己在學校可以有更好的表現。
- 和別人互動時，會比以前用心。
- 我現在比較重視上學這件事，而且也比從前誠實。
- 如果籃球比賽打輸了，我現在會去恭喜獲勝的隊伍。
- 七個習慣幫助大家成為更好的聆聽者、做出更好的選擇、相處更融洽。
- 現在大家會記得要「停步思考」別人的感受。
- 我們現在比較尊敬老師以及其他的小朋友。
- 我們現在比較會彼此聆聽，也比較會一起玩耍了。
- 我們學校的小朋友在行動之前會先做計畫。
- 即使沒有人在旁邊鼓勵、稱讚，我們還是會彼此合作、統合綜效。每個人都知道這是我們應該做的事情。

在高信任教室中，即使是學生未說出口的需求，老師都會知道。

—— 摩兒，《高信任教室》

　　影響學生（以及成人）對學校感覺的因素很多。回想第二章提到的四大基本需求，學生們希望在學校感受到：

- 安全：沒有人會希望被霸凌或受威脅。（生理需求）

- 接納、了解、被信任：不信任會造成不安全感、懷疑及逃避。信任可以帶來安定感、希望、歸屬感以及友誼。（社會情感需求）
- 願景、成長及成就：學生希望覺得自己不斷在進步、成功。（智能需求）
- 意義、貢獻及被欣賞：美國心理學之父威廉·詹姆斯認為「人性最深刻的原則就是渴望被欣賞」。（心靈需求）

四大需求中如果缺了其中之一或更多，就會產生不安。四大需求都得到滿足的學生會對自己有自信。對一些學生來說，這些需求唾手可得。但對有些孩子而言，它們卻遙不可及。學生不只需要聽到正面的言語，他們還需要有這些「感受」。

共享式領導

學生每天眼見、耳聞及感受到的一個很重要的部分是，每個人都是領導人 —— 包括所有的大人與每個孩子。

學習當領導人最好的方法，就是看見每位成人都以身作則 —— 不只是校長，而是每個人都是領導人。當訪客拜訪某一所自我領導力學校時，羅伯特先生的名字一再被提起。「學生都非常喜歡他，」孩子們說：「他以高度尊重的態度對待學生。」、「他邀請學生參與很多工作，孩子非常喜歡幫助他。」訪客終於見到羅伯特先生時都大為訝異，因為他正在拖地 —— 羅伯特先生是學校的校工。

北卡羅來納州韋恩大道小學的校工則是巴吉特先生，他每天早上都會前往停車場迎接學生到校。他會一一喊出學生的名字、對他們說些鼓勵的話、幫他們打氣。他讓學生覺得自己在學校有歸屬感。這些校工讓我們清楚看到，領導力是一種選擇，不是一個職位。

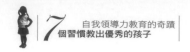
⏩研究指出……

　　華萊士基金會所贊助的一項為期六年的研究顯示，「共享式領導」對學生的學習及教職員的士氣都會產生正面影響。由明尼蘇達大學及多倫多大學共同進行的這項研究結果顯示：

- 當校長、老師、職員、學生及家長共享領導力時，它對學生學習成就所產生的影響，遠大於校長被視為唯一領導者的學校。
- 與別人共享領導力時，校長並不會失去自己的影響力。
- 提升老師的教學動機與工作條件，會比增進老師的知識與技能，更能對學生的成就產生正面影響。
- 高表現學校賦予教師團隊、家長，以及（尤其是）學生的決策影響權，遠高於低表現的學校。

　　特別值得一提的是，研究結果也顯示，高表現的學校與學生共享領導力的情況特別明顯。

　　所以，領導力人人有份。導師是班級的領導人。教學組長是學習的領導人。有些老師也是年段領導人、專業發展社群領導人或行動小組領導人。這種角色原本就存在於每所學校，但卻不一定都被視為領導力角色。確實，若非每個教職同仁都被視為領導人，或是能夠真正尊重每位領導人，這一切都只不過是文字遊戲而已。

　　談到與學生共享領導力，自我領導力教育至少會透過三種方式協助培養學生成為學校的領導者，分別是：

- 賦予學生領導責任。
- 珍視學生的意見。
- 幫助學生找到自己的聲音。

賦予學生領導責任

　　絕大多數的學校都會賦予學生領導責任，但卻常只限於少數被認可的學生或同學間互相選舉所產生的代表。那其他的學生怎麼辦？另外那百分之九十八的學生有任何機會擔任領導人嗎？

　　在班級裡，賦予學生領導力角色可以從老師提出的這個問題開始：「現在我所做的事情中，有哪些可以交給學生來做？」北卡羅來納州一位老師就問了學生這個問題。結果，學生決定讓自己負責關掉所有電腦、拉起遮陽簾、把椅子放到桌上、倒垃圾、削鉛筆，以及許多平常下課後，她得花二十至三十分鐘時間去做的事。她的學生非常喜歡做這些工作。下課鐘響前五分鐘，只要她給個手勢、下個指令，孩子就開始忙碌起來。「我怎麼沒早點想到要這麼做？」她說道。關鍵不在於學生所做的事，而是在於孩子開始為教室的整潔及班上的榮譽負起責任。他們自己承擔起下課後的整潔工作。

　　在加州的簡森小學，每個班級都有一位專任的「科技領導人」。當老師碰到任何教學器材上的問題，這位學生領導人要不是立刻自己幫忙解決問題，就是負責去找學校的成人「科技顧問」來處理。科技顧問要不是教導這位學生領導人應該如何處理這個問題，就是與學生一起去教室，攜手解決問題。這個孩子不僅學會了新知識，也獲得責任感，而老師依舊負責教導的工作。

　　賦予孩子整理教室裡的書籍、宣布午餐菜單、收家庭作業、發放文

具、接待訪客、幫老師送文件去辦公室、領唱國歌、幫同學按洗手乳等責任，看起來或許不是什麼偉大的「領導角色」，但絕對是個起點。除了口頭上討論何謂「責任」，這個做法讓學生有機會真正「感受到」責任的意義。它讓學生知道，擔任領導人的意義就是貢獻自己的能力 —— 有時甚至是去做別人不願做的事。它讓學生有機會不斷品嚐成功的滋味。他們會感受到自己的價值、享受被欣賞的感覺。多數學生會為自己的責任感到驕傲，經常缺課的孩子甚至變成全勤，因為他們覺得學校、班上需要他們，因此不願錯過任何上學的機會。一個小男孩一天早上醒來，發現媽媽醉倒在床上。結果他就自己穿衣服、搭校車到學校。為什麼？他說，因為他不想耽誤自己當天的領導力角色。

隨著孩子長大成熟，他們的領導責任也愈來愈吃重。他們可能會開始負責在班上講解一些課程、擔任專案領導人、指導低年級同學、接電話，或為全班挑選讀物。有些學校賦予高年級學生擔起社區服務計畫的挑戰。有老師或家長在旁擔任教練的情況下，學生自己決定、規劃、執行社區服務計畫的所有工作。

同理心是大多數霸凌份子所欠缺的能力，但它正好也是唯一最有可能消除霸凌行為的技能。

—— 麥古依，《良師益友：以領導力戰勝霸凌》

在學校層級，除了一般性的學生領導團隊之外，自我領導力學校還會為學生提供許多擔任領導人的機會：為訪客進行校園導覽、升旗、負責學生集會、在圖書館幫忙、負責資源回收、帶領下課活動、在餐廳幫忙、負責校園安全巡邏、朝會報告、接待外賓、加入清潔團隊、製作簡報檔案、上台授課、帶領社團等。只要給孩子機會，他們會自己想出一些絕佳的領

導角色與責任。

擔任領導角色（即便是最簡單的工作），可能會為學生帶來行為上的改變，甚至是生命的翻轉。在加拿大亞伯達省的愛德華法語學校，每學年一開始，學生都會參與許多全校性領導力角色的申請。全校一半以上的學生都會得到工作。一位患有自閉症、對時間毫無掌控力的小男生，獲得在校護室幫忙的機會，負責做一些簡單的整理工作。學校職員不能自己完成這些工作嗎？當然可以，但這個小男孩對於能夠擔當這個領導力角色是如此興奮，他開始每天像隻禿鷹般緊盯時鐘。他到校護室幫忙的工作從未遲到。他視自己為領導人。

在南卡羅來納州的一所學校，一個小男生是學校裡有名的惡霸，每天獨來獨往。一位細心的學校職員發現他在午餐時間，常喜歡與一群特教學生坐在一起。於是她問他是否願意幫忙照顧一些有需要的特教學生。一夕之間，他從惡霸變成守護天使，盡心盡力照顧他們。當老師邀請他寫一段話來說明自己如何幫助這些特教學生時，他只寫了一句話：「和他們在一起的時候，我不再覺得孤單。」

擔任「大哥哥」或「大姊姊」是學生非常喜歡的領導力角色。年長的學生非常喜歡為年幼學生提供學業及行為上的指導。有些學校會指派一整班的高年級學生去指導一個低年級的班級。南卡羅來納州的麥克里斯領導力學校會指派年長的學生，負責調解年幼學生之間比較不嚴重的

為學生指派「大哥哥」或「大姊姊」是許多學校確保孩子與學校有所連結的方法。

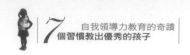

衝突。他們稱這些年長的學生為「調解領袖」。

正如學生偶爾都會需要到操場或沙堆去釋放精力、發揮創意，所有學生也都應該偶爾造訪「領導力沙堆」，也就是到一個他們能夠釋放天賦、培養領導力習慣的地方。這件事每個學生都需要，不只限於少數核心份子。

尋求並珍視學生的意見

推動領導力主軸之後不久，桑莫絲校長開始向每班邀請一位學生領導人來參加每月一次的半小時「聊天會」。開會之前，學生領導人必須先問班上同學，他們認為學校有哪些地方做得不錯，又有哪些地方需要改進。每個月，桑莫絲校長都會覺得萬分驚喜 —— 不見得是學生所找出的問題，而是他們所提出的解決方案或優秀的創意。有一次，學校發展出一套「合作守則」（Code of Cooperation，也就是其他學校所謂的「行為守則」），他們稱之為「魔法」（MAGIC）。這五個英文字母分別代表：

實踐被期待的行為	**M**odel expected behavior
接受責任	**A**ccept responsibility
給予尊重	**G**ive respect
藉由設定目標來改善	**I**mprove through goals
合作	**C**ooperate

一名低年級的學生在一次聊天會中站起來說：「桑莫絲校長，我們學校做的，根本不像施展『魔法』那樣簡單輕鬆，而是所有人都下足苦工。」他建議學校改用一套新的「合作守則」，甚至還提供了一個新的名稱 ——LEAD（領導）。這四個字母代表：

忠誠	**L**oyalty
卓越	**E**xcellence
成就	**A**chievement
紀律	**D**iscipline

　　桑莫絲校長非常喜歡這個創意，而且看出這名學生為這個提議，下了不少功夫。問題是，幾天前她才把「魔法」的匾額掛在學校的好幾個地方，要改變，可是得花不少的力氣和經費。然而，學校還是換了新的匾額。這位學生的意見得到了珍視。

從前，我們只有被老師送進校長室時，才肯踏進學校的辦公室。但現在，當我們覺得學校需要改變時，我們就會自己帶著建議走進校長的辦公室。

——瑞典胡丁厄市一名小學生

　　寇姆斯小學努力尋求學生的意見，他們做得有多徹底？一個例子是，每位新進教職員在被正式錄取之前，都必須經過學生的面試。教職同仁指出，學生在面試時所提出的問題，可是出了名的犀利。他們對於挑選出真正喜歡（或不喜歡）與孩子相處的人，真的很有一套，而這件事大人通常不見得分辨得出來。學生將一位應徵者打了很低的分數，理由是：「她甚至不知道我們是一所推行七個習慣的學校。她顯然沒有做好功課。」

　　學生面試當然也有非常正面的經驗。一次，桑莫絲校長接到一位非常優秀的老師寄資料來應徵。當史密絲老師受邀前來接受面試時，桑莫絲校長才發現，原來史密絲老師是侏儒症患者。桑莫絲校長知道她會是優秀的

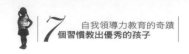

老師，卻不確定孩子對這件事會有什麼反應。結果，學生面試結束之後，沒有任何孩子提到史密絲老師的身高問題。這讓桑莫絲校長非常欣慰，但心裡不免好奇。最後，她忍不住問了負責面試的學生：「你們對史密絲老師的身高有沒有什麼意見？」學生臉上出現完全不解的表情回問說：「難道校長對史密絲老師的身高有意見？」今天，史密絲老師在寇姆斯昂首闊

⏩ 小心你的問題

教育工作者在尋求學生意見時，恐怕得有點心理準備。英國哈特福郡的吉珥思中學就請學生說明他們對老師的期望。以下是他們所提出的意見：

- 身體力行七個習慣，請主動積極。
- 找出每個人的天賦。
- 對學生及其他教職員表現出尊重的態度。
- 友善且樂於協助。
- 當師生間發生衝突時，請發揮雙贏思維。
- 微笑、打招呼，讓我們覺得您真的很高興看到我們。
- 即使沒人看到的時候，也請選擇做對的事情。
- 當我們表現好時，請不吝稱讚，並教導我們可以如何做得更好。
- 做事請務必有條理、保持整潔，讓我們的教室更清爽宜人。
- 請藉由賦予我們領導力角色，來幫助我們成為自己班級中的領導人。
- 每天下課前，請讓我們知道今天誰充分實踐了七個習慣。

步，深受學生及其他教職員的愛戴與尊重。

聆聽孩子意見的重要性完全體現在密西根州的德澤小學。推行自我領導力教育大約三個月之後，學區中的九位校長及一位副督察長前來訪視。參觀行程由學生負責帶領。結束之後，訪問團聚集在休息室進行提問與討論。布萊荻校長請學生負責回答問題。一位訪客問：「貴校推行自我領導力教育之後有什麼改變？」一個五年級的孩子站出來，邊比手勢邊回答：「從前，校長是在這裡（手高舉過頭），老師是在這裡（降到下巴位置），然後學生是在這裡（降到肚臍以下）。」他繼續說：「但現在，校長、老師和學生都在同一個位置（把手橫放在下巴處），大家一起努力。」如果學生可以在三個月之內，從認為自己是在肚臍以下，提升到下巴的位置，這可謂是大進步！

事實是，學生對學校集會、社區服務計畫、改善教室行為、學校活動等都有許多寶貴的意見。那麼，何不尋求他們的意見呢？

如果只有聲音最悅耳的鳥兒歌唱，樹林將一片寂靜。

—— 梭羅

幫助學生找到自己的聲音

共享責任是提升學生領導力的一種層次，善用學生的意見則是一個更高的層次。然而，賦予孩子領導力機會的最高層次，則是幫助他們找到自己的「聲音」。

在奧莉薇亞的例子中，奧莉薇亞之所以能夠真正找回自己的聲音，是因為她的老師和校長鍥而不捨，想方設法幫助她分享自己的天賦，成為領導人。但奧莉薇亞不是唯一的例子。溫徹斯特小學也想盡辦法，努力幫

助所有學生找到自己的聲音。記得那個用遙控裝置上學的小男生戴文嗎？他或許無法親自到校上課，但溫徹斯特小學的教職員可沒有放棄為他想辦法，幫助他找到自己的聲音。戴文擔任的是班上的接待領導人。每天早上，他會透過螢幕，與老師一起「站在」教室門口歡迎每位同學。他會幫老師點名，然後把資料送去學校的辦公室。他會提醒大家校車開車時間。他對同學的需求敏銳度極高，而他也總是率先投入班級社區服務計畫。他可以從自己的家裡做到這一切，因為溫徹斯特小學知道，他們要專注於學生能夠做到的事，而非做不到的事。

自我領導力教育最根本的思維是，每個孩子都重要、每個孩子都有天賦。學生可以在美術、舞蹈、數學、發明、寫作、交友、聆聽或戲劇等各種不同的領域發現自己的聲音。一個有一大堆紀律問題的學生，竟然在歌唱這件事上發現自己的聲音。一開始，她的聲音有點沙啞，但經過幾堂課的練習以及上台面對觀眾之後，她簡直大放光芒。這件事大幅提升她的自信，也讓她情緒爆發的問題大獲改善。

皮膚黝黑的小昱是台灣保長國小跳遠記錄的保持人，「領導日」徵選活動時，還有半年即將畢業的小昱提出「介紹跳遠」的提案，並說明他的構想與規畫。師長決定「放手、放心」，邀請小昱成為校園導覽行程中的「特色人物」。領導日當天，小昱的跳遠區湧現絡繹不絕的訪客，只見他穩健、條理分明的介紹跳遠的規則，還在來賓一陣陣歡呼聲中一再現場示範。

溫徹斯特小學竭力幫助所有的孩子發現自己的聲音。

雖然連跳八次後，小昱差一點吃不消，但他自信的笑容，卻讓所有人為他感到驕傲。

有些人可能要等到高中、大學，甚至步入職場後，才會發現自己的聲音 —— 例如在成為老師之後。但比較令人擔心的是，有些人終其一生未能發現自己的天賦，因為沒有人真正幫助過他們去發掘自己內在的聲音。潘奧蒙老師精準說出幫助學生發掘天賦的基本精神：「我看孩子時，皆認定他們每個人都擁有獨特的天賦，而我可能是他們一生中唯一看到那個天賦的人，所以我的責任就是去幫助他們看見自己的天賦。」

領導力活動

任何全校性的活動或班級活動 —— 朝會、家長之夜、遠足、舞蹈比賽、音樂會、班會、頒獎典禮、戲劇演出、體育競賽等 —— 都可以變成領導力活動。舉辦領導力活動最主要的目的，就是建立團隊意識、打造願景、創造信任的文化。領導力活動也是教導七個習慣、幫助學生應用領導力技能，以及慶祝成功的絕佳機會。但這些目的都是次要的。

全校性集會是許多學校都有的活動，而它也是可以轉變成領導力活動的最佳例子。一般的學校集會，有八成的時間都是大人講話，只提供二成的時間讓學生參與。轉變為領導力活動後，這個比例會反過來，甚或百分之百由孩子主導。有些學校會賦予某個班級或年級規劃、執行整個集會的責任。於是，全班或全年級的學生會一一擔負起規劃、接待、司儀、帶領活動的角色。但最重要的關鍵是，活動的一部分（甚至全部）會用來強調學校的使命宣言、慶賀領導力成果、報告即將舉辦的社區服務計畫等，以建立起全校學生的團隊意識。集會中還可以利用互動遊戲來建立學生之間的團隊意識、教導團隊合作的技能。所以，它和傳統的全校性集會其實並無太大差異。唯一不同的是，負責規劃集會的人必須戴上領導力的眼鏡，

韓國學生正在舉行班會。

從培養領導力的角度來思考整個議程的規畫——如何利用這個集會來創造團隊意識及信任？這種思維可以應用在所有學校活動的規畫上面。

有些最有效的領導力活動其實發生在班級中。大多數班級每週都有固定時間讓學生討論事情或進行有趣的慶祝活動。例如，有些班級會舉行班會，讓學生分享心情故事、為模範學生慶賀、複習班上的行為公約，或進行有趣的活動。自我領導力學校會透過領導力的角度來看這些活動，並將它們轉變為領導力活動。一般的班級活動通常由老師負責規劃、帶領，但從自我領導力的角度來看，就可以改由學生自行規劃班上的活動、輪流帶領各種討論、練習公開演講，或教導七個習慣，目的是打造出團隊或家庭的氛圍、創造共同的願景，或是建立同學之間的信任關係。

週會中一種常見的做法，是請學生反思這個禮拜比較滿意班上的哪些事情，或是下週可以做些什麼來改善班上的表現及氣氛。有些老師甚至會在每天早上及放學前撥出特別的「領導力時間」，請學生分享當天希望達成的目標、這一天過得如何，或公開表揚當天大家看到的領導力行為。這些時間也是老師以身作則、以七個習慣語言為架構來解決班級問題的大好時機。

「領導日」活動是寇姆斯小學發展出來的一項深受師生喜愛的傳統。由於實在有太多人希望能夠造訪寇姆斯小學，因此，領導日一開始其實是寇姆斯的自我防衛。桑莫絲校長和她的團隊想到一個方法——每學期

撥出一天來接待希望參觀寇姆斯小學的訪客。它原本只是一種讓訪客能夠集中到訪的做法。結果，領導日的一百五十個名額幾乎場場爆滿，還因此不得不婉拒許多人。日了一久，領導日的目的漸漸從應付訪客，變成一種真正為學生培養領導力技

領導日為學生提供了分享個人天賦以及在大人面前自在表達的機會。

能及慶賀學習成果的方式。領導日中，大多數的演說都由學生負責，有些則負責跳舞、唱歌、美術展覽、演戲、擺攤、樂器演奏等。有些孩子負責導覽、接待、為客人上餐，有些則分享其他的才華。每個孩子都獲得參與的機會。學生從領導日中獲得極大的滿足與自信。老師也樂在其中——在自己的班上接待訪客、展現孩子的創意。領導日讓每個人都有機會分享自己的心情故事。學生還協助規劃工作、書寫邀請卡、謝卡——全部包辦。這個傳統後來也散播到其他數百所的學校中。

領導力思維

　　到目前為止，本章強調了打造領導力文化的三個關鍵要素：創造校園環境、共享領導力，以及善用領導力活動。當這三個要素與力行七個習慣的人相遇，就有可能為學校的文化帶來巨大的影響。然而，要確保這三個要素得以成功，最根本的關鍵還是在於大家必須以「領導」的思維為主，「管理」的思維為輔。

　　領導關乎「效能」，也就是「做對的事情」。管理則關乎「效率」，也就是「把事情做對」。領導講求的是建立關係，管理講求的則是期程規

畫。領導關乎創新、跳出框架思考，管理則關乎達成目標及準時完成任務。領導重視的是啟發每個人，管理重視的則是優化每件事。領導的目的是打造彼此互補的團隊，管理的目的則是建立有效的制度。領導重視的是原則的教導，管理講求的則是做事方法的改善。

領導	管理
效能：做對的事	效率：把事情做對
關係建立	期程規畫
創新	計畫執行
啟發每個人	優化每件事
打造彼此互補的團隊	建立有效的制度
教導原則	改善做事的方法

　　領導與管理都很重要。但大多數的組織（包括學校）通常都是管理太多、領導不足。只有高效率的管理而無高效能的領導，就如同在沉沒的鐵達尼號上努力擺設桌椅一樣。或許每件事都井井有條，但有誰在往前看？有誰在觀察前方有沒有危險？有誰在負責設定行進的方向？

　　整體而言，教育工作者通常都是優秀的管理者。他們必須擁有超高的效率及組織能力，才能管理好學生的成績及各項紀錄、規劃好各種行事曆及流程、整理好所有的教學檔案、確保學校符合所有的標準，而且還得完成每天的教學、行政工作。每天彷彿都是一場生存肉搏戰。

　　許多學校主管也都是一流的領導人。他們啟發別人、創造共同的願景、努力溝通有意義的目標。他們幫助別人發揮潛力、幫助背景多元的人及團隊攜手合作。他們為學生及同仁奉獻一切、翻轉學校。他們以身作則，為學生及同仁的生命帶來巨大的改變。他們是真正的領導人。

　　但不可諱言的是，在許多學校中，領導力根本付之闕如。事實上，

許多學校主管每天光是「管理」所有事情都來不及了，哪裡還有時間思考「領導」這件事。許多學校主管也從來沒有受過領導訓練。因為他們在教學工作上表現傑出，大家似乎就認定他們一定可以成為優秀的主管。就算他們真的被送去接受所謂的「領導」訓練，他們通常也會發現，所謂的領導訓練，其實根本不脫「管理」的內涵 —— 人員聘用政策、新發布的法令規章、即將頒行的課程課綱等。雖然大家都知道，坐進教室不代表就能成為好學生，坐上校長的位子不代表就能成為優秀的領導人，但領導力在教育界不受重視的問題，依然如故。

正因如此，許多學校發展出堅強的「管理文化」—— 事事講求效率、評量，預算管理滴水不漏、文件表格樣樣齊備，天天有開不完的會、整理不完的資訊……同樣的，許多課堂也展現堅強的「管理文化」，隨時保持秩序、一切都有標準、準時上下課、作業不遲交、出缺勤追蹤、高成就、低表現都有相應的處理方式。當然，管理不但必要，而且也很重要，但「領導」呢？

教育界或可聊感安慰的是，企業界、政府部門同樣缺乏領導。許多家庭也毫無領導可言 —— 父母受困於管理思維，只想到掌控、規範，而未能設定方向、創造意義、建立家庭關係、樹立榜樣。許多人的生命也缺乏領導力。大家忙於管理每天的行程，搞定待辦事項清單，埋頭苦幹，卻很少停下腳步、釐清哪些事情對自己最重要或花時間經營對自己最有意義的人際關係。

最缺乏「領導力」的其中一個領域，或許就屬學生紀律問題的處理，現在大家甚至直接稱之為「班級經營」。如果將「班級經營」的思維改為「班級領導」，可能會有什麼不同？詹森夫婦的經驗或許可以提供部分的解答：

我們女兒升上四年級的時候，班上來了一名轉學生。這個小男孩顯然有嚴重的情緒問題，對任何人都充滿敵意。老師的處理方式卻讓人深受啟發。一天下午，老師趁這位小男孩不在班上的時候，到教室裡與全班同學懇談。她說：「最近班上一連串的衝突事件，顯然讓我們無法擁有良好的學習環境。」

班上孩子都知道，最大的問題其實就出在這位轉學生身上。但孩子們卻決定成立支援團體。孩子們認為，他們或許比老師更能夠幫助這位新同學。小男孩對同學的新作風反應奇佳，而且連學業成績都突飛猛進 —— 這可是他有生以來第一次。當這個孩子又得轉學時，全班同學都傷心不已，因為他們已經學會了如何去愛自己的同學。

這位老師原本大可好好「管理」這位轉學生 —— 訓斥、記過，「管」學生的傳統做法多得很。但她的謙遜及遠見卻讓她決定採取一種「領導」的策略、邀請學生一起面對問題，甚至讓孩子自己幫助他們的同學。

當你犯錯時，朋友會告訴你該如何彌補，而不會大呼小叫。他們以寬容的心幫助你，而我們以「統合綜效」的方式來彌補。

—— 一年級學生賈許

史卓姆老師剛到寇姆斯小學擔任四年級導師時，就對領導與管理的區別，有了第一手的體會：

班上一位孩子有嚴重的行為偏差問題。家境貧困、社經背景低以及其他的因素，讓他在學校的學習大受影響。但他其實天資聰穎。

有一天，他被科任老師送進校長室。桑莫絲校長不但沒有立刻懲罰

他，反而花了很長時間仔細了解他的問題。最後，她竟然賦予這個孩子在領導日演講、介紹學生資料筆記本的重責大任。我記得自己當時心想：「這會有什麼用處？」

然而，賦予這個孩子這項責任似乎讓他一夕成熟。他的天賦開始綻放，他甚至也開始在學校結交益友。他的成績大大進步。學校文化對他所產生的影響簡直令人驚訝，而我也真正見識到，領導力對孩子可以產生多大的影響。我非常有幸能夠親眼見證這個孩子的轉變。他的成長讓我由衷的快樂。

許多老師、校長或許會以典型的「管理心態」來對付這個孩子 ——我們該如何管這個孩子？但桑莫絲卻能夠以「領導力思維」來面對他 —— 我們可以如何幫助他看到自己的天賦潛能，讓他知道自己不必以偏差行為來發洩挫折？也就是說：「我們可以如何更清楚的讓他了解他的天賦與價值，讓他自己得以看見？」正如二十世紀初美國著名政治家暨教育家布克・華盛頓所說：「沒有任何事會比把責任放在一個人身上、讓他知道你信任他，更能幫助這個人。」

重點是，以上這些案例中，所有的改變都是從教育工作者本身思維模式的改變開始，包括對自身的角色以及看待學生的思維模式。他們視自己為釋放學生天賦及能量的「領導者」，而非學生的「管理者」或「控制者」。有時候，我們卯足全力，一心想要改變學生，但事實上，真正最有效的、最重要的事情，是先改變我們自己的思維模式。人需要「領導」，事情才需要「管理」。

奧莉薇亞不是唯一案例

簡單來說，學校的文化需要主動積極的打造及持續的滋養。如果任由

學校文化自然形成，它很可能就會變得只有管理、沒有領導，甚至一夕之間成為一灘死水。

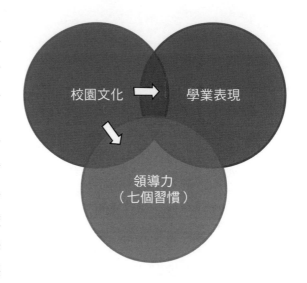

有意識、有步驟的打造領導力文化的效益直接可見。學生及教職員不再冷漠，家長參與度提高，學校成為更有活力、更愉快的學習場所。學生到校上學、甚至「準時」上學的意願提升。學生覺得他們的人身、情緒都更安全、安頓，信任感提升。這些都是主動、積極打造校園文化所帶來的直接影響。

打造高效能的領導力文化還會帶來間接的影響。《教育週報》近期發布的「美國各州教育評比報告」顯示，已有高達74％的學校主管認為，改善校園文化對提升學生學習成果「非常重要」。報告更指出，學校主管認定學生是改善學校的「重要盟友」。他們清楚知道，「學生希望覺得自己受到尊重」，而讓學生覺得受尊重的根本之道，就是找出方法「讓學生的聲音被聽見」。這一切都有助於學生學業的提升及自信的建立，而學業與自信正好都是自我領導力教育的目標。

這一切把我們帶回了本書第一章所引用的塞利格曼博士的結論：「教養孩子⋯⋯絕對不僅止於解決他們的『問題』。教養孩子的本質是找出並強化孩子的強項與品德的優點，幫助他們發現自己的利基，並充分發揮這些正面的特質。」我們要強調的是，這件事對教職同仁而言也是一樣。記得奧莉薇亞和戴文的校長布萊克蔓女士嗎？不久前，她在離自己的學校一小時遠的地方，向一群教育工作者介紹自我領導力教育。過程中，她瞥見

自己的丈夫巴德也坐在台下 —— 他特意趕來給她打氣。她看到巴德雙頰上的淚水。「巴德為何落淚？」她心想。

布萊克蔓校長已年近六十，而巴德在她十五歲時就認識了她。布萊克蔓校長一輩子都很害怕在成人面前演講。每當她需要在眾人面前演講時，她會連著幾個禮拜坐立難安，她的食慾及睡眠甚至都會大受影響。到了演講當天，她的雙手還會不停顫抖。但那一天，布萊克蔓校長無所畏懼的站在那一大群陌生聽眾面前，自由而熱情的談著自我領導力教育。她幾乎完全沒有看稿、全然冷靜。她自信、極具說服力、享受著台上的每一分鐘。結婚四十年，巴德從來沒有見識過這樣的布萊克蔓校長。他不敢相信自己的眼睛。他的激動化成了淚水。

布萊克蔓校長後來又做了多次的演講。她熱愛與人分享她的學校以及優秀的同仁。她說：「藉由幫助學生學習七個習慣、找到他們自己的聲音，我也找到了自己的聲音。這種感覺真是美妙。」

個人反思

習慣二「以終為始」教導我們，每件事都必須經歷兩次創造，首先是「心智的創造」，然後才是「實體的創造」。如果你要在自己的腦海中創造一個理想校園文化的圖像，它看起來、聽起來、感覺起來會是如何？你所做的事情中，有哪些其實根本就可以交給孩子來做？你最近在學校裡、在家中有沒有做過任何有助於建立團隊意識的事情？

5 | 實現學校目標

> 每個組織都必須擁有對共同目標及共同價值觀的承諾。沒有這種承諾，就沒有組織可言，有的只是一群暴民。
>
> ——彼得・杜拉克

教導學生七個習慣、打造校園文化，讓許多學校發現一個間接的效果——學生成績同步大幅躍進。這種「意外的驚喜」當然大受歡迎。但教導領導力技能也讓許多學校在學生的學習成果上看到直接的成效。這個成效來自於企管界早已熟知的「目標設定」流程。寇比的故事足以說明教導領導力技能所能帶來的直接成效。寇比是密西根州波蒙小學的學生，寇比的老師布琳森說：

當時寇比剛升上四年級，他對自己的閱讀能力十分氣餒。自從就學以來，寇比就一直與閱讀能力奮戰，每過一個暑假，好不容易有點起色的閱讀能力又會倒退好幾步。升上四年級後，情況也是一樣。

開學後，寇比和我坐在辦公室一起設定他的學業目標時，我們先看了一下他的閱讀前測成績。我們清楚看到他閱讀能力起伏的模式，發現最大的問題恐怕出在他拼字的正確性上。他每次都會把兩個字母只發一個音的字唸錯，例如：head 的 ea 只發 e 的音，他就會唸錯。

寇比和我共同設定一個目標 —— 他的閱讀能力在期中考前要提升兩

個等級。我們為這個目標規劃一個行動計畫，其中包括寇比要選一本書，每天到我的辦公室閱讀其中幾頁給我聽。每次閱讀時，如果錯誤低於四次，他就能在聯絡簿貼上一顆星，帶回家給媽媽看。寇比的媽媽在家也會進行同樣的流程，請寇比閱讀幾頁他從學校帶回家的書。這件事讓我和寇比媽媽得以進行密切的溝通。

在自己的「領導力筆記本」上追蹤、看見自己的進步，讓寇比產生無比的動力，願意不斷鞭策自己。期中考前，寇比早已超越自己的目標。他簡直得意極了，因為發現自己不但達到目標，還能幫助全班達成目標 —— 增加班上達到閱讀標準的人數。他非常高興自己能夠對此有所貢獻。

每一次達標都讓寇比對自己更有信心。他簡直熱血沸騰。到了第二次期中考時，寇比已成功達到四年級的閱讀標準 —— 他從來沒這麼早達到年級閱讀標準。寇比如今已升上五年級，而且閱讀能力並未因暑假而倒退，這又創了一個紀錄。我真心相信，這個成果完全來自於追蹤自己的進展、看見自己的成功、相信自己，以及覺得自己是團隊一份子的榮譽感。寇比能夠學會為自己的學習、進步負責，讓我感到無比驕傲。

看到像寇比這樣一個孩子，從覺得自己是個「魯蛇」到變得活力四射，絕對是每位老師的夢想。寇比的人生軌跡絕對會因為布琳森老師而全然改觀。更棒的是，寇比只不過是眾多孩子中的一個例子。許多學生 —— 以及波蒙小學本身 —— 都實際見證學習成就的大躍進。

統合行動、對焦目標

要完全領略寇比及波蒙小學的故事所反映的意義，我們可以先回到寇姆斯小學，看看他們在推行領導力主軸之前的情況。桑莫絲校長形容當時的寇姆斯小學有如一堆向四面八方射去的箭頭，許多老師都有各自的專案在推行，但卻都未與學校任何的共同願景或目標掛勾，大家各行其是。

領導人可能犯的最大錯誤，就是忽略了行動統合、全員對焦的重要性。

—— 柯林斯與薄樂斯，《基業長青》

正如汽車的輪子或人的脊椎，一旦學校的方向不一，就會帶來痛苦 —— 有時甚至是錐心之痛。在確定以「領導力」為學校的新主軸、把「培養領袖人才、一個一個來」設定為學校的新使命宣言之後，寇姆斯小學的教職員才得以統合行動、形成真正的團隊。確定方向讓寇姆斯全體師長得以共同追求對每個人都有意義的目標，包括改善學生的學業成績。

波蒙小學也經歷了類似的轉化過程。推行自我領導力教育之前一年，波蒙小學的校園文化簡直慘不忍睹。多位老師正與學校進行合約談判。這些老師每週五會穿上相同的T恤，代表他們的團結，並在家長送孩子上、

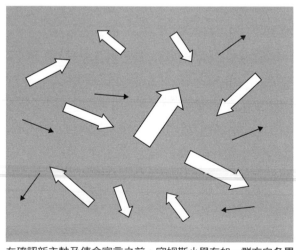

在確認新主軸及使命宣言之前，寇姆斯小學有如一群方向各異的箭頭、大家各行其是。

下學時，在全校師生及家長面前遊行、表達訴求，希望爭取家長的支持。但由於有些老師並不同意他們的做法，因此也造成教職員之間的摩擦。同樣的，雖然有些家長對這些老師的訴求頗表同情，但其他家長卻覺得他們的舉動極為不妥。因此，波蒙小學不但彷彿一群方向各異的箭頭，而且有些箭頭還尖銳的彼此相對。

就在各方劍拔弩張之際，學校裡的娜柯爾老師剛好讀到了《7個習慣教出優秀的孩子》。她在書中看到了自己極為羨慕、也想嘗試的教學方法和活動，包括聚焦於「全人」的教育。她向麥卡坦校長提起這本書，校長當天晚上剛好在一家書店附近，於是立刻買了一本。當時適逢學校放假，麥卡坦校長在假期結束之前讀完此書，並認定它絕對能夠幫助自己的學校。但她要如何讓學校教職員爬出現有泥淖，共同翻轉學校？

大家在我們學校中所感受到的喜悅，以及我們自己所感受到的快樂，全都是因為我們是一個擁有共同使命及共同願景的團隊。

貝賽特，美術老師

麥卡坦校長又買了好幾本《7個習慣教出優秀的孩子》邀請幾位老師輪流閱讀。她請大家誠實提出看法。教職同仁愈是深入閱讀、討論書中的內容，愈是發現大家實在有太多的共通點。每個人的終極目標都是幫助孩子，但他們卻讓自己身陷一堆與幫助孩子毫不相干的問題之中。

值得佩服的是，波蒙小學的老師願意謙卑的退後一步，全盤考量教育的使命，並願意接受彼此對合約問題意見不同的事實，決定不讓這個問題影響他們幫助學生的真正目標。但不是每位教職員都有這種雅量。

不久後，全體教職員一起接受七個習慣訓練，學校牆壁刷上新的色彩，激勵名言登上牆面。教職員甚至安排剪綵儀式，歡迎所有學生返校，

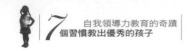
展開全新的學年。幾天之內，學校就出現全新的氛圍。教職同仁決定以全新的學校使命宣言來反映這種氛圍：

波蒙小學是一個領導人的群體。我們認知、珍視，並擁抱自己內在的領導人！我們決心：

熱愛學習	**L**ove learnung
所做一切力求卓越	**E**xcel in all we do
共同達成目標	**A**chieve goals together
選擇做對的事	**D**o what is right

新的使命宣言為全校帶來清楚的方向。更重要的是，教職同仁開始視新使命為己任，也愛上了這個使命。這個使命宣言不只是掛在牆上的匾額，它讓大家得以聚焦於利害關係人的需求，並且將箭頭對準同個方向。很快的，每個班級、每位老師、每個學生的使命宣言開始一一出現 —— 包括寇比的。每個人都開始看清自己最重要的目標。

全體聚焦帶來豐碩的成果。第一年，教職員的團隊士氣就大幅提升。學生很快就把七個習慣語言掛在嘴邊，也非常喜歡被賦予領導人的責任。色彩繽紛的環境讓師生覺得愉快而自在。學年結束前，一切已變得欣欣向榮。當學生知道他們的全州學測成績也提升之後，更是倍感驕傲。

波蒙國小清楚的確認了「為什麼」（也就是明確的「使命」），並重建信任的文化，讓大家可以並肩合作、和睦相處，接下來就可以開始面對其他的重要問題，包括學業成績，於是採取以下四個步驟：

1. 設定「超級重要目標」（Wildly Important Goals，簡稱WIGs）。

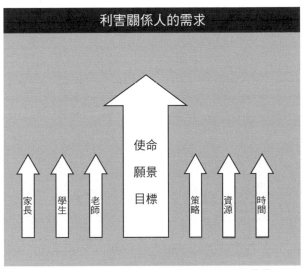

讓前頭方向一致，使全校得以聚焦於最重要的目標

2. 將目標化為具體可行、有意義的行動步驟。

3. 以「計分板」確實追蹤。

4. 建立節奏清晰的「問責」制度。

我們會先以波蒙小學為例，了解學校如何運用這四個步驟，然後再分享其他學校如何運用這套流程。

設定「超級重要目標」

正如使命宣言是用來說明一所學校之所以存在的「目的」，「目標」則是用來說明它所要做的事情及時程。「我們希望自己的學校五年之後看來如何、給人什麼樣的感受？」「本班希望在本學期達成哪些目標？」「我自己在本學期結束前要達成哪些成果？」廣大的目標有時被稱為「願景」——無論是長程或短程願景。但若希望願景有實現的一天，它最終都

必須被轉化為具體、可行的目標。

第二年，波蒙小學開始接受「四步驟流程」的訓練。第一步就是先設定一、兩個「超級重要目標」。「超級重要目標」就是學校最優先的目標，若無法在一定時間內達成，就可能造成重大痛苦。「超級重要目標」比「還算重要目標」（Pretty Important Goals，簡稱PIGs）重要得多。「還算重要目標」若沒有達成，所帶來的痛苦及挫折遠不如「超級重要目標」。

波蒙小學教職員選擇將他們的「超級重要目標」聚焦於兩件事——閱讀及寫作。另外也設定了改善七個習慣教學及改善校園文化的目標，但這些都只是他們的PIGs。波蒙小學達成WIGs的重大挑戰之一就是，經濟弱勢學生的比例在過去三年從31%大幅提升到54%。因此，能夠維持學業成績不下墜就已經夠困難了，遑論改善。

達成目標的挑戰，一半取決於如何界定目標。「我們將致力提升成績」或「我們將變成第一名」這類的目標並無法提供明確的努力方向，而且有時之所以會達成，其實是因為別人退步或失敗了。相對而言，具體而明確的目標就有用多了。具體的目標可以清楚說明一個人或一個組織「目前的狀況」（以X來代表）、他們「想要達成的狀況」（以Y來代表），以及達成目標的「時間點」。我們稱這樣的目標為「在何時之前，從X到Y」的目標。

還記得寇比在學期初的閱讀前測成績嗎？這個成績給了他和布琳森老師一個明確的基準點（也就是寇比的X）。經過討論之後，寇比和布琳森老師決定寇比的成績要提升兩個等級（也就是寇比的Y）。他們希望他能夠在第一次段考前（時間點）達到這個目標。寇比因此而有了一個清晰的目標（也就是寇比的「超級重要目標」）。

請寇比參與目標的設定，可以讓寇比對自己的目標產生責任感。事實

上，波蒙小學目標設定的威力不僅在於訂得有多具體、明確，同時也在於他們決定請學生共同參與目標設定的過程。大人都不喜歡「上面的人」完全不參考他們的意見，擅自決定一個目標，就要他們這些「下面的人」照辦。學生也是一樣。如果期待學生去達成一個目標，他們就應該要共同參與目標設定的過程。

有些大人會質疑，學生是否具備參與設定目標的能力。這些大人必須先培養出一個信念 —— 如果孩子已經大到足以就學，他就有能力可以參與設定自己的目標。小一點的孩子（例如幼兒園的小朋友）或許可以從設定「本學期結束前，學會繫鞋帶」這樣的目標開始。但隨著孩子年紀漸長，他們的目標以及自行設定目標的能力都會更為成熟。大多數的孩子（事實上，有些成人也是如此）比較可能產生的問題，是目標太過遠大，因此，老師們最重要的責任，是幫助他們訂下比較務實的目標。哈佛大學的班夏哈博士（著有《更快樂：哈佛最受歡迎的一堂課》）就指出，最好的目標應該是落在學生的「伸展圈」（stretch zone）中。根據班夏哈的定義，所謂的「伸展圈」就是介於「舒適圈」（comfort zone）和「恐慌圈」（panic zone）之間，最健康的安全中介區。

將目標化為具體可行、有意義的行動步驟

在寇比和布琳森老師確認他們的目標之前，他們很有智慧的先討論了一下達成目標應採取的行動步驟。所謂行動步驟就是要達成目標所必須完成的具體任務、需要的資源，以及必須克服的困難。高年級的學生可能只需要釐清自己想要達成的目標（也就是「以終為始」），然後大家最好就放手、別擋路，讓他們自己決定達成目標所需要的行動步驟。但是對中低年級的孩子而言，研究指出，他們至少需要看清楚90%的達標路徑。也就是說，對於像寇比這樣的低年級孩子而言，設定一個像是「第一次段考

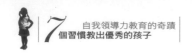

前，提升兩個閱讀等級」的目標，其實並沒有太大幫助，除非寇比能夠看到他為達目標必須完成的90％的事情。

　　這並不是說，一位小二學生為了達成目標而必須完成一百件事，他只要可以看清其中的九十件就沒問題了。事實上，正如目標的數量必須有所限制，行動步驟也必須限制在最重要的幾項一甚至是少數的兩、三項。要確保提供孩子正確的行動步驟，師長們確實必須花一點功夫，但這通常也是目標設定這件事中最重要、最具挑戰性的一環。

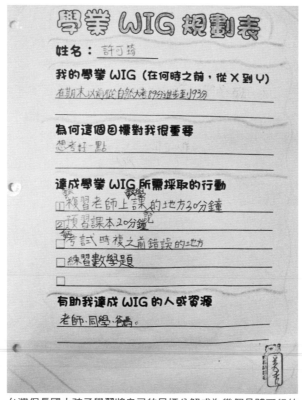

台灣保長國小孩子學習將自己的目標分解成為幾個具體可行的
行動步驟。

以寇比為例，他的行動步驟是根據研究他前一年的前測成績及學習成果而訂定的。寇比和布琳森老師發現，寇比最需要加強的是拼音正確性。於是，布琳森老師幫助寇比決定幾個行動步驟，來改善他的拼音正確性。其他學生所需要的很可能完全不同。關鍵是，布琳森老師請寇比與她一起找出自己所需要的行動步驟。沒有參與感，就沒有責任感。

以「計分板」確實追蹤

幫助寇比達成閱讀目標的另一個步驟，就是找出寇比應該用什麼方法來追蹤自己的進展，以及追蹤的頻率。沒有好的評量方式、及時的追蹤，寇比要如何知道自己是否以正確的速度，朝對的方向前進？他又怎麼知道自己是否成功達標？

觀察孩子玩遊戲，就可以知道計分板對孩子有極大的激勵作用。拿掉計分板，看看孩子會願意站在彈珠台前面，盯著一顆小鋼球跳來跳去多久。去除電玩螢幕上的計分板，讓孩子無法了解自己的成績、進展，看看他會繼續玩多久。

觀察孩子對電玩機上的計分板及鈴聲的反應（尤其是在即將過關之前的反應），可以清楚看出分數及計分板對孩子有多大的激勵作用。師長們最大的挑戰，就是讓孩子的這種激情發揮在學業目標上。

當學業成就是透過和別人的比較來決定時，那就只有少數學生能夠擁有成功。但若成功是以自己的成長為衡量標準，那麼，所有學生都有機會享受成功的滋味。

—— 馬札諾，《在學校，什麼行得通？》

在現有制度下，只有「高成就」的學生會對學業成績產生激情。沒有

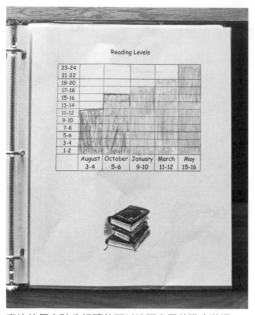

寇比的個人計分板讓他可以追蹤自己的進步狀況

人喜歡別人告訴他們，自己是「低成就」的學生。但學生更不喜歡的是，完全不知道自己到底表現如何。想像一支籃球隊上場比賽，但只有教練知道比賽分數，而他只會在每節休息時間告訴球員當時的比數。聽來很可笑吧？但也有點熟悉？這就是許多學校、班級的標準作業模式。學生一整個學期都不知道自己到底表現如何，然後到了學期末，老師把成績單寄到家裡，讓家長了解孩子的成績。只有父母決定讓孩子知道的情況下，學生才能得知自己一學期以來的表現。而通常父母只會在成績不好的情況下，才會叫孩子要「注意」。難怪許多學生不喜歡上學這個遊戲，也難怪有些學生會中輟。

另一件學生非常不喜歡的事，就是一直被拿來和別人比較。想像自己每天走進辦公室，就會有人告訴你，你是「低成就」的員工。或是每天晚上回家以後，家人就告訴你，你是家中的「低成就」成員。即使自己知道這件事，也不會想聽到別人這麼說。

學生希望知道的最低限度是，和之前的表現相較，自己正在進步之中。他們希望能夠為自己「高成就的一天」感到驕傲—無論和別人比較的結果如何。對寇比而言，擁有個人的計分板、能夠看到自己的成績不斷進步，對他起了極大的激勵作用，同時也提升他對自己的信心。因為他「看得到」自己的進步。

有時候，學校最重視的莫過於期末總成績。期末總成績當然重要，尤其對於學校行政的主管，因為它是決定課程及教育訓練策略的重要依據。話雖如此，但期末總成績是「總結性（summative）評量」，也就是「落後指標」（lagging indicators），因為它是在所有工作都完成之後才會出現的結果。它們是「事後諸葛」，而非一種前瞻性的做法。也就是說，它們來得太遲，以至於寇比以及所有和他一樣的孩子，根本來不及在學年結束前及時調整自己的學習。因此，在學年中定期提供「形成性（formative）評量」，也就是前瞻、預期性質的「領先指標」（leading indicators），非常重要。布琳森老師請寇比每天追蹤自己拼音正確性的進展，其他指標則每週或每月追蹤一次。如此一來，寇比就不會在學年結束時才「驚覺」自己的成績不理想，也會有時間調整自己的學習。

「自治」必須以「問責」來平衡。

—— 度富爾及傅蘭，《基業長青的文化》

建立節奏清晰的「問責」制度

有人曾說，目標應該是用來指引方向的星星，而非用來鞭斥自己的藤條。這也是自我領導力教育看待「問責」的態度。問責是以正面的態度來檢視進展的機會 ——「嘿，看看我的成果！」，是布琳森老師表達她對寇比大有信心的好時機，也是重新評估目標或調整行動步驟的機會。對自我領導力教育而言，「問責」是雙向的。

「情況如何？」「我能幫什麼忙？」—— 有一個自己信賴的人固定關心進度，我們達成某個艱難目標的可能性就會大大提升。但如何問責，以及問責的頻率，就必須視情況而定了。

規劃固定的「回報時間」，就是我們所謂的節奏清晰的「問責」制度。就寇比的例子而言，布琳森老師要求寇比每天到辦公室回報一次。其他學生或許只需要每週回報一次。老師在規劃回報制度時可以盡量發揮創意。多數老師會在學生的自習時間進行個別學生的進度追蹤，也有老師會規劃每天五位學生輪流回報。對大多數的學生而言，每次回訪大約只需要幾分鐘，就足以完成進度追蹤、意見回饋或討論出新的策略。

有些老師請家長協助進行問責溝通。有些則是邀請高年級的孩子幫忙。布琳森老師邀請寇比的母親協助 —— 至少給予足夠的時間，讓孩子得以充分反省自己這段時間的進展。事實上，問責過程中，孩子自己負責的比例愈高愈好。老師（或其他「責任夥伴」）最好只需要扮演啦啦隊，提供回饋，或成為推動者 —— 也就是領導者。

責任夥伴的另一個角色，則是協助排除障礙。對老師而言，她可以幫助學生獲得額外的資源、找小老師、調整座位等。我們稱之為「排除路障」。這就是所謂的「雙向問責」。學生是否獲得他們所需的資源或協助？對布琳森老師而言，這包括了提供額外的閱讀教材，讓寇比可以帶回家練習，以及安排時間每天幫助寇比進行閱讀練習。

班級WIGs

目前為止，我們簡短說明了目標設定及目標追蹤的四個步驟：(1)設定「超級重要目標」（WIGs），(2)將目標化為具體可行、有意義的行動步驟，(3)以「計分板」確實追蹤，以及(4)建立規律化的「問責」制度。要順利達成目標，學生在這四個步驟當中的參與不可或缺。

促進學業進步的另一個關鍵是班級目標。許多老師都未能正視班級目標的重要性，但寇比的班級卻不然。寇比他們班以四個步驟來設定、追蹤自己的班級目標，而班級目標也激勵了寇比努力達成他的個人目標。

　　步驟一：設定WIGs。寇比班上有一個班級目標是閱讀，每位學生都非常清楚這個目標。全班以所有學生的閱讀前測成績，共同設定了班級的X。接下來，他們將每位同學的個人目標加總平均，確立了班上的Y。布琳森老師則已事先決定了達標的時間點。

　　步驟二：將目標化為具體可行、有意義的行動步驟。接下來，全班同學與布琳森老師一起討論出三個可以幫助全班達標的行動步驟。小朋友與布琳森老師共同檢視全班閱讀相關資料，找出全班最重要的幾項需求，然後選出他們認為對於達標最有槓桿效應的行動步驟。布琳森老師根據正確的閱讀策略與原則，導引學生做出選擇。

　　步驟三：以「計分板」確實追蹤。寇比和所有同學興味盎然的設計班上的閱讀計分板。他們稱之為班上的「資訊布告欄」。布告欄掛在一個顯眼的位置，每位學生坐在自己的座位上都可以看到它。每次閱讀測驗後，或得到新的成績時，他們就會到「資訊布告欄」上更新自己的進展。所以，當寇比在閱讀測驗得高分時，他可以清楚看到自己的分數對全班的成績有很大的貢獻 —— 他超愛這件事。

　　步驟四：建立節奏清晰的「問責」制度。整個學年，布琳森老師每週都與全班學生一起檢視閱讀成績的進展，檢討哪裡可以做得更好等。全班同學彼此鼓勵。有些學生會自願在下課時間留在教室幫助有困難的同學。學生真的自己扛起責

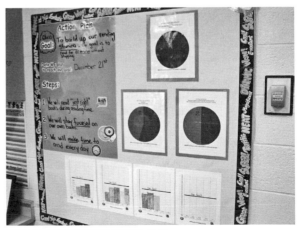

波蒙小學每間教室都有許多計分板。

任,彼此激勵、互相幫助,以求共同達標。

寇比和同學投注許多心力在達成班級目標上,一旦達標,他們簡直無比驕傲。這是一種團隊成就 —— 大家共同努力的成果。事實上,寇比和同學也因此而願意花更多時間、精力來達成個人目標,因為他們都想幫忙共同達成班級目標。個人成就似乎成了班級成就的附帶成果。

全校性的WIGs

波蒙小學用和寇比班上相同的四個步驟來設定並追蹤全校性的目標。事實上,寇比的個人目標以及他們的班級目標都源自於全校性的目標。波蒙的老師檢視了前一年全校的成績,並認為閱讀和寫作是最能夠發揮槓桿效應、改善全校學業成績的關鍵。於是他們決定以閱讀及寫作做為全校性的WIGs —— 尤其是閱讀。

因此,不僅是寇比班上,而是全校的每個班級,都有一個閱讀目標。每個班級也都有一個全班的閱讀計分板,來幫助全班學生追蹤他們的成果。每個年級的教師團隊則可以自行決定要如何達成年級的目標、哪些行動步驟最適合自己年級的學生、如何評量及追蹤成果,以及將如何進行問責。一旦各班級的目標確定了,學校就會根據學生及教職員提供的資料及成果,設定一個全校性的閱讀目標。全校性的閱讀計分板則設置在師生來往最頻繁的區域,以便每個人都可以看到整個學校在閱讀方面的成績與進展。

後來,波蒙小學也撥出一個「師長專用」的房間,用來追蹤、討論學業成績與進展。其中一面牆壁專門供閱讀WIG使用,另一面牆壁供寫作WIG專用,第三面牆則用來追蹤數學成績及目標達成的進展。第四面牆壁最後成了一面資訊牆,用來呈現每位學生的閱讀成績及進展。閱讀專業教

師及各年段教師團隊利用這個房間及其中的圖表，來檢視他們的目標，重新評估行動步驟，彼此合作，確保沒有漏掉任何一個孩子。這是真正的團隊合作。

　　除了學業目標以外，波蒙小學也設定了改善七個習慣的教學與推行，以及改善學校文化的目標，但這些只能被列為PIGs等級。學校將其中某些目標授權給學生負責。例如，學校發現，校園走廊一直有髒亂的問題。為了不讓老師分心，而能夠專注於學校的學業目標，他們將這個挑戰交給學生領導團隊。學生領導人將整潔列出不同等級，製成了整潔等級表，並設定在學期末之前，必須達到幾個「完全整潔」等級的目標。學生領導團隊在每週五的全校大會報告他們的目標，並懇請全體同學共同合作、一起達標。他們在一個交通要道的走廊牆面掛上計分板，讓每個人都能看見。學生領導人每週五都在全校大會報告成果、提出改進建議。一旦這個目標順利達成，學生領導人就會提出另一個目標。有一個學期，他們訂出每個同學放學前都要把椅子放在桌上、以方便學校清潔人員使用吸塵器打掃的目標。另一個學期，他們訂出的目標是，各班排隊走路時，必須排成一條筆直的線，完全安靜的走。每次訂好目標，牆上也一定會出現一個目標等級表、一個計分板，讓每個人都能看見大家的進展。學生

波蒙小學的「成功教室」讓教職同仁得以有效追蹤每個孩子的成績與進展。

自己訂定目標，同時也擔起評量、計分的責任。

慶賀成功

目前為止，我們仔細討論如何訂定、追蹤、達成目標。但什麼時候要慶功、舉行慶祝派對呢？

對於特別需要外在提示的孩子而言，慶功是強化所期望的行為及結果非常好的方法。這也是為什麼在大多數的自我領導力學校中，我們都會看到許多為個人及團體成就所舉行的慶功活動。他們特別注重為一些小小的成功（也就是所謂的「里程碑」）來慶功。最重要的是，雖然這些學校中不乏「外在的獎賞」——獎品或慶功會，但大多的慶功方式都以「內在的獎賞」為主。

波蒙小學非常享受推行自我領導力教育所帶來的立即獎賞。當教職員在暑假找來自己的另一半，大家捲起袖子來漆油漆、整修校園時，這件事反而為大家帶來極大的樂趣，消弭許多原有的緊張與對立。這就是一種獎賞。許多教職同仁視七個習慣訓練為一項禮物及一大獎賞。看到學生運用七個習慣、成為領導人，也給了教職同仁極大的滿足感及成就感——這也是獎賞。孩子得到的獎賞則是美麗的校園環境、快樂的老師、成為領導人的機會，以及感受到自身的價值。對布琳森老師而言，她的獎賞則是來自知道自己在寇比的進步中，扮演關鍵的角色。這些都是所謂的「自然的結果」，也是最持久、最有意義的價值。

稱讚也是極佳的慶功方式。麥卡坦校長說：「我們隨時、不斷的指出學生的長處與進步。無論是在課堂中或學校集會時，我們都會給予孩子許多口頭的稱讚與鼓勵，但更常在一對一面談的時候。我們對孩子如此，對同仁也是如此。我們沒有用很多外在的獎賞。只是達成一個目標或覺得自己表現不錯，就能給孩子帶來極大的快樂與獎賞。」寇比一定會同意這種

說法。他所獲得的最大獎賞就是閱讀能力的提升，以及對班上的目標做出貢獻。他對自己產生更正面的看法，甚至有人聽到他驕傲的告訴別人：「我是閱讀領導人。」這就是擁有持久價值的「自然的結果」。

有些專家非常不鼓勵外在獎賞。外在獎賞最大的問題在於，它們常被濫用，以及未能與內在獎賞結合。有些老師每次公布結果必慶功。無論是否贏得比賽、打得公平、打得努力，運動隊伍每次賽後都會獲得一堆「好康」——而且不見得對孩子的健康有好處。這種情況下，「自然的結果」常因而受到稀釋或根本被忘記，因此，獎賞不見得對孩子有益，甚至反而有害。

使用外在獎賞最好的方法，就是與提供內在獎賞同時進行。告訴學生：「你的單字測驗得了一百分。來，這是你的貼紙，請回座。」與「太棒了！你的單字測驗得了一百分。來，這是你的貼紙。每次我看到這張貼紙，我就會想起你有多努力，才能考到這個成績。我尤其佩服你這麼努力把字寫得那麼工整。我相信你的房間一定也整理得很乾淨。單字能力強對你的一生都會有很大的幫助。」這兩種說法的效果，相差無法以道里計！

或許以上的說法是誇張了些，但請注意它如何肯定、強化了學生的內在素質，而且全都和一張小小的貼紙連在一起了。所以，當給予學生外在獎賞時（小朋友超愛外在獎賞），請記得一定要將它們與內在獎賞相連結。還有，師長們不必為孩子想要什麼外在獎賞傷腦筋，孩

除了學業成績之外，獎賞也可用來鼓勵團隊精神及領導力。

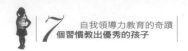

子們是最佳的創意來源 —— 而且通常所費不多。擊掌加上一句讚美，一毛錢都不用！

●研究指出……

在《看得見的學習》一書中，哈第綜合了與學生成就相關的八百項統合分析（meta-analysis）。我們將其中與目標達成相關的內容和自我領導力教育中的目標設定流程進行對照，結果兩者十分吻合。

設定 WIGs：
- 目標對於強化表現至為關鍵，並對自我效能（self-efficacy）[*] 及自信心的培養有重大影響。而自我效能及自信心又會影響未來目標困難程度的設定。
- 目標應該明確，而非「盡力而為」之類的模糊說法，因為所謂的「盡力」因人而異。
- 目標應具有挑戰性，即使是對特教學生也一樣。但目標的挑戰性也不能太高，以致被視為完全無法達成而乾脆放棄。

將目標化為具體可行、有意義的行動步驟：
- 學生必須能夠看清楚達成挑戰性目標的路徑，其中包括了解目標的策略及達成目標的計畫。
- 當孩子能夠看到要達成目標所需完成的工作項目中的90%時，目標的達成率最高，而當所知的工作項目低於50%時，目標達成率就會大幅下降。

以「計分板」確實追蹤：

- 努力「突破個人最佳表現」可激勵學生、提升上學的樂趣、班級中的參與度，以及完成任務的堅持度。它也會激勵學生與自己過去的成績相比。

- 自我評估與自我追蹤可以幫助學生了解自己的現狀、努力的方向、達到目標時的情境，以及接下來的目標。

建立節奏清晰的「問責」制度：

- 回饋是最能夠影響成就的其中一個因素。

- 定期、即時的回饋可以幫助學生設定合理的目標、調整努力的力道、方向，甚至策略。

- 許多老師自認他們為學生提供大量的回饋，事實是，學生一天之中最多只能獲得些微的回饋。

- 針對工作事項、流程，或努力情況的回饋，要比只提供一些模糊的形容詞，例如：「你真是個好學生」，有用得多。

慶功：

- 外在的獎賞（貼紙、獎品等）常會破壞內在的動機，也可能被視為一種操控的手法。

*譯注：自我效能是由心理學家班杜拉所提出，並成為其社會認知理論中的核心概念。自我效能指個人對自己具有充分能力可以完成某事的信念。自我效能與個人擁有的技能無關，而與所擁有的能力程度的自我判斷有關。做為一種對自己所擁有能力的信念，自我效能決定個人在特定情境中的行為、思維方式，以及情緒反應。（引自陳啟亮，《圖書館學與資訊科學大辭典》）

三項工具

　　三項工具可以強化目標設定流程的效果。這些工具的不同形式已在教育界沿用多年，非自我領導力教育所獨創。然而，有些部分已根據領導力主軸而調整，因而應用方式完全不同於以往。三項工具包括：領導力筆記本、學生主導的親師會談，以及領導力工具。

　　領導力筆記本。領導力教育中最強而有力的工具之一。它為學生提供了一個地方來管理自己的WIGs、追蹤自己的計分板、記錄領導力心得，以及展現自己的成果。大多數學校以三孔夾及標籤做為學生的領導力筆記本。領導力筆記本幫助學生將最優先的事（以終為始）放在最前面。

　　一位小朋友與你分享自己的領導力筆記本、介紹其中的內容，絕對是一種非常令人震撼的經驗。你很快就會發現，這個孩子對自己的目標及資料瞭若指掌，而且對於分享自己的學習進展倍感驕傲。重要的是，老師也必須對學生的領導力筆記本負起責任。從協助學生設計出獨特的封面，到規劃出每個標籤項下的學習單，老師必須根據學生的需求及年段目標，設計出班級的領導力筆記本。

　　學生主導的親師會談。許多學校逐漸從老師、家長為主的親師會談，轉變為學生主導的親師會談，也就是說，從老師、家長主談，改由學生主導。在自我領導力教育的親師會談中，學生負責與家長分享自己的WIGs，

台灣立人小學的學生正與訪客分享自己的領導力筆記本。

以及自己在各個WIGs上的進展。學生會解說自己的強項，以及他們將如何改善自己的弱點。孩子負責向父母解說領導力筆記本，而家長及老師則負責聆聽與提問。這種做法能夠幫助孩子為自己的學習負起責任。

學生主導的親師會談對老師也大有益處，因為只要把流程設計好，準備工作就會變得容易得多。學生主導親師會談的另一項收穫是，自從採取這種做法後，波蒙小學親師座談會的家長出席率從74%大幅提升到98%。學生會極力邀請父母來參加，因為他們非常希望能與父母分享自己的目標與成果。

領導力工具。第三項工具其實是一整套工具。老師通常稱它們為「圖像思考輔助工具」（graphic organizers），其中包括：維恩圖（Venn diagram）、力場分析法（force-field analysis）、甘特圖（Gantt chart）、魚骨圖（fishbone diagram）、親和圖（affinity diagram）、泡泡圖（bubble map）、優缺點分析圖（plus-delta chart），以及蓮花圖（lotus diagram）。市面上有許多關於這些教學輔具的專書，學生非常喜歡運用這些工具來進行問題解決、腦力激盪、故事分析、專案規劃、目標設定，以及建立班級公約。

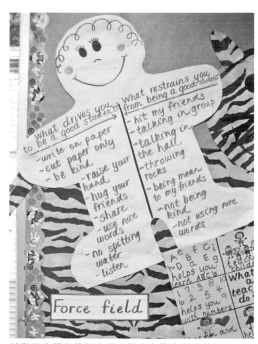

結果如何？

波蒙小學的做法聽起來都非常好，但結果又是如何？這個問題的

幼兒園小朋友使用力場分析法來界定期待的行為。

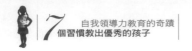
答案可以從一位家長麥基太太在一個領導日中的發言窺見一二：

> 兩年前我參加了一個國際主管發展訓練，主題是「回歸基本能力」。所謂的基本能力包括哪些？
>
> • 為自己設定目標。
> • 為公司設定目標。
> • 致力發展企業文化。
> • 清楚溝通目標並鼓勵合作。
> • 追蹤進展，預見並分析失敗的原因。
>
> 幾個月之後，我參加了波蒙小學的家長會，麥卡坦校長提到，學校希望導入七個習慣。我心想，「我是在市場行銷公司上班時才參加了七個習慣的訓練。孩子怎麼可能運用這些習慣？」
>
> 不久之後，學校開始進行改造工程：牆上貼上名言、新的布告欄、大廳掛上旗子，大門口的地毯上寫著「攜手領導」。改變並未一夕發生。幾個月的時間，開始陸續出現改變。孩子參與其中、教職員參與其中。而我自己也不知不覺動了起來、投入其中。
>
> 每個班級都有自己的使命宣言，訂定自己的班級目標。孩子帶著它們回家解釋給家長聽。我們很高興知道孩子與老師正積極打造自己的班級。更棒的是，我們家那個四年級的孩子可以清楚的向我們解說，他們的班級使命可以如何對學校的使命有所貢獻。
>
> 學生看到老師為自己設定目標。而當老師未能達成目標，他們也看到老師如何分析自己未能達標的原因。目標不切實際？下次我可以如何設定更好的目標？這些可都是價碼昂貴的管理顧問所教給我的東西！

我先生和我都非常訝異，親師座談竟然完全由學生負責主導。我們的兒子迫不及待想與我們分享他的領導力筆記本。我則對一個四年級的孩子會蒐集、追蹤哪些資料感到好奇。針對他的各科成績，他一一回答我們的疑問。他完全知道自己搞砸了哪一次測驗，而且清楚記得「為什麼」。他還向我們清楚說明前測與後測的差別。我們全都目瞪口呆。

我兒子的溝通能力簡直跳了十級以上。每當朋友、祖父母、鄰居稱讚我們九歲大的兒子不是只會用「是」或「不是」來回答問題，而是可以進行清楚的溝通時，我只能說，這種能力來自於活出七個習慣後所產生的自信。

波蒙小學推行的領導力教育等於幫助孩子走上成功之路。我希望他們能夠一輩子實踐目標設定、進度追蹤、達到里程碑，以及慶功。

身為企業主管的麥基太太完全看出學生學習目標設定、改變校園文化，以及學習七個習慣（也就是完整的自我領導力教育）的益處。波蒙小學的教職員似乎也都同意這一點。在一份教職員的意見調查中，當被問到是否願意回到還沒有推行自我領導力教育之前的情況，沒有一個人回答「同意」，而百分之百的教職員都認為，波蒙小學已邁向更好的方向。

至於學業成績又是如何？密西根州是以各校在全州測驗的表現來決定學校的等級。波蒙小學剛開始推行自我領導力教育時，他們的閱讀成績落在全州23%，也就是只比23%的學校好，是最差的四分之一。一年之後，他們的成績上升到29%。兩年之後，42%。他們認為下一次的排名會更高。成長最明顯的科目則是寫作 —— 通過州測驗的學生比率從36%，一口氣提升到67%。也就是說，兩年之內提升了31%。這還不算這段期間內，低社經背景學生大量湧入所帶來的影響。

其他學校

波蒙小學不是唯一成功運用目標設定流程的學校。無數學校獲得了相同的結果。其中之一就是密蘇里州凡登市的史坦頓小學。在推行自我領導力教育之前，史坦頓已經是一所優秀的學校。米勒校長原本就是「專業學習社群」（Professional Learning Communities）的一位專家，這是教育界的一項運動，主張透過教師之間的交流來促進學生的學習。在一位優秀同仁的協助下，史坦頓小學的表現一向優異。事實上，小一導師魏絲老師說，她覺得最驚訝的是，自我領導力教育竟然可以讓史坦頓產生這麼大的進步：「我們原本就是一所優秀的學校。因此我簡直無法相信，自我領導力教育竟然還可以讓我們有這麼長足的進步。」

米勒校長是堅信單一目標的人。有一年，學校決定以閱讀為史坦頓唯一的「超級重要目標」。史坦頓的閱讀成績原本就已令人稱羨，但學區卻把兩百個外區的低社經背景學生送進史坦頓。史坦頓的老師認為他們必須專注於提升這些學生的閱讀能力。

每個年級的教師團隊分別聚集，選擇了各自的閱讀WIG。他們決定了為學生進行前測的方法，以確認他們的X（起點），然後再根據X，決定他們的目標（也就是Y）。學年結束前，也就是密蘇里州全州測驗之前（時間），他們將舉行一次後測。他們同時決定了定期蒐集成績的形成性評量方式。他們為班級、年級設計追蹤表、貼在走廊牆上，讓每個班級及各年級都能夠清楚看到自己的進展。

各年級團隊為各自的領導力筆記本設計色彩繽紛的封面，並決定每個標籤項下應包括哪些學習單，其中也包括一張閱讀計分表。他們用來追蹤全年進展的資源之一，就是美國教育界與出版界聯手並結合圖書館資源的「加速閱讀計畫」（Accelerated Reader，簡稱AR）*。學生每讀完一本書，

就可上網接受一個理解程度測驗。幼兒園的班級每讀完一百本AR童書，就會在走廊上貼一個圈圈。這些圈圈連成一條毛毛蟲。沒多久，他們的毛毛蟲就一路蜿蜒到走廊盡頭，還順著轉角繼續長下去。每貼一個圈圈，孩子們就會舉行慶功活動，並笑說這隻蝴蝶未來不知道會有多大！

不要怕為了追求A+而放棄A。

—— 柯林斯，《從A到A+》

一年級的走廊上也有AR計分板。計分板顯示，一年級小朋友在進行目標設定流程的第一年，光是前面四分之一學年，他們就讀了五千五百本書。這個成績遠超過前一年——半年之後才勉強達到五千本書的目標。同時，學校大門口也設立一支色彩鮮豔的溫度計，用來顯示全校學生的閱讀總量。學生會因為溫度計不斷上升而興奮不已。最後，他們讓溫度計破了表，因為全校閱讀書籍數量已超標達成。

閱讀專業教師芭克為補救教學的孩子設計一張特別的個人閱讀計分板。這張計分板是一隻手的形狀。每根手指頭代表閱讀能力中的一個元素。當學生達到某個元素的目標，就可以幫那隻手指塗上顏色。使用目標設定流程之前四年，每年成功通過閱讀補救計畫的學生人數平均只有七人。但在使用目標設定流程的第一年，成功通過補救計畫的學生竟然高達四十八人。

史坦頓小學也會指派高年級學生擔任中低年級孩子的閱讀小老師。他們稱之為「責任搭檔」。高年級的學生每週會和低年級的小搭檔共讀一

＊譯注：美國出版界有系統的將課外讀物依字彙難度分級，並建置閱讀測驗題庫供教育界使用，鼓勵學生選擇適合自己程度的讀物廣泛閱讀。學生每讀完一本書即可上網測驗並取得積分，老師也可依學生的程度替學生設立閱讀目標。

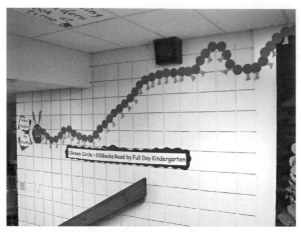

這條毛毛蟲激勵了幼兒園的孩子閱讀更多童書，同時達到更高的理解程度。

次，並為他們的進步喝采。高年級學生則有一群就讀高中的閱讀小老師，每週到校與他們聚會一次。

實施目標設定流程之後兩年，五年級的亞絲老師指出，「目標設定讓我們一日千里，比五年前進步太多了。從前是老師負責為學生設定目標，可是學生並不會追蹤自己的進度。現在則是學生會為自己的目標設定及追蹤負起責任。他們非常喜歡公開展現自己的進步。」另一位老師古賽絲基補充說：「當學生必須為自己的目標負責時，他們對於『這本書是好的嗎？它可以幫助你達成目標嗎？』這樣的問題，顯然比從前有興趣得多了。他們不是為了披薩慶功會而閱讀，他們是為了提升自己的閱讀能力而閱讀。」

其他目標

我們已介紹目標設定流程如何運用在學業目標上。但這四個步驟流程也可以運用在任何目標上。學校運用目標設定流程來降低紀律問題、提升家長參與率、降低遲到率、改善校車上的秩序，或激勵其他期待的行為。

路易斯安那州雷恩市培提尚小學的校長康茗絲女士觀察說：「老師們一旦熟悉了目標設定的流程與價值，立刻就明白這讓所有事情都變得容易多了。」除了學業目標，培提尚小學也將目標設定流程運用在下列事情：

- **健康與體能**。每個月，學生會設定自己的健康與體能的目標，然後在自己的領導力筆記本上追蹤自己的進展。有些學生以馬拉松賽的里程數為目標，然後追蹤自己在上體育課時所走的里程數。每走一英里，他們就可以在班上的計分板貼上一個鞋子形狀的貼紙。學生領導人也會根據當天學校餐廳所提供的午餐內容，討論如何設定健康飲食的目標。

- **出席率**。每天追蹤個人、班級、全校的出席率。連續三天全校出席率達到97%以上，全校學生就可以多五分鐘的下課時間。培提尚小學的出席率如今高居全學區二十七個學校中的第二名，而且即使身處高風險人口地區，培提尚小學的學生出席率不但比同區的學校高出了10%，而且也比運用目標設定及追蹤之前大幅提升。

- **語言能力**。語言治療師請學生根據自己的需求（例如，發音）來訂定自己的目標，並確實追蹤。學生在自己的領導力筆記本中以各種圖表來記錄自己的進展。結果，培提尚的學生進步的程度大幅超越同區其他學校的孩子。

如前所述，學校將這套流程運用在許多非學業相關的目標上，例如走廊上的行為守則、募款、整潔等。除了學校的行動，值得注意的是，許多教職員也發現許多運用目標設定流程來達成個人目標的做法。例如，體育老師麥可碧就運用目標設定

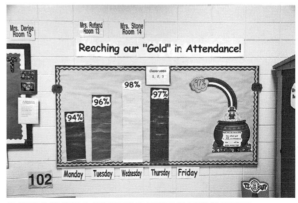

培提尚小學的學生仔細追蹤自己及全校同學的出席率。

165

流程來進行馬拉松賽的自我訓練。她將自己的目標及訓練計分板貼在學校的體育館內，以便以身作則，讓學生看到她正在實踐目標設定的流程，而學生則可以成為她的「責任夥伴」。我們也知道有兩位師長運用目標設定流程，讓自己減重超過45公斤。精采吧！

一切都從思維開始

本章所介紹的學校讓我們知道，只要忠實的執行，目標設定可以為學生的表現與學習成果帶來正面而直接的影響。當然，要證明目標設定與學業成就有絕對的因果關係，確實是一項挑戰，因為評量方式存在太多變數 —— 測驗方式的變動、學生背景差異、教職員團隊的不同等。即使如此，許多學校仍然看到學生有明顯的進步，尤其是在為自己的學習負責這方面。

目標設定流程也可以為校園文化及學生的領導力帶來間接的影響。正如史坦頓小學的米勒校長所言，「目標設定流程幫助我們的學生學會團隊合作。他們學到要專注於團隊的學業目標，以及如何共同合作，以達成這些目標。如果密蘇里州舉行全州的學生人際能力及團隊合作能力測驗，我們的學生一定領先群倫。他們已經達到完全不同的層次。」

然而，即使目標設定流程擁有這麼大的潛在影響力，若不能以正確的思考層次（也就是正確的「思維」）來執行，還是很容易失敗，

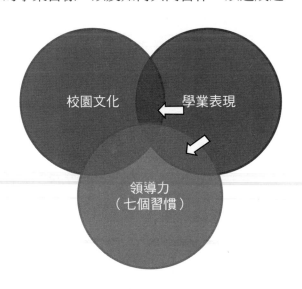

校園文化　學業表現　領導力（七個習慣）

甚至產生負面的效果。事實上，目標設定流程很容易就會被誤解為我們在第一章所討論過的──修理業。也就是說，我們不斷給學生各種考試、測驗，就是想發現他們哪裡「有毛病」，然後再分析他們的資料，以便解讀他們到底有什麼「問題」，最後再努力的想辦法「修理」它。

波蒙小學校門口放了一個溫暖的歡迎看板，孩子每天一進學校就知道，這裡的師長真心關懷他們。

在寇比的案例中，他知道布琳森老師是真的關心他，而非一直把注意力放在他的問題上。她在班級中賦予寇比其他的領導力角色，也非常清楚寇比在其他方面的長處。寇比覺得對自己的班級有責任感，非常希望能夠對班上的進展有所貢獻。他參與全班進步的過程，而他的貢獻也受到了珍惜。他在自己的計分板上看到自己穩定的進步，這件事讓他很快樂，也更有自信。沒錯，他和布琳森老師是在發掘他的「毛病」，但重要的是，他們同時也在發掘他的長處，而且，這一切都是在更全面的思維之中進行──不斷發掘、肯定寇比獨特的天賦與特質。

就和教導七個習慣及打造領導力文化一樣，設定、追蹤、達成目標的關鍵是「關係」──對人的真心關懷。

本書至此已進行到一半，讓我們暫停腳步，重新審視已經討論過的重點，以便進入未來的內容。本書前五章探討了自我領導力教育的緣起及主要內涵，包括：

- 好得令人難以置信？
- 一切如何開始，以及為什麼會開始？
- 教導七個習慣
- 打造領導力文化
- 實現學校目標

　　本書當然可以就此打住，而學校也已經有很多可思考的內容。然而，真正因自我領導力教育而產生耀眼成果的學校，大多是那些努力讓家庭及社區參與其中的學校。因此，第六章將說明許多學校如何讓家庭積極參與在自我領導力的流程之中，而第七章則分享社區領導人為何及如何積極參與的例子。

　　另外，第八章將說明國高中推展自我領導力教育的情形，並簡要介紹大學的情況。第九章則將分享可以讓自我領導力教育永續發展的關鍵。

　　最後，第十章「以終為始」將重新檢視本書所有重要面向，並挑戰你以「領導人」自我期許，並像柯維博士一樣「用力生活，愈活愈精采」！

個人反思

　　習慣三「要事第一」教導我們，效能（做對的事情）先於效率（把事情做對）。當寇姆斯及波蒙小學確認他們最優先的目標，他們的效能與效率都獲得了改善。想一想你自己的生活，你最優先的頭一、兩個目標（也就是你的「超級重要目標」）是什麼？對每個超級重要目標而言，你本週可以做到，而且對達成這些目標最重要的一件事是什麼？

6|7個習慣帶回家

當我們五歲大的兒子開始在家中使用「雙贏思維」、「以終為始」這些名詞時,我深感震撼。所以我決定自己也去上七個習慣的訓練課程。現在,我們家一年三百六十五天,時時刻刻都在實踐,對於我兒子的日常生活、我的日常生活、我太太的日常生活,還有我們全家的日常生活,都助益良多。

——狄恩·哈里森,加拿大亞伯達省麥迪遜海特市小學家長

若說到比自我領導力學校所展現的成果更令人動容的成就,那就非得去學生的家庭中找了。以下是三個簡單的例子。

第一個例子來自加拿大。一天,一位父親帶著自己的兒子來到學校。這位父親非常溫文有禮,雖然第一眼看到他那壯碩的肌肉可能無法想像。他的兒子有認知發展遲緩及對立性反抗(oppositional defiance)的問題。有人告訴他,這個學校有專門的課程可以幫助他的孩子。

他的兒子很快就進了這所學校,並開始與其他孩子一起學習七個習慣。短短幾天之內,這位父親就注意到兒子的言行舉止以及他對於上學的態度有了轉變。有時,他的家庭作業是要把某個習慣教給一個家人。他決定把習慣教給自己的父親。幾個月後,這位父親參加學校的家長日。在雙向溝通的時間,他站起身來,希望可以發言。「學校給我孩子的教育,完全改變了我的生活。」說完,他立刻坐回位子。

幾個星期之後,這位父親又來到學校。他自白說,多年前他在美國

因吸毒被捕。等候審判時，他逃到加拿大躲避刑責。後來他在這裡結婚生子，非常努力的希望過著有益社會的生活。但他一直無法擺脫遲早會遭到逮捕、受到法律制裁的陰影。他說，兒子教他的功課：要為自己的行為負責、設定目標、要事第一，讓他的良心深深受到責備，決定面對自己的錯誤，以成為真正的好父親。他已經與警方聯絡，安排自首。他指著自己的孩子說：「兒子是我的英雄。」

這位父親得知自己最高可能被判兩年徒刑。結果，一位明智的法官審閱了這位父親在逃亡期間所有行為的相關證據，其中包括學校校長的一封信，強調父子關係對他兒子的重要性。最後，法官的結論是：「不需要把這個人關進監獄，浪費納稅人的錢。他應該陪在自己兒子的身邊，並繼續貢獻社會。」法官決定讓這位父親留在家庭之中，但他必須以其他的方式來彌補錯誤。

第二個故事同樣來自加拿大。一位單親爸爸必須兼顧孩子以及每天的工作。他分享自己如何規劃孩子放學以後的活動以及必須分擔的家事。每一天，他會列出一張孩子放學回家後必須做的「要事第一」清單。孩子一回到家就會去看，了解在爸爸回家之前他們應該完成的事項。完成工作之後，他們就可以去做自己喜歡做的事。這位父親的靈感，是來自於觀察孩子班上的「要事第一」清單！

最後一個故事發生在一所偏鄉學校。當我們問一位女老師七個習慣對學校有何幫助時，她輕鬆的提出幾個例子。然而，當我們問到七個習慣對她自己有何影響時，她卻一時語塞，流起淚來。原來，她的家庭在她參加七個習慣訓練時，正處於風暴之中。她的兩個正值青春期的兒子，狀況非常糟。她的丈夫失業中，心情極度沮喪，自顧不暇。離婚是經常出現的話題。因此，整個訓練過程中，她心裡一直想著，她的家庭多麼需要這七個習慣。

　　她決定將七個習慣的訓練手冊帶回家，並開始教給家人。他們一個晚上學一個概念，並討論如何將這個概念應用在家庭中。他們這一家人從未有過這樣的對話，這些重要對話具建設性，而且能夠幫助他們往前看。七個習慣讓他們有了共通的語言，可以說明自己的感受、面對共同的挑戰。兩年後，淚流滿面的她唯一說出的話就是，七個習慣訓練救了她的家庭，甚至可能救了家人的命。

　　數以百計這樣的故事，不斷發生在世界各個角落的家庭。最令我們感動的，就是許多學生都學會運用習慣，為自己的父母提供建議。一位父親就說，有一次他和孩子看完球賽，在開車回家的路上，有輛車冒失搶道讓他火冒三丈。這時，他的小女兒平和的對他說：「爸爸，碰到這種情況，我們可以如何更為主動積極、對自己的情緒擁有主控權，不輕易受外在刺激的影響？」

家庭與學校的關係

　　我們所處的社會充滿動盪。對許多學生及教職人員而言，家庭是他們躲避風暴的避難所。但對有些人而言，家庭反而是暴風的中心。

　　家庭狀況對學校非常重要的原因有二。第一是家庭對學生的影響。孩子每天帶來學校的行為、知識，以及心態，許多都直接來自家庭。無論是好是壞，家庭的影響力都會衝擊學校的文化、班級的氣氛，以及孩子的學習情緒。哈佛大學教育研究所的麥波指出，當家庭與學校攜手合作時，「學生的成績會提升，學測表現會更好，也會擁有更好的社會技能及行為，同時也和學生是否能夠唸完高中、升上大學有直接的影響。」家庭顯然對學生的表現有重要的影響。

　　第二則是家庭對教職員在校工作效能的影響。和學生一樣，教職人員每天也都是帶著家庭中的餘韻來到學校。昨晚發生的事，或是今晨離家前

的對話，都可能影響教職人員一天的情緒與行為。教職人員從家中帶來的任何壓力、衝突或低效能，都可能影響他們在教學或工作上的專注程度與表現。所以，家中一切順心，學校也就諸事順利。

正如家庭會影響學校，學校也會影響到家庭。學生每天在校時間超過六小時，每年的上學時間超過九個月 —— 總計超過一千個小時。他們在學校結交的同學、遇到的老師、得到的機會、學到的知識，都會跟著他們滲透到家庭之中 —— 無論是好是壞。教職員的情況也一樣，糟糕的一天絕對會滲透到他們回家後的夜晚時光。

雖然學校常常忍不住想要「指教」家長如何經營家庭，但多數的學校還是頗為自制。同樣的，大多數的家長也不想對學校的行事指指點點。但家庭和學校為何不攜手合作呢？

本章將分享家庭和學校如何在自我領導力教育的架構下攜手合作。我們將看到：

- 學生如何將七個習慣帶回家中
- 家庭如何參與、投入學校相關事務
- 在家庭中應用自我領導力教育的各種方法

討論這些主題時，我們心中清楚明白，家庭的型態、狀況各異，沒有兩個家庭是一模一樣的。我們完全不想為家庭下定義，也不會區分家庭的好壞。我們知道，每個家庭都有它的問題與挑戰，而有些家庭也的確完全失能。儘管如此，或許大家已猜到，自我領導力教育的思維是相信每個家庭、每位家長、每個孩子都有獨特的潛能，因此會致力於呵護、培育、讓這些潛能有最大的發揮空間。

學生將7個習慣帶回家

最近，家長的回應已經成為許多學校最大的樂趣來源。家長常滿臉疑惑的來到學校，直接問說：「你們到底教了我的孩子什麼？為什麼他回家一直對我說：『媽咪，我們能不能在這件事上統合綜效一下？』或是『為什麼我們都不做些有趣的事情來不斷更新？』。」雖然看到家長這些驚訝、不解的表情確實令人感到欣慰，但我們希望能夠在孩子還沒開始在家中運用這些語言之前，就先幫助家長認識七個習慣與自我領導力教育。

學校可以運用許多方法來幫助家長，比較常見的方法包括：

寄信給家長。許多學校會在每學年一開始，先寄一封信給家長，介紹

家長的認同與投入已成為自我領導力教育得以不斷成功的重要因素。

自我領導力教育。大多數的情況是，這封信只有一頁，簡單說明何謂自我領導力教育，並在信的背後或另用一張紙，提供七個習慣的摘要，讓家長可以張貼在家中顯眼的地方，讓全家人都可以看到。

歡迎資料袋。對於轉學生或新生，有些學校會準備一份資料袋，裡面包括一些照片及範例，說明學校如何推行自我領導力教育。成功的故事、師生的證言，以及一些常見的問題也都會涵蓋其中。

家長通訊。許多學校或班級會每週或每月、每季寄一份家長通訊到學生家中，其中包括某個習慣的介紹或一個成功的故事，有時甚至只是一句名言。

網站。有自己專屬網站的學校通常會在學校網站中張貼有關自我領導力教育的內容，並定期更新、貼上新照片、說明新的做法，或提供一些建議給家長參考，或在家中實際運用。

書籍。有些學校會為家長設置「家庭圖書專區」，提供一些書籍、資源給家長借閱。《與成功有約》、《7個習慣決定未來》、《與成功有約兒童繪本版》、《與幸福有約》等書籍及有聲書，都是家長可以用來深入了解七個習慣的重要資源。伊利諾州昆西市的貝里安小學就運用補助款採購《與成功有約兒童繪本版》送給每位學生的家長，並請他們務必閱讀、與孩子討論每一章最後的相關問題。

由學生來教導七個習慣。幫助家長學習七個習慣最有效的方法之一，就是請學生把七個習慣教給家人，並以此做為學生的家庭作業。家庭作業的內容可以包括一個簡短的故事或概念，然後再一起討論孩子或家人可以如何運用於家庭中。

學習遷移。當然，把七個習慣帶回家最好的方法，就是讓孩子實際應用這些習慣。有些家長對於孩子竟然能夠如此深入了解這些習慣而感到不可思議。一位父親就很訝異，他讀小一的兒子竟然不用家人要求，就主動

幫忙洗碗。他問兒子：「你在做什麼？」他的兒子回答說：「我在發揮主動積極的習慣 —— 不必別人要求就主動幫忙。」這位父親是企業主管，他對兒子說：「你恐怕根本不了解『主動積極』是什麼意思吧？」結果，他只能乖乖坐下來，不可置信的聽著兒子清楚的教他何謂習慣一。

這所學校的利用文字標語幫助父母在接送小孩時學習七個習慣。

學校無法改變家庭中的成人所擁有的收入、教育程度或職業，卻可能影響家庭中的氛圍。

—— 馬札諾，《在學校，什麼行得通？》

孩子把七個習慣帶回家的故事俯拾皆是。就像以下這封佛羅里達州的家長寄給學校的電子郵件：

一天晚上，當我回到家中，兩個女兒正在整理自己的房間 —— 這可非常罕見，尤其是在沒有人三催四請的情況之下。我一直問她們：

「這是怎麼回事？」她們說：「我們正在統合綜效，實踐雙贏思維。」
她們完全自動自發。七個習慣現在已融入我們家的許多事情之中。
我們會問彼此：「現在的要事是什麼？」然後我們就會專注於那些事
情。我在家中的壓力減少了許多。我是在大學畢業、當上主管之後才
學到這些概念。我真希望自己從小就學會這些習慣。

台灣新北市八里區私立聖心女中國中部的一位家長，也感動的寫了一
封信給校長：

女兒的改變，點點滴滴盡收我眼中。因為我和先生經常出差，所以女
兒是住校。剛開始時，每週日晚上都是我們最緊張的日子，因為要幫
她整理帶去學校的東西。她經常丟三落四，打電話回來讓我們送東西
到學校去。
但現在，她不但會準備一張清單、寫在家裡的白板上，還會自己規劃
時間、根據清單準備物品，做到不慌不忙，張弛有度，充分體現把習
慣應用於日常生活中，用更好的方式去完成原本就在做的事情。
女兒真正體會到獨立自主、為自己行為負責的道理。很慶幸女兒能夠
在一所培養自我領導力的學校就讀，讓家長可以和老師一起幫助孩
子，使她們在世界任何角落都可以成為自己的領導人！

重要的是，由於學生把七個習慣帶回自己的家庭中，許多生命正在改
變，許多家庭正在改善。當我們把原則教導給孩子、相信他們，孩子的表
現真的會讓我們大感驚訝。

鼓勵家庭投入學校事務

另一種幫助家長及家庭認識七個習慣及自我領導力教育的方法，就是邀請他們到校參與相關活動。學校原本就已有許多歡迎家庭參與的活動，因此，我們只需要找出方法，將領導力原則的介紹融入其中。讓我們看一些例子：

返校活動。許多學校會在開學之前，特地舉行學生返校前的家長之夜。這是讓家長認識自我領導力教育的大好機會，同時也能讓家長了解他們的孩子即將擁有的學習經驗。

家庭之夜。有些學校會特別安排家長之夜，為家長進行一到兩個小時的七個習慣簡介，目標是幫助家長認識七個習慣語言及相關的基本概念。德州聖安東尼奧的野橡小學會安排一個晚上，邀請學生全家一起到學校。孩子的家人可以從一個走廊繞到另一個走廊、從一個習慣參觀到另一個習慣，而各年級的孩子則負責進行各個習慣的示範。

「老爸與甜甜圈」或「媽咪與小鬆糕」。許多學校都很喜歡邀請爸爸或媽媽在一個特定的夜晚到校與孩子共讀的傳統。愛荷華州滑鐵

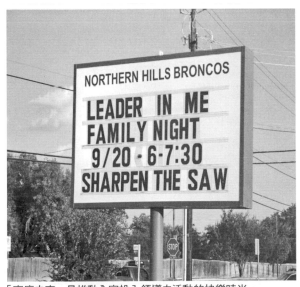

「家庭之夜」是推動全家投入領導力活動的快樂時光。

愛荷華州滑鐵盧市的康寧漢小學以「老爸與甜甜圈」活動來創造有趣的親子時光。

盧市的康寧漢小學就會邀請學生的父親（或是叔叔、舅舅、祖父、任何一位男性長輩）到校，與孩子共讀一位領導人的故事。然後老爸們會花一些時間，向孩子說明他們眼中的領導人應該擁有哪些重要的特質，並分享他們在自己的孩子身上看到了哪些領導人的特質。而甜甜圈只不過是好玩的餘興節目罷了。

祖父母日。相同的，有些學校會邀請孩子的祖父母到校與孩子共讀。一些學校則會設計特別的活動，例如請孩子寫封信或畫張圖畫，說明他們為何覺得自己的祖父母是領導人。

學生主導的親師會談。正如第五章所說，學生主導的親師會談可以為孩子提供教導父母七個習慣的機會，並說明自己所擔任的領導力角色。許多學校發現，只要他們把親師會談的主導權賦予孩子，家長的出席率就會明顯提升。

領導日。許多學校舉行領導日活動時，常會見到大批教育工作者踴躍出席。但也有些學校並不會主動邀請外人參加，而是以學生家長或孩子的祖父母為主要邀請對象，或至少在彩排時擔任主要貴賓。家長及祖父母好愛參加孩子的領導日活動。每個孩子都應該擁有自己的粉絲。

家長訓練課程。有幾所學校特別為家長提供機會，參加教職同仁體驗過的七個習慣標準課程。有的學校則為家長舉辦《與幸福有約》工作坊。

有些則針對特定概念舉行工作坊。例如加州羅斯維爾匯點小學的玟森校長就規劃一場以「打造家庭使命宣言」為主題的家長之夜。

　　幾乎所有可以邀請家庭參與的校園活動，包括音樂會、戲劇公演、戶外教學等，都可以變成幫助家庭認識七個習慣的機會。有些家長指出，他們的孩子甚至在進幼兒園之前就已經非常熟悉七個習慣，因為他們曾經參加哥哥姊姊學校的活動、看到哥哥姊姊教導家人七個習慣，或是身體力行、展現領導人的特質。

　　除了舉辦活動，另一個幫助家長認識七個習慣的方法，就是邀請家長擔任義工。範例如下：

- 有些班級會每個月邀請一位家長，與班上學生分享他們在工作中所學到的領導力。一位家長就分享了身為消防隊員所需要擁有的領導技能。
- 有些學校會舉辦「迷你徵才活動」，由家長扮演徵才主管。學生可以到每個攤位去認識不同行業，並了解領導力在這些行業中的重要性。
- 有些家長可以貢獻自己的能力，幫助學生將七個習慣融入校園布置、歌曲或戲劇公演的劇本。
- 有些家長則會教導學生進行真實世界中的專案管理。一位擔任建築師的家長就曾帶領一班五年級的學生，實際規劃、設計自己的教室。他們從實際繪製教室的設計藍圖來體驗以終為始的重要性。另一位從事美術設計的家長則帶領一個班級實際運用專業工具，為班上打造出最美麗的環境布置。

　　家長志工也可以負責向其他家長傳遞學校自我領導力教育的內涵。他

們可以規劃、製作歡迎資料袋、自主管理家長志工團、幫助圖書管理員找出與七個習慣相關的童書……許多學校，例如紐約布魯克林區的PS133小學，就成立一個「家長燈塔團隊」，定期將七個習慣的相關概念寄送給全校家長參考。新加坡的勵眾小學也有一個家長燈塔團隊，協助規劃、執行為孩子及家長舉行的領導力活動。找到對的家長，可以大大分擔學校教職員肩上的重擔、引進更多不同的能力。

在家庭中應用自我領導力教育的方法

我們已分享學生可以如何將七個習慣帶回自己的家中。現在，讓我們看看教職員如何將七個習慣應用在自己的家庭。我們的例子多半都是有孩子的家庭，但七個習慣的概念同樣可以應用在沒有孩子的家庭中。

我們的觀察是，大多數的父母都不夠肯定自己的努力與成果。話雖

暖陽下的草地上，馬科蒂奧小學的小朋友在學校的「家庭領導日」，與家長分享自己的領導力筆記本。

如此，親職工作有時真的讓人不知所措。我們見過不少帶領超大企業開疆闢土、游刃有餘的CEO私底下向我們承認，他們最大的挑戰，其實是經營自己的家庭。我們也曾與高階軍事將領談過，雖然他們平日調度千軍萬馬、從容不迫，但是家中卻傷兵累累、全面潰敗。沒錯，不少老師也曾經告訴我們：「我可以應付任何規模的班級、贏得所有學生的尊敬，但一回到家中，所有的榮耀盡都消散。我的家庭簡直一團混亂。」

　　七個習慣或許無法解決所有的家庭問題，但我們的經驗是，它絕對能夠帶來極大的正面影響。過去幾年，森妮佐在佛羅里達州推動一項社區行動，為四千位以上的家長提供七個習慣訓練。其中有許多家長來自艱困家庭，也有許多來自社會眼中的模範家庭。她在整個過程中非常訝異的發現，七個習慣竟然可以應用在任何家庭型態之中：「從最好的家庭到最糟的家庭，都可以因七個習慣而受益。」

　　不必發明任何新的做法，家長可以在家庭中直接運用學校所採行的自我領導力教育流程，包括：

- 在家中教導七個習慣
- 在家庭中打造領導力文化
- 實現家庭目標

在家中教導七個習慣

　　學校教導七個習慣的方法有三種：直接教學、融入式教學，以及以身作則。每一種方法都適用於家庭。

　　直接教學。在本章一開始，我們舉的例子是一位老師直接將七個習慣訓練手冊帶回家教給家人。她的做法剛好適合她的家庭的需要。但大多數的家長並不會回家直接將七個習慣教導給家人。大多數人通常是以使用七

個習慣語言與孩子溝通，或是閱讀一本內含七個習慣概念的書給孩子聽，做為開始。

許多家長會善用與家庭相關的七個習慣資源。西恩‧柯維寫了許多本與孩子相關的書籍。《與成功有約兒童繪本版》就是寫給小小孩很好的繪本。其中每章都有個「教養補給區」，包括適合親子討論的話題及活動，讓七個習慣可以實際運用於家庭中。家有青少年的父母會發現，《7個習慣決定未來》是非常有用的資源。《與未來有約》則是將七個習慣運用於青少年經常必須面對的選擇上，包括毒品問題、性行為、學業、親子關係、同儕關係，以及男女交往等。每一本書都是以兒童或青少年最熟悉的語言及方式寫成，並有最實際的應用範例。柯維博士及夫人所著的《與幸福有約》則充滿對家庭及婚姻的觀察與建議。

正如老師會以不同的方式來教導七個習慣，家長也可以根據孩子的成熟度及個性特質，選擇不同的方法來教導七個習慣。對小小孩而言，選讀一些與領導力相關的睡前故事，就是極好的時機與方式。對青少年而言，非刻意、非系統性的做法應該比較合宜。在家庭旅遊、長途開車時，伺機播放有聲書，或許是幫助車上青少年打發時間的好方法。飯桌上，偶爾分享一段「生命物語」也是一種做法。許多青少年不喜歡和父母進行一對一的「談話」，但在父母幫忙他們做家事時（例如洗碗）輕鬆聊個兩句，卻通常不會太抗拒。父母可能得練練技巧 —— 許多「教導」可能得在三十秒鐘內一氣呵成。

直接教學其中一個最好的方法，或許就是讓孩子來負責教導的工作。請他們把一個習慣教給弟弟妹妹（或是教你）。他們可以用短劇、美勞、音樂或任何方法進行教學。孩子在教學上經常創意十足、令人讚嘆。

你能夠給予孩子最棒的禮物，就是責任感的深根和獨立的翅膀。

——丹尼斯·魏特利

　　融入式教學。許多家長會利用家庭既有的活動來教導或強化七個習慣，只要直接使用七個習慣語言就可以做到。最安全的方法，就是先把七個習慣語言用在自己身上：「真抱歉，我應該先知彼解己才對」，或是「有人想要跟我一起去游泳、不斷更新一下嗎？」孩子愈常聽見父母將七個習慣運用在實際生活情境當中，就愈能夠完整的理解這些習慣的真義。

　　固定親子共讀的家長可以在共讀時間挑戰孩子，請他們找出讀本中隱含的習慣。許多電影及報章文章也可以看到善用或未能運用七個習慣的例子，以及之後所產生的結果或後果。家長也可以分享家族的歷史故事，來說明某些領導力原則，或在全家度假或進行週末活動時，選擇一些具有領導力意涵的活動或地點，來刺激與領導力有關的思考。有些家長會帶孩子拜訪在企業界或義工組織中擔任領導人的朋友、親戚或鄰居，或是在某些領域展現不凡天賦的人，並且對他們提出許多問題，讓孩子能夠同時培養出問問題的能力。如果孩子特別喜歡某項運動或嗜好，家長可以問孩子，這個領域中有哪些領導人，以及他們為什麼是好的領導人。以上都是將七個習慣的教導自然融入家庭日常活動中的方式。

　　以身作則。如果有任何地方對以身作則的需要遠多於批評，那一定就是在家庭裡了。家庭中需要不斷的以身作則。

　　家庭可以刺激出一個人最好及最壞的表現，包括家長。正當你覺得自己在情緒控管上已臻化境，隨時隨地都是七個習慣的最佳榜樣時，孩子忽然做了一件蠢事，你就可能立刻破功。或是當你正覺得自己已經完全掌握聆聽的祕訣，配偶卻忽然破壞你的信任，一切就打回了原形。善用習慣是

▶解決衝突的關鍵行動

主動積極

- 暫停、控制住自己的情緒。大家冷靜下來之後再談。
- 停步思考。你覺得什麼是現在應該做的「對的事情」?
- 記住,別人不能「惹你生氣」,憤怒是你自己的選擇。
- 把注意力放在影響力可及的事情上,而非無法掌控的事情上。
- 為自己的行動負責,不要歸咎別人或找藉口。勇於道歉。

以終為始

- 選擇自己的戰場。不要在無關緊要的事情上浪費精力、競爭。
- 衝突解決之後,專心創造你和孩子或配偶之間的關係應該有的那種「感覺」。
- 從一開始就清楚告訴對方,你重視他們,希望解決問題。

要事第一

- 處理問題要及時,不要讓問題惡化,變得不可收拾。
- 忠於自己的價值觀。
- 只說能夠讓對方感受到自己的價值及潛能的話。不要說出任何會讓自己後悔的話。

雙贏思維

- 在勇氣與體諒之間找到平衡點。體諒別人的心情,但也不害怕表達自己的感覺。
- 在別人的「情感帳戶」中做有意義的存款。
- 尋求對雙方都有利的結果。向長久而言只對你有利,但卻不利

於對方的事情說「不」。

- 不拿一個孩子跟其他孩子比較。
- 原諒。

知彼解己

- 給予絕對的專注。談話時，對電視、手機或其他瑣事說「不」。
- 用你的耳朵、眼睛及心靈去聆聽，直到孩子或配偶覺得自己完全受到理解。
- 重視回饋意見，但也要更正不正確的回饋。
- 清晰、簡潔、平靜的溝通自己的感受。

統合綜效

- 解決問題時，盡其所能的善用對方的強項與看法。
- 謙虛，你不必對每件事都有正確的答案。
- 尋求第三選擇，也就是比各自先前所提的更好的解決方案。
- 尋求更客觀、更有見地的看法，或是更好的解決方案。

不斷更新（預防衝突的妙方）

- 以足夠的休息、運動及適當的飲食讓自己處於最佳狀態。疲勞、壓力是衝突的養分。
- 在自己覺得平靜的時候與孩子或配偶建立關係。
- 學習消弭壓力的技巧。
- 涉獵基本的心理學常識，幫助自己了解為何孩子或配偶會在不同的人生階段產生某些特定的想法或行為。
- 投入一些有意義的活動，讓你的自信、自重根基穩固、堅不可摧。不要在自己覺得脆弱無力時處理與人的衝突。

永不間斷的學習與成長。家中最難搞的孩子，就是家長以身作則的能力最大的考驗。

沒錯，孩子或配偶的行為可以讓每位家長或每個習慣遭受最大的考驗。下次當你和家中的青少年、配偶或任何近親、友人發生衝突時，試著先離開現場，仔細讀一遍下表這些解決衝突的「關鍵行動」。

脾氣會讓我們落入麻煩，而面子則會讓我們難以突圍而出。在家中教導七個習慣——尤其是在家庭碰到難處的時候——最好的方法永遠是從自己做起、以身作則。

在家中打造領導力文化

打造校園領導力文化的模式，也為在家中打造領導力文化提供最好的架構。其中要點包括：

- 家庭環境塑造
- 共享式領導
- 領導力活動

家庭環境塑造

就和學校一樣，家庭環境包含三大部分。第一個部分是**看到什麼**。

一位富蘭克林柯維公司的教練與一群老師分享他們學校走廊布置的照片，他問這些老師：「你們學校的牆壁在和學生溝通什麼訊息？」就在這個時候，他腦中忽然閃過一個念頭：「我家的牆壁正在對我的孩子們說些什麼？」回家之後，他和太太立刻聯手移除牆上那些從家飾店買來的壁飾，並請孩子負責重新布置這道牆。結果孩子在牆上掛了一個大布告欄，裡頭貼滿充滿趣味與回憶的家庭相片及與朋友的合照。現在，只要有朋友

到家裡來，猜猜孩子第一個帶朋友參觀的地方是哪裡？現在，孩子們是這面牆的主人。它屬於孩子。

七個習慣對我們家而言，就像是一片我們自己都不知道自己正在尋找的拼圖。認識七個習慣之前，我們家的氣氛就已經很不錯，現在則是更棒了。

—— 華盛頓州馬科蒂奧市沃爾一家人

一位家長帶著兩個兒子把家中浴室牆壁重新粉刷一遍，並在上面貼滿領導力名言：「他們未來要在那裡面待上不少時間，何不讓他們順便學習正面思考。」一位單親媽媽將家中的一個房間改裝成畫廊，裡面放滿了孩子繽紛的藝術及美勞作品。當家中到處都是孩子自己創作的作品時，孩子愛上這些裝飾及家中環境的機會當然大大增加。

家長也可以因家中牆上的裝飾而獲益。一位家長坦承自己有藥物成癮的問題。她把七個習慣貼在廁所的鏡子上，每天早上都對自己默唸一次。「我必須每天提醒自己，我比孩子們更需要這七個習慣。」一位亞洲的CEO拿下家中牆上的一幅畫，換上父親的照片。「這張照片就是我的使命宣言，」他說：「我希望成為和他一樣的父親及領導人。」

打造家庭環境時，我們需要自問的一個最重要的問題就是：「這些牆壁對住在這裡的每個人，溝通了哪些價值與潛能？」

家庭環境的第二個要素是**聽見什麼**。你們家中使用的是什麼樣的語言？肯定的語

這個家庭的後門通往不凡。

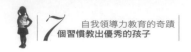

言？還是貶抑的語言？

　　一位家長說，他母親臨終前對他說的最後幾句話中，包括了「你是個好孩子」。他說，四十幾年來，這句話深深印在他的腦海中。如果你的孩子或配偶今天早上聽到你對他們所說的話，將成為他們所聽到你說的最後遺言，你希望給他們留下什麼樣的自我形象？你希望他們送給別人的最後遺贈又是什麼？

　　如果每個孩子每天早上從父母口中所聽到的，都是對他們的價值及潛能的肯定，而每天上床前所聽到的，也盡是讚美，這會給孩子帶來何等大的影響？

　　在家中使用領導力語言時：

- 不要把七個習慣當鞭子用。如果孩子老是聽到你說：「你為什麼不能主動積極一點……」或是「你怎麼老是學不會『要事第一』……」他恐怕會對七個習慣產生嚴重的過敏反應。
- 請以正面、肯定的方式使用七個習慣的語言：「我對你今天早上主動積極的表現感到十分驕傲……」或是「我很佩服你今天能夠要事第一、做完功課才出去玩……」。使用七個習慣來弭平傷痕：「非常抱歉，爸爸今天早上沒有做到『知彼解己』……」或是「對不起……」。

　　家庭環境的第三大部分是**感覺如何**。關於這個主題的研究非常多。關鍵在於，家庭存在的目的就是要滿足人類的四大需求：身、腦、心、靈。如何滿足這四大需求的書籍不少，而它們都有一個共通的重點 —— 每天回到一幢「房屋」和一個「家」之間有極大的差異。所謂的差異不在於房子的大小或裝潢，而是在於家人的關係與感受。

共享式領導

我們曾經提出，學校有三種方法可以讓學生參與學校的領導：(1)賦予他們有意義、值得付出的責任；(2)看重孩子的意見；(3)幫助孩子發現自己的聲音。同樣的，三種方法都適用於家庭之中。

大多數的父母都會給予孩子固定的家務責任，甚至將分工表張貼、公告出來。除了這些別具價值的日常雜務之外，孩子們也可以擔負一些能夠培養他們的技能、提升自信，以及展現出他們值得信任的責任。一位教育工作者有個十三歲大的兒子，希望能夠幫忙更換家中廚房壞掉的廚餘處理器。「怎麼可能」是他的第一個反應。第二個念頭是「有何不可？」最後他想到：「這倒不失為一個親子共處的好時機，而且當他犯錯時，我還可以指導他怎麼做。」之後，這位父親從頭到尾看著兒子一步步完成任務 —— 完全不需要他的幫忙。對他們父子二人而言，這都是培養信任感的難得經驗。賦予孩子需要負起責任的角色，可以培養出能夠負起責任的孩子。如果孩子從來沒有得到機會去做真正有價值的事情，要他們覺得自己很有價值，恐怕會非常困難。

同樣的，給孩子機會對家庭事務表達意見、仔細聆聽他們的聲音，也可能帶來意外的驚喜。一位精力充沛的校長決定帶全家到迪士尼樂園玩，做為聖誕禮物。到機場的路上，小兒子從後座提出建議：「媽咪，我們一定得去迪士尼嗎？」「什麼意思？」她問道。結果，兒子們最想去的其實是樂高積木主題樂園。改去樂高樂園很容易，同時也提醒了她，孩子有自己的想法。另一對父母原本打算花七百五十美元在一個度假中心租一間三天的家庭套房。孩子們說：「我們為何不去度假中心的露營區露營，然後把省下來的錢拿去買新電視？」這對父母原本就計畫要買新電視，因此，除了被蚊子叮了幾口之外，他們倒是很高興可以和孩子一起動手搭帳篷，

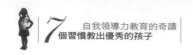
而且還讓孩子學習了節省的美德。

不要以孩子的弱點來定義他們的價值，請以他們的優點來定義他們。

——約翰·柯維博士及珍·柯維

孩子們對日常雜務有意見，對當週的計畫、家中的飲食、事情的後果都有看法。他們希望能夠擁有選擇與表達看法的機會。

隨時盤旋在孩子頭上、幫孩子做所有的事情及選擇的直昇機父母，並非領導人，而是孩子的僕人或管理者。太多家庭都有過度管理、領導不足的問題。有時候，父母以為自己在「為」孩子做一些事情，但其實，他們是「對」孩子做了最不必要的事。

至於要如何幫助孩子找到他們自己的聲音，請您思考一位熟悉的孩子 —— 若不是您自己的孩子，就是親友或鄰居的孩子。然後，請自問：

- 這個孩子有什麼與生俱來的天賦或才能？
- 這個孩子有哪些興趣、技能或特質，只要經過培養，就可以變成才能？

現在，請想一想：過去三天，我有沒有對這個孩子說些什麼，來肯定他現有或潛在的才能？我最近有沒有做些什麼事，來幫助發展這樣的才能？未來三天，我可以為他做些什麼或說些什麼，來表達我肯定或欣賞他的才能？

孩子應該擁有在家庭中當領導人的機會。他們不是只想當家裡的童工 —— 他們希望貢獻自己的想法、找到自己的聲音。

領導力活動

約翰·柯維博士（史蒂芬·柯維博士的弟弟）以及珍·柯維奉獻許多時間將七個習慣帶給全球的家庭。他們提出三種家庭活動，可以帶來高槓桿的效益，也就是以小小的投資為家庭帶來大大的效益。每一種活動都足以反映「一」的威力：

全家共進一餐飯。用餐時間是約翰和珍生命中的「神聖時光」。忙碌的生活讓很多家庭同住一個屋簷下，卻完全不溝通。就像機場中的旅客，許多人來來去去，但卻很少產生有意義的互動。每天共進一餐飯可以連結一個家庭。吃一頓飯可能只需要二十分鐘，但卻足以讓父母聽到應該被聽到的聲音、分享一個正面的想法，或傳達一個孩子的價值與潛能。坐下用餐之前，父母可以暫停動作，思考一下：「我可以如何善用這段時間來強化家人間的關係及彼此的互信？」用餐時間除了可以照顧我們的身體，更可以為我們的心、靈、腦提供重要的養分。

每週一次家庭之夜。每週安排一個晚上（或一天）做為家庭時間，可以讓家人創造有意義的互動。這個時間可以用來做一些好玩的事、共同完成一個計畫，或全家一起從事服務活動。

有些家庭發現，家庭之夜安排在每週固定的一個晚上，有助孩子學習規劃與管理 —— 也會成為一種習慣。不事先安排，家庭之夜恐會立意良善但好景不常。

一對一的溝通。每個孩子都獨一無二；每個孩子都應該獲得父母的專注聆聽。小小孩特別喜歡一對一的時間，但青少年則傾向抗拒它，尤其當他們覺得一對一時間是特別「規劃」出來的，或父母的心態是「讓我來解決你的問題」。一位父親不但工作忙碌，而且子女眾多。他每天固定幫忙孩子一起洗碗。身處青春期的兒女也從不會拒絕他在這件事情上當他們

的幫手。但他們並不知道,這是老爸確保自己每週一定與每個孩子都有一對一時間的妙方。「最近學校怎麼樣?最近老師有沒有教什麼有趣的新東西?(孩子的死黨)最近怎麼樣呀?」相同的,一位母親也將每天的刷牙時間設定為與兩個孩子單獨相處的時間。她確定自己在這個時間裡,只對孩子說正面、肯定的話。她也設定了其他較長的一對一時間。那是她為孩子提供內在激勵、聊一些長程目標的絕佳時刻。

就像約翰・柯維博士和珍所提出的這三個例子,其他所有的家庭活動也都可以變成一種領導力活動,包括每天早上送孩子上學的時間。這些都是借用每天例行活動的時間,來塑造家庭文化、討論未來願景、建立信任關係的大好時機。

實現家庭目標

富蘭克林柯維公司正與全球數以千計的組織合作。這些組織大多有自己的使命宣言,以及希望在一年內達成某些目標所需要的策略。事實上,許多頂尖的機構每年都會規劃出幾週的時間,用來進行策略規畫及目標設定。

但是家庭這個全世界最重要的組織,卻少有共同設定明確目標、全家一起努力的例子。擁有使命宣言的家庭更是鳳毛麟角。

為什麼家長會願意在沒有目標的情況下,讓家人展開新的一年?為什麼他們會願意在沒有任何願景或規劃的情況下,純粹靠「運氣」來決定家庭一年的生活?

如果你是家長(而且甘冒孩子都認為你瘋了的風險),請集合全家,一起用以下這三個步驟來打造府上的家庭使命宣言:

第一,**找出你們家庭的一些關鍵內涵。**與家人一起思考這些問題:

- 這個家庭存在的目的為何？
- 我們希望自己的家庭未來是什麼樣子？
- 這個家庭最優先的目標為何？
- 這個家庭擁有哪些獨特的天賦、才華與能力？
- 我們最快樂的時候是？
- 我們希望自己家看起來、感覺起來如何？每天聽到的是什麼？
- 我們希望邀請朋友來到什麼樣的家庭？
- 每天讓你願意回家的原因是什麼？哪些事情會讓你更想回家？
- 身為家長，我／我們可以如何讓家人對這個家庭有更多的影響力？

當你一開始提出這些問題時，孩子們可能會面面相覷、表情怪異。但在高度信任的情境下，大多數的孩子都會開始進入狀況，甚至非常喜歡討論這些問題 —— 尤其是他們的意見真的受到重視時。他們希望在家中有表達意見的餘地，當他們真的開始說出自己的想法及感受時，請仔細聆聽。不要批評。尊重他們的聲音。

第二，**寫下來**。打造家庭使命願景的方法及創意很多，包括剪下一些雜誌上的文字或圖片，製作出一幅家庭使命宣言的拼貼。有些家庭還會編寫家庭主題曲。家庭使命宣言不需要長篇大論或語法正確、文字優美。事實上，使命宣言帶給家人的感覺，比寫出來的內容更重要。幾個小祕訣：(1)寫的時候，要想像你們真的會去實踐它，也就是一定要務實；(2)將四大基本需求都考慮進去：身、腦、心、靈 —— 思考孩子的全人、完整的家庭；(3)考慮家人的年齡差異，確定使命宣言中的文字及概念對每個人都有意義。

第三，**實踐**。一旦擬出使命宣言，請先以身作則，在生活中實踐。運用使命宣言來做決定，規劃特別的活動來深化使命宣言，使命宣言應該是

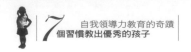

靈感、動力的來源，而非規範。必要時，使用使命宣言來修正家庭或家人
的航向。

一旦有了明確的家庭使命宣言，就必須設定具體的目標來實現它，同
時確認行動步驟以及任務分工。可以的話，設計計分板來公告進度。讓所
有人為自己負起責任。最後當然要慶祝，但一定要注意內在獎賞必須重於
物質的獎勵。

擁有一個自己願意稱之為「家」的地方，可以讓人身心安頓。就和學
校一樣，這種安定感來自於主動積極、刻意規劃及設定目標。單靠運氣是
行不通的。

放輕鬆，慢慢來

一位同事曾經跟我們說過一個故事。他家的狗狗有一次快樂的叼著球
從湖中游上岸來。就在狗兒三步併兩步跑到主人身旁、把球放下的當兒，
牠也奮力的甩動身體，水花立刻向四方噴濺而去。當下，牠身旁的每一個
人都立刻驚聲尖叫、就地掩蔽。狗兒的興奮之情，身旁的人完全無法感同
身受。

有些人剛參加完七個習慣訓練之後，也會充滿想要改變世界的興奮
之情，而他們的熱情也會噴向身旁的每個人。然而，並非每個被噴到的人
都能感受到同樣的熱情。有時，有些人看到他們，甚至也會立刻找地方躲
避。沒有接受過七個習慣訓練的人，有時很難體會它的價值。因此，家長
可能需要先了解一下家中成員的狀況，再決定是否將領導力的概念一股腦
倒出來。或許他們會需要一些時間；或許這件事需要一小步一小步來。

以下是給在家中推動領導力的一些建議：

做計畫。 瀏覽一下本章提供的建議，先選擇幾項活動或想法來開
始。將這些活動分散規劃在一整年之中，以免一口氣做太多，讓大家消化

不良。當你發現腳步太慢或衝得太快時，進行調整。有了全年計畫之後，再以每週計畫來推動各項活動，將會讓整件事情更有架構、循序漸進、腳步平衡。

學會說「不」！ 檢查你的行事曆及每天的活動，看看是否有些事情可以捨棄。如果有的話，以更有意義的活動來取代。對自己誠實，仔細思考，有沒有哪些你正在做的事情，如果長遠來看，其實只是浪費生命？看太多電視、打太多電動不太有營養，有沒有什麼比較有營養的事可以取代？當你內心燃燒著熱情時，會更容易對沒營養的事情說「不」。

盡量簡單。 想想老師們所說的話：「這不是多一件事，我們只是以更好的方法去做原先就在做的事情。」這也是在家中推動自我領導力教育比較好的方法。看看家中原本就在做的事情，只要加上一些領導力的元素就行了。如果你們已經有家庭共餐時間，善用這些時間來強化家人關係，而非只是閒聊。如果你已經有運動的習慣，帶孩子一起去散步，利用走路的時間談談你所認識的朋友，他們擁有哪些領導特質。換句話說，繼續做你原先就在做的事情，只要戴上領導力的眼鏡來做就可以了。

一定要好玩。 如果你覺得自己正因兒子破壞了你討論某個習慣的機會而開始光火，直接放棄。如果女兒在你請她聽《7個習慣決定未來》的有聲書時，偏偏嘴裡一直哼著流行歌，請別開口。本章提供的所有建議都是希望讓家庭變得更和樂，而非掀起戰火。請把學習領導力變好玩，而非增加一件令人厭煩的事情。

從自己做起。 最重要的是，請你自己先打贏領導力這一仗，再去幫助別人。我們唯一能夠控制的事情，就是我們自己。所以，何不從這裡開始？當你能夠以身作則、身體力行七個習慣時，家人才會比較願意追隨你的領導。

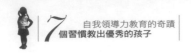
最後的叮嚀

家庭中的領導力為社會領導力提供了最基本的模式與基礎。這就是為什麼推動領導力教育最令人滿足的回饋，就是聽到許多故事，描述學校與家庭如何攜手合作、創造出雙方互利互惠的結果。

學校與家庭最重要的責任應該遠超過解決孩子的「問題」。正如塞利格曼博士從五歲大的小女兒妮琪身上所學到的，學校與家庭的責任應該是，「找出並協助孩子滋養他們原本就擁有的一些長處、能力及品格上的優點，例如長遠思考的能力、希望、人際能力、勇氣、心流（因沉浸於某些事物而享受到快樂及滿足的能力）、信心及工作道德。」學校及家庭的注意力應該少放一點在「修理」及找出孩子出了什麼「問題」，而是聚焦在「幫助孩子找到自己的利基，讓他們能夠充分活出自己的正向特質」。而這不正是家庭最重要的意義嗎？

這也就是為什麼自我領導力教育不願從「家庭到底出了什麼問題？我們該如何『解決』這些家庭問題？」的角度出發，而是選擇從「家庭有哪些優勢？我們可以如何充分發揮、運用這些優勢？」來看家庭這個議題。要發揮最大效能，家庭的發展就必須經過規劃，而非創意無限，結果卻「單靠機緣」。

個人反思

習慣四「雙贏思維」的關鍵是尋求互利。想想看，如果所有的家庭都能與學校擁有雙贏的關係、每個人都真心彼此幫助，我們的教育工作者會受到多大的激勵。如果你有機會去改善家庭與學校之間的關係，你會採取哪些行動？你會在家中運用本章中所提供的哪些行動建議？你是花比較多的時間在解決自己家庭的「問題」，還是發掘全家的天賦與優點？

7 | 帶領社區一起來

> 許多研究結果都指出：最能夠激勵孩子的，莫過於學校、家庭、社
> 會因為重視孩子的教育而互為夥伴、攜手合作……彼此合作的形式
> 絕非偶然發生或只是出於邀請，它們的發生是出於明確的策略作為。
>
> ——富蘭

當阿拉巴馬州迪卡特市恩能索公司的執行長蘭恩聽說了寇姆斯小學的故事之後，他人感好奇。十個習慣深深影響蘭恩的生命及領導企業的方式，因此他忍不住想知道：「七個習慣能為學生帶來什麼影響？」

藍恩的孩子畢業於附近的栗園小學，於是他決定拜訪栗園小學的校長蘿瑞塔‧緹葛，商討共同前往寇姆斯參訪的可能性。蘿瑞塔回憶當時的情形說：

蘭恩先生打了個電話給我。他說，家長及社區的支持對學校的發展非常重要，而我們的社區中確實有人非常希望能夠對學校有所貢獻。後來我們在我的辦公室見面，他播放一段寇姆斯小學的影片給我看。他覺得我們的學生可以因為學習七個習慣而大大受益，認為我們應該去拜訪寇姆斯小學。於是，學校邀集幾位師長與他一起踏上旅程，其中也包括一位家長志工。參觀完寇姆斯之後，老師們異口同聲的對我說：「校長，我們一定也做得到。」

回到學校之後，到寇姆斯參訪的老師對全體同仁做了簡報，說明七個習慣可以如何幫助孩子。教職同仁聽了非常興奮，但卻不知如何籌措所需的訓練經費。蘭恩再度挺身而出。他決定為學校提供經費，讓全體教職員共同接受七個習慣訓練。他甚至在度假中心訂了場地，希望教職員能夠以特別的方式來享受這次的訓練。這次校外訓練提供難得的機會，讓學校的全體教職員重新建立團隊意識，並創造全新的願景。

但蘭恩的願景卻不僅限於栗園小學。他認為，如果全迪卡特市的學生都能夠在十三年的基礎教育中，完整接受七個習慣的薰陶，迪卡特市將成為完全不一樣的地方。栗園小學前兩年的行動成果斐然，許多人開始認同蘭恩的願景，而迪卡特市公立學校學區也開始想辦法，希望全區十二所小學都能開始推行自我領導力教育。但他們也面臨同樣的問題 —— 錢從哪

蘭恩主動積極採取行動，希望改變整個迪卡特市。

裡來？

　　蘭恩長期參與當地商會，因此找上商會主管西摩，兩人開始為當地企業領袖舉辦說明會。接下來幾個月，他們收到許多企業的贊助，全學區的自我領導力教育推動計畫正式展開。

　　巧的是，富蘭克林柯維公司的頂尖顧問耐特博士剛好住在迪卡特市。耐特多年來致力於協助阿拉巴馬州的學校，備受敬重。她的好友，也就是雅典州立大學訓練中心的主管費格麗，看到了迪卡特市正在發生的事情，於是打電話告訴耐特，她非常願意協助主辦一場地區性的七個習慣及自我領導力教育的訓練。訓練結束，兩人還沒喘過氣來，全區已有更多學校開始推行自我領導力教育，而阿拉巴馬州的許多其他學校，也都注意到這件事。

　　在此同時，西摩也開始聯絡美國商會的會長佛萊明，商討邀請柯維博士擔任美國商會全國年會的演講人。不可思議的是，當年美國商會年會的舉辦地點，竟然就是北卡羅來納州的洛利市，也就是寇姆斯小學的所在地。年會中，柯維博士與桑莫絲校長對著上千名商會主管演講、分享，之後，他們將麥克風交給十個寇姆斯的學生，其中還包括幾個一年級生。商會主管看到孩子在台上侃侃而談七個習慣以及自己的領導力責任時，簡直目瞪口呆，因為這些孩子的自信與台風足以讓許多大人自慚形穢。寇姆斯的孩子成了這場年會的主角！不到一年，將近三十所學校在各地商會的支持下，開始推展自我領導力教育。

　　一個人對自己的社區所擁有的願景，如今已推展到全美國各地的商會，影響了超過兩百所學校、將近一萬名學生及八百位教職人員。謝謝你，蘭恩。

推動學校與社區攜手合作

沒錯，將近半數的自我領導力學校都獲得某種形式的企業或社區贊助。本章僅以少數案例來說明自我領導力學校與社區之間如何攜手合作來造福學生。但請先讓我們提供給大家一點背景說明。

要說學校和企業之間並未發展出一種統合綜效的關係，實在是客氣了點。教育界的人會告訴你，他們非常討厭企業界的人跑來干涉學校事務，因為太多企業人士都把學生當成可以大量生產、要求「零缺點」的電子零件。他們指出，企業界的人可以隨時決定聘用或解雇任何人，但學校卻必須有教無類，接受任何一個上門的孩子，無論這些孩子是否一句英文也不會說、剛從少年監獄放出來、有學習障礙、有情緒問題，或是對上學根本一點興趣也沒有，學校都必須張開雙臂接納他們、為他們提供接受最起碼的教育的機會。也就是說，學校可不能大刀闊斧的裁掉成績最差的30%的學生，來改善學校的期末平均成績。因此，教育界對於企業界（或政界）的人老是喜歡以專家的口吻告訴他們「讓我們來告訴你們該如何教育孩子」，一向十分警戒。

在此同時，許多企業家對於學校也有很大的挫折感。多數企業家都是戴著雙焦眼鏡來看學校 —— 一邊是以家長或祖父母的眼光來看，另一邊則是從檢視未來工作族群的角度來評估。無論從哪一個鏡片，他們都沒有看到自己想要的結果。長久以來，企業界基本上都還能保持距離，只有偶爾伸出手指、指指點點一番。但面對新的現實世界，情況正在改變。不論學校是否歡迎，許多企業界的人已經開始跳下觀眾席，直接參與學校事務。究其原因，我們可以從美國商會一份名為「領導者與落後者」（*Leaders and Laggards*）的年度學校評鑑報告中看出一二。請注意這份報告的語氣：

從 1983 年發表的前瞻性教育報告「危機中的國家」（*A Nation at Risk*）到今天，已經又過了四分之一個世紀。從那個時候開始，一個知識經濟時代已逐漸成形，網際網路也重塑了商業及溝通的模式。具高度創意的商業典範如微軟、eBay，以及西南航空等，已經顛覆了我們過去的生活方式，而全球經濟也已產生重大改變。這段期間，我們的教育預算一直穩定增加，立意良善的學校改革行動一波接一波。然而，美國學生的學習成就卻依舊停滯不前，我們的 K-12（幼兒園到十二年級）學校制度也幾乎完全維持原狀，無論是學校事務、校園文化，或是學校的運作模式，都彷彿封存於琥珀之中，完全沒有改變。全美所有九年級學生中（相當於台灣的國三學生），只有三分之二的人能夠在往後四年之內從高中畢業。而那些拿到高中畢業證書的學生，絕大多數也都沒有為進入大學或現代職場做好準備。

即使所有的資訊如此令人憂心，但長久以來，企業界一直願意把教育留給政治人物及教育界來管理，自己則滿足於站在一旁，默默為學校提供金錢、支持與善意。但一年年過去，情況愈來愈清楚，教育界需要的協助遠甚於此。

基本上，企業領袖感受到的是全球化競爭的壓力，因此也就對未來工作族群所受的教育愈來愈關切，發出的聲音也愈來愈大。所以，我們的社會所面對的是：企業界對學校教育深感挫折，而教育界則對他們眼中既高傲又無知的企業領袖極度厭煩。雙方人馬的手指都指向對方。

但寇姆斯小學及當地的企業領袖並沒有把手指指向別人，而是齊心協力把目標放在如何幫助年輕一代這件事上。桑莫絲校長沒有把企業界視為刁難的客戶，而是朋友與合作夥伴。而企業界也不斷為寇姆斯小學加油打氣、提供協助。他們聯手創造一種統合綜效而且友善的關係。

個人的貢獻

早期，許多自我領導力學校的贊助者都是像蘭恩這樣的個人。他們是一些真正關心孩子、希望以自我領導力教育來提升未來工作族群及公民品質的人。熊貓快餐的創辦人程正昌也是其中之一。

多年來，程先生一直充滿熱情的想方設法，希望將七個習慣深刻融入自己高速成長的快餐事業。因此，當他前往洛利市出差時，決定去拜訪寇姆斯小學，了解寇姆斯如何將七個習慣帶進學校。他所見識到的「遠超過自己的想像」，而讓他印象最深刻的一件事，發生在參訪尾聲：

> 學校邀請我對孩子說幾句話，我就提出一些他們和寇姆斯小學讓我深感佩服的地方 —— 內容的確不少。忽然，有個三年級的孩子舉起手來，很有禮貌的問我：「程先生，您說了許多我們學校的優點，那缺點呢？也就是，我們有哪些可以改進的地方？」
> 這個小男生一派嚴肅。他是真心想要知道他們還可以如何幫助學校改善。他說話的模樣彷彿他就是學校的領導人，可以在學校展開改變的行動。最棒的是，他真的是寇姆斯的領導人 —— 所有的學生都是。他們都是學校的領導人，每個人都對學校有著強烈的責任感。

回到加州的家中，程正昌等不及與妻子蔣佩琪分享這一切。不久之後，蔣佩琪也有了拜訪寇姆斯的機會。身為熊貓快餐的共同創辦人，蔣佩琪根據自己多年帶領一家成功企業的經驗觀察說：

> 當我們物色領導人才的時候，我們想要看到的，是那些能夠充分發揮自己的熱情、有自信、有正確態度的人。這樣的人才能夠面對我們每

個人、每一天在生活及職場上所必須面對的不確定性及不可知的未來。而我在寇姆斯小學的孩子身上，看到了所有這些特質。

不久之後，程正昌夫婦決定贊助公司總部所在地加州柔似蜜地區的六所學校。受到公司奉獻精神的激勵，熊貓快餐的員工與這些接受贊助學校進一步合作，推動共讀活動、美化校園計畫，以及許多領導力相關的活動。

贊助第一波自我領導力學校之後，程正昌夫婦進一步擴充自己的能量，開始在全美各地贊助更多的學校——尤其是那些有熊貓快餐營業據點的地方。他們在美國西部各州又贊助了三十所學校。後來，他們又成為奎格所創立的「我是領導人基金會」的創始贊助者。該基金會的使命，就是透過贊助願景清晰、有經費需求的公立學校，長期推動自我領導力教

熊貓慈善基金會創辦人程正昌與蔣佩琪夫婦

育，以幫助他們的孩子釋放內在的潛能，成為領導人。到目前為止，程正昌夫婦已在全美各地贊助兩百五十所以上的學校，幫助這些學校展開自我領導力教育之旅。而這也使得程正昌夫婦成了全球最大的自我領導力學校的個人贊助者，影響超過十萬名學生的生命。

其他同樣具有奉獻精神的個人贊助者，也展現了極大的關愛與支持，包括：

- 加拿大亞伯達省的馬肯是加拿大自然資源公司前任總裁。他對加拿大的教育有強烈的使命感，尤其是翻轉青少年的飲食習慣。他為五十七所學校提供了推行「亞伯達省積極生活與健康飲食計畫」（Alberta Project Promoting active Living & healthy Eating，簡稱 APPLE）的經費。這個計畫目的是幫助小學生從小培養正確的健康及運動習慣。當馬肯了解自我領導力教育之後，他認為自我領導力教育和他所推動的APPLE計畫非常契合。於是，從2012年起，他開始提供經費，將自我領導力教育融入所有他所贊助的APPLE學校之中。到目前為止，馬肯已在亞伯達省首府艾蒙頓地區啟動了五十多所學校，幫助許多城市、偏鄉，以及「第一民族」（First Nations）、「因努特」（Inuit）以及「梅蒂」（Métis）等原住民族的學生。

- 賓州理海谷地區兩名有遠見的企業家彷彿專業啦啦隊員，到處宣揚自我領導力教育的優點。他們的做法當然不是又唱又跳的喊口號。道格拉斯是當地非常成功的投資家，而布萊斯納則是一名智多星，擁有一家市場行銷公司及多家新創企業。兩人經常一起打高爾夫，但他們討論揮桿訣竅的時間，遠不如如何幫助理海谷發展來得多。他們兩人共同贊助好幾所學校，而且還鼓吹許多朋友加入贊助的行

列。

- 愛荷華州馬斯卡廷市的卡佛以七個習慣讓自己的輪胎再生公司翻了身，成為知名企業。他說，七個習慣在改變自己公司的企業文化上，扮演了極其關鍵的角色，並因而吸引普利司通凡士通公司收購他的公司。馬帝和妻子茹絲希望回饋鄉里。他們找不出比推動自我領導力教育更好的方法，於是以「卡佛基金會」之名，贊助當地全部八所學校。卡佛夫婦同時展現對教育界的高度尊重——他們並沒有強迫學校接受自我領導力教育，而在所有學校決定熱情啟動自我領導力教育之後，他們也完全不干涉學校的做法。

以上只是自我領導力學校的眾多個人贊助者中的少數幾個範例。

基金會

許多與個人願景無關，但對特定議題有使命感、致力於社區發展的基金會也陸續成為自我領導力教育的推手。例如，紐約「史坦頓島基金會」的使命之一，就是對抗任何稍具規模的社區都會面臨的問題，包括種族歧視、酒精及毒品的濫用，以及公民素養等。執行董事杜博芙絲基指出，基金會發現，自我領導力教育與他們的使命極為一致。過去幾年來，基金會已贊助八所學校啟動自我領導力教育，同時也贊助史坦頓島學院的師生接受七個習慣的訓練。

位於愛荷華州與伊利諾州交界處四城區的「狄爾基金會」也贊助十所自我領導力學校。行事低調的狄爾基金會深覺自我領導力教育與他們的使命一致，同時也是他們回饋忠實顧客、回饋社區最好的方式。位於南加州的「本田基金會」、佛羅里達州的福特汽車公司，以及許多其他團體也都是自我領導力學校的贊助者。

　　北美洲以外也有不少基金會陸續加入行列。在印尼，我們遇見許多慷慨行善的人。塔西嘉帶領的「達摩伯馬克納基金會」贊助了印尼的第一所自我領導力學校，而位於雅加達的PSKD曼迪里小學也成了美國與加拿大之外，第一所榮獲「燈塔」認證的學校。在PSKD曼迪里附近，拉席得則贊助了安尼薩，成為第一所推行自我領導力教育的回教學校。格魯達食品集團以及「杜那米司基金會」也協助多所公立學校啟動自我領導力教育。在哥倫比亞，「特培爾基金會」的願景是贊助一百所自我領導力學校。到目前為止，他們已贊助了六十所，其中許多都位於哥倫比亞最弱勢的社區。

　　台灣引進自我領導力教育的時間相對較晚，但卻異常幸運。台灣的「富邦文教基金會」長年致力於青少年教育議題。新聞人出身、曾是知名主播的富邦基金會執行董事陳藹玲對親子關係、教育、青少年媒體素養有著強烈的使命感及「內行人」的敏銳。因此，當全力在台推動自我領導力的沛德國際教育機構第一次前往富邦基金會進行簡報時，一聽完自我領導力教育的核心理念及推行策略後，陳藹玲女士果斷的說：「不用再說服我們了！」富邦基金會就此成為台灣公立小學推行自我領導力教育的主要推手。而在看到富邦所贊助的全台第一所自我領導力學校保長國小推行一年的成果之後，「融悟文教基金會」也決定加入行列，與富邦基金會共同贊助了第二批四所學校以及一個青少年輔導機構的推動經費。

　　台灣的幸運不僅如此。

哥倫比亞特培爾基金會贊助的學校，孩子正以手工打造的樂器來發掘自己的聲音。

被譽為台灣「觀光教父」的「公益平台基金會」董事長嚴長壽先生,人生下半場全力投入公益,對台灣的教育著力尤深。他不斷著書立說,為台灣孩子的教育四處奔走、大聲疾呼。經過深入觀察,嚴總裁也高度認同自我領導力教育,因此決定以他所領導的「台東均一實驗高級中學」為偏鄉教育訓練中心,每年舉辦三場以台灣偏鄉學校校長及老師為主要對象的自我領導力教育研習課程,以協助自我領導力教育走進台灣最弱勢的角落。

相同的,挺身協助提升社區及孩子生命品質的個人及基金會為數極多,以上只是其中少數範例。我們向所有慷慨的義行致敬。

社區整體行動

另外有好幾個地方,推動、贊助自我領導力教育的既非個人,也不是基金會,而是整個社區共同的行動。非洲有一句諺語:「教育孩子需要整座村落的力量。」這些地方真正活出了這句諺語。

這些地方對學生的福祉有極高的期待,並且真心願意為孩子提供創造成功人生所需要的良好教育。這就是他們最主要的動機。但也有超越學生福祉的一些實際利益,讓更多人對自我領導力教育深感興趣。好學校可以培養出優秀的工作族群、吸引外來企業、各種投資者,以及有能力買房子的人。好學校同時也可以培養出優秀的公民及志工社群,讓社區變得更安全、更友善。這件事讓每個人都受益。

有些社區領袖甚至是從節省社會成本的角度來看自我領導力教育。某地的青少年犯罪矯正中心負責人就說:「多救一個孩子,你就等於幫助政府省下了六十萬美元的法院、監獄經費,以及犯罪行為矯正的成本。」一位地方助理檢察官也指出,他所屬的檢察機關會將所有犯罪或掃毒行動中所沒收的財物全數變賣、捐給當地學校做為七個習慣的訓練經費。他們分析說,只要有一件謀殺或販毒案,從偵辦、追緝、逮捕、起訴,到罪犯入

獄、接受矯正，地方政府必須花費整整一百萬美元的成本。另一個我們參與很深的州則指出，每位犯罪青少年所需的矯正費用，一年平均超過八萬美元。因此，這些政府官員認為，只要自我領導力教育能夠救回一個孩子，他們的投資就已完全回本了。

　　無論動機是幫助孩子、提升工作族群或社區公民的素質、節省成本，或者以上皆是，許多團體也都開始推動自我領導力教育。同樣的，我們所分享的只是少數幾個例子，其中包括：美國商會、聯合勸募，以及瑞典的自治市。

美國商會

　　來自全美將近一千名的商會主管會參加美國商會全國大會，而學校教育品質是他們非常關心的主題。因此，大會結束後，許多商會主管開始回到各地、整合資源，以便將自我領導力教育引進自己所在的社區。

　　目前，美國商會最大的行動計畫是在肯塔基州的保齡綠地市。一位當地企業領袖在一次募款餐會中發言：「當我為工廠進行員工面試時，三百個應徵者中，沒有一個會像今天晚上會場大門旁負責接待的孩子一樣，雙眼看著我、大方的與我握手。如果自我領導力教育可以把學生教成這樣，我全力支持。」保齡綠地商會執行長邦奇說：「我們之所以投入，是因為我們的會員認為，現在的工作族群非常欠缺基本的社會及生活技能。所以我們把引進自我領導力教育當成是經濟發展、人才創新，以及協助就業的策略。」參與這項行動計畫的，包括十個郡的學區、多位市長、大學主管，以及許多家企業。商會副主席馬修斯指出，商會過去的做法是，企業會想告訴學校該做些什麼，而學校則只想向企業要錢。「但在這個行動計畫中，我們是一種共生共榮的關係。大家攜手合作。」目前，二十四所學校已然啟動。

愛荷華州大杉谷區商會執行長賈斯提司從全國大會中懷著強烈的使命回來。他與當地一位企業家，CBE集團的執行長佩那魯納聯手，在杉林瀑布及滑鐵盧學區兩所學校啟動計畫。佩那魯納甚至讓他的全體企業員工都接受七個習慣的訓練。由於前兩所學校推行的成果頗佳，賈斯提司最後乾脆聘請一位退休校長來負責督導、啟動更多學校。到目前為止，當地已啟動了十二所自我領導力學校。而大杉谷也慢慢成了許多人口中的「領導谷」。愛荷華州另一端的康瑟布拉夫斯市，由蒙特所帶領的商會則贊助了泰坦丘中學。

在南、北卡羅來納州，大史戴茲維爾商會的執行長布萊德利與當地民眾在北卡羅來納州「年度最佳督學」強生所負責的一個學區中，贊助了五所學校。布萊德利說他擔任執行長最重要的一個責任，就是讓大家看到商會與當地社區之間密不可分的關係。他堅信：「自我領導力教育和商會所做的每件事，都和我們的社區息息相關，因為它能夠強化我們的下一代，為本地未來的工作族群提供實際的工作技能以及重要的生活習慣。」當地的警察局長也非常同意，因而決定動用一筆反毒經費，贊助其中一所學校。

南卡羅來納州桑莫維爾小學校長狄波說：「熱情擁抱自我領導力教育的可不只是我們學校的老師，整個社區都如此！」她指出，「大桑莫維爾／多切斯特郡商會以及他們的執行長貝瑞也與我們攜手走在這條路上。我們正一起打造更優秀的工作族群、更穩固的家庭，以及更堅強的社區。」商會協助三所學校啟動計畫，同時每年主辦教育工作者、企業領袖，以及家長的七個習慣聯合訓練。貝瑞同時也與布萊德利聯手邀請西恩・柯維，在南、北卡羅來納雙州聯合大會中，舉辦自我領導力教育研討會。

商會不對學校強迫推銷自我領導力教育，的確是非常明智的做法。俄亥俄州齊立寇特商會主管瓊斯對自我領導力教育感到十分興奮，但他知

道，這件事必須由學校自己做選擇。於是他邀請當地學校參加一場說明會。剛開始，只有一所學校有意推動，但其他學校也慢慢放下心來。現在，齊立寇特的四所小學及一所中學都已啟動自我領導力教育，並由二十多家在地企業聯手贊助。

全美其他地區的商會也陸續展開行動，而每個計畫的初衷，都是幫助學生擁有成功人生所必備的技能。西南路易斯安那商會暨經濟發展聯盟的執行長司威佛特及凱利為了推動查爾斯湖區的計畫，付出很大的努力。南西指出，「許多孩子都有溫暖的家，但他們的父母常常都得打兩份工。因此，許多孩子並沒有獲得足夠的品格教育及生活技能訓練，來幫助他們做出正確的選擇或面對未來的人生。」相同的，密西西比州維克斯堡－華倫郡商會的齊羅伊也總結當地的情況：「自我領導力教育補足了很多現實的需求。支持這項計畫的，多半是本地的企業主。他們找不到擁有基本技能的人才 —— 包括能夠準時上班。我們可以教導他們專業技術，但我們無法教他們如何與人相處、準時上班，或學會凡事應該先做計畫。我們希望孩子能夠在家庭中學到這些能力，但許多孩子並無法從家庭教育中得到這些。」幸運的是，學生們已經開始學習這些必備的能力，而許多人也注意到了 —— 密西西比州州長最近就將卓越教育州長獎頒給維克斯堡－華倫郡商會與所處學區，而商會贊助的博馬大道小學更獲得全州閱讀最高分的肯定。

聯合勸募站出來

與美國商會類似的情況也發生在聯合勸募的各地辦事處。有兩個地方的表現特別突出：伊利諾州昆西市及路易斯安那州拉斐葉。

美麗的農場及密西西比河四面環繞著昆西市。昆西市的故事要從曾經擔任教師、學校主管，以及學區督察長的梅耶博士說起。退休後，梅耶博

士前往昆西大學任職，後來並成為昆西大學教育學院院長。就在那時，梅耶讀到了《與成功有約》。他取得了七個習慣的講師認證，而且開始教導教育系的學生七個習慣。後來，他與杜威小學校長狄更絲合作，將七個習慣導入杜威小學。

事情發展得非常順利，成果也令人驚艷。杜威小學曠課學生人數下降了35%。家長會的參加人數則增加一倍不止。學生紀律處分驟降75%，而功課沒做完的比例也大幅降低68%。兩年內，杜威小學各年級通過期末閱讀評量的學生人數，從57.4%一口氣提升到89.7%，而通過數學評量的學生則從77.4%衝到100%。

在此同時，亞當斯郡聯合勸募協會正在研究幫助當地社區的最好方法。在看過幾個提案並參觀杜威小學之後，聯合勸募協會決定將七個習慣帶給全郡所有的一萬名學生。亞當斯郡聯合勸募協會執行長華特曼形容這個過程：

> 亞當斯郡聯合勸募協會一直希望在解決社區重大問題上占有一席之地，並且希望提出一項能夠結合整個社區的力量、為地方帶來改變的行動。我們研究了好幾個亞當斯郡所面臨的問題，例如貧窮，以及隨之而來的少女懷孕、藥物濫用與失業問題等。我們知道，如果孩子擁有成功的教育及生活經驗，他們未來多半就不需要面對這些問題。所以，在進行深入研究並參觀杜威小學之後，我們決定將七個習慣推廣到亞當斯郡的每一所學校。當我們站出來，提出三年承諾之後，立刻獲得許多在地企業的熱烈響應，願意提供更多資金、訓練場地，或任何他們可以做的事。

亞當斯郡內包括昆西公立學校學區以及其他亞當斯郡的學校。聯合勸

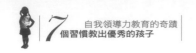

募的海尼根負責與學校合作,而華特曼及其他人則負責募款。六年內,全郡已有十八所學校、超過八千位學生認識七個習慣。

貝絲洛是路易斯安那州拉斐葉市阿卡迪亞那聯合勸募協會的營運長。這一區總共涵蓋四個教區。貝絲洛說,阿卡迪亞那勸募協會的使命有三:教育、提高當地人的收入,以及健保。而自我領導力教育與他們在教育方面的使命完全相符。他們從贊助一所學校開始。培提尚小學很快就開始出現驚人的轉變。學生的出席率提升、學業成績提升。但貝絲洛及其他人看到:「更明顯的是一些無形的改變,例如教職員、家長及學生之間的關係。」因此,她們決定與當地公民領袖、商會、企業、學區,以及我是領導人基金會合作,再增加八所贊助學校。聯合勸募的影響策略部主任霍夫曼博士負責領導這項行動,並扮演統合綜效的角色 —— 每五週邀集各校來到聯合勸募辦公室,彼此分享推行自我領導力教育的最佳實務做法。

瑞典自治市

世界上許多國家的學校制度是由當地自治政府所主導,而其目的則是讓民眾對於自己孩子所受的教育擁有一定的發言權。瑞典就是一個例子,而好幾個瑞典自治市的政府都選擇為他們的學校提供推行自我領導力教育的機會。

舉例來說,卡爾斯克魯納自治市已有三所學校啟動了自我領導力教育:耶姆約教會學校、楊朵學校,以及桐漢姆學校。這三所學校原來就有很好的校園文化,但仍希望建立更好的教職員關係及整體文化。六十位教職員參加了七個習慣的訓練。訓練還沒結束,他們已經看到教職員之間的情誼產生正面的改變。

正面改變很快向學生擴散。例如,一個學生原本很怕在眾人面前說話 —— 即便是面對自己的同學。學校舉行第一次「領導日」之前,校長

決定邀請他擔任致歡迎詞的學生領導人。他考慮了幾天，最後決定接受挑戰。領導日當天，他做足了準備，沒有一位貴賓覺得他緊張。而他甚至自信到在演講中加了一點變化 —— 當眾宣布：「今天是我的生日。」

兩位小女生在「領導日」負責校園導覽工作。她們對自己的角色非常認真，並以高超的溝通能力，盡責的領著隊伍從一個定點到另一個定點參觀。她們學校的校長剛好就分在她們這一組。當她們走到一個地方時，校長剛好聽到其中一位女孩對另一位小聲的說：「可不可以請你走在隊伍的最後面，並確保校長有跟著我們的隊伍走。我們校長一直脫隊行動，如果不好好注意，她可能會走到一半就不見了。」事後，校長笑容滿面的與大家分享：「當孩子明白了什麼叫做責任感，而且真正被賦予處理一些難題與責任之後 —— 甚至是一位脫序的校長 —— 這就是他們會有的表現！」

孩子的自信、社會技能，以及教職員之間團隊合作的提升，正是這些自治市希望看到的結果。其他自治政府也看到類似的成果，而每個自治市都希望這些成果最終能夠擴展到社區的其他領域，包括提升就業能力以及解決人口高度流動的社會經常必須面對的一些問題。

以上是一些由社區領頭、推動自我領導力教育的例子。在每個例子中我們都看到，因為有人願意挺身而出，因而帶領整個行動沛然成形。

在一些其他的例子裡，學校則是行動的主力。位於台灣的台北市私立立人國際中小學（幼兒園到九年級）是北美地區以外的第二所燈塔學校。2009年，立人中小學的董事孫小鳴及孫國燕前往寇姆斯小學參觀。整個行程中，她們不斷對望，心想：「我們一定得把這套自我領導力教育帶回立人。」立人的師生對自我領導力教育有相見恨晚的感覺。他們說：「七個習慣完全符合中國人的價值觀與傳統。」

更有學校不但動員全校師生，而且力邀社區參與。德澤小學的校長布萊荻博士就主導了學校的行動。她沒有經費，卻非常希望把自我領導力

台灣立人小學的孩子為領導日的訪客賣力表演。

教育帶給她的學生。她有個極為主動積極的個人哲學：「金錢絕不能成為無法做事的理由。」於是，她和教職同仁、甚至包括多位家長，聯手展開了募款行動。他們從企業、家長那兒募到款項，也獲得社區及州政府的補助。他們去找扶輪社，一名會員幫他們辦了公益摸彩活動。家長教師聯合會捐了錢、學校自己也出了一份，甚至連學生都幫忙跑去向企業募款。那是一個不折不扣的草根、社區行動，而他們終於找到足夠的經費來開始。

布萊荻校長認為他們的努力完全值得。在她負責推行自我領導力教育的那幾年，學生的紀律處分驟減85%。布萊荻校長說，後來幾乎沒有高年級學生因為紀律問題被送進校長室。他們要不是自己解決問題，就是高年級的「同儕調解員」幫忙解決了紛爭。而同儕調解員也曾經抱怨他們的「生意」不佳。學業成績也持續進步，甚至有7%的學生脫離了資源班 —— 部分歸功於學校在目標設定方面的努力。家長滿意度提升、教師離職率趨近於零、學區外的家長想方設法把孩子送進來。而這一切都是他們預期中的成果。

位於台灣嘉義山區的梅山國小也是一個認識自我領導力教育後就不肯放手的經典。行動派的邱文嵐校長主動找上沛德、約好時間，就帶著一名主任北上與沛德團隊見面。草創期的沛德原本規劃初期先從台北附近的學校開始，以免路途遙遠、照顧不來，但邱校長絕不放棄。聽說汐止保長國

小即將舉辦「領導日」活動，邱校長又極力爭取名額，確保梅山同仁得以參加。保長「領導日」給了梅山團隊極大的震撼，他們驚覺，這正是照顧好每位孩子最重要的「希望工程」。而在邱校長與一位老師受邀前往台東參加在均一實驗高級中學舉辦的三天培訓課程之後，他們再次強烈領受七個習慣和自我領導力的精髓，認定「導入梅山是必須、馬上、迫不及待的事」！於是，邱校長再度主動出擊，邀請保長國小周德銘校長南下分享推行方式與經驗。梅山夥伴一次又一次受到震撼、密集討論之後，徹底展現決心，希望共同為完成梅山的教育大夢而努力。當然，梅山最後順利成了台灣第二波導入的學校之一。

投資於未來

在某些國家，許多教育相關企業已經將推動自我領導力變成自己的責任。讓我們看看幾個例子：

- **巴西**。巴西的阿布里爾集團是中南美洲最大、最具影響力的通信及教育機構之一。他們的出版資源每天可以接觸到三百三十萬老師、校長及其他教育工作者。當別人向阿布里爾集團執行長阿莫里姆介紹自我領導力教育時，他看到一個完全符合集團使命、可以將一套必備能力帶給巴西孩子的機會。於是，阿莫里姆取得在巴西推動自我領導力教育的代理權，一年內就啟動超過一百所自我領導力學校。

- **中國**。當美國彩虹堡學前教育機構成功推動自我領導力教育之後，他們決定前往中國大陸成立一個特許學校體系。藉由將領導力原則融入他們的互動式學前教育課程，彩虹堡已打造出深得中國家長認同、豐富的學習環境。

- **荷蘭**。CPS是荷蘭一家重要的教育顧問暨訓練公司。執行長康寧

說：「CPS引進自我領導力教育，是一個再自然不過的決定，」因為：「我們相信最好的老師應該要能夠幫助孩子發掘並培養他們的天賦才能。教育應該透過社會互動來豐富孩子的學習環境，好讓學生能夠為奉獻社會做好準備。而這正是自我領導力教育的本質，也是我們選擇推動的原因。」

- **台灣**。沛德國際教育機構是一個以推動台灣教育改造為使命的「社會企業」（social enterprise，也就是以企業運作模式來解決社會問題的組織）。執行長柯沛寧是台灣所謂的「小留學生」，中學教育分別在台美兩地完成，之後並進入美國菁英中學任教，因此對不同教育思維可能對孩子帶來的影響有非常實際的體會。在台灣上國中的痛苦經驗，讓他決心將自己的教育理念及經驗帶回台灣。從離島、偏鄉到台北最知名的私立中小學，他輾轉多年，努力尋找施力點。就在此時，朋友送來一本《7個習慣教出優秀的孩子》，他一口氣讀完，認定「自我領導力教育」就是一個絕佳的施力點。他甚至因此放下教職、下海創業。成立不到兩年，沛德已協助七所台灣公私立學校以及一個專門輔導青少年的公益組織「夢想之家」，全力啟動自我領導力教育。

- **日本**。目前，日本每年有超過兩萬名中學生在補習班中接受七個習慣的教導——這些補習班主要是為了幫助日本中學生擠進最好的學校而設立的。這件事情始於石川先生和鈴木先生在東京成立的FCE公司。他們的老東家過去會為公司裡的企管顧問提供一般性的企管訓練。然而，他們很快發現，他們的企管顧問最需要的，其實是最基本的生活及社會技能——人際能力、時間管理能力、衝突管理能力等。石川先生是原來公司的執行董事，他建議公司考慮為他們的企管顧問提供七個習慣的訓練。訓練結果非常成功，但石川先生

和他的訓練部門主管鈴木先生一直問自己：「為什麼我們得為企管顧問提供這些訓練？為什麼他們沒有在學校裡就學到這些基本的技能？」他們決定自行創業，好讓日本的學生得以在上大學或出社會之前，就有機會接受七個習慣的教導。

我們希望我們的孩子能夠擁有馬來西亞的心、全球化的腦。
—— 馬來西亞百樂園集團總裁泰歐

重要的是，以上這些企業推動自我領導力教育的初衷，都不是為了錢。他們想到的是七個習慣能夠為學生、為整體社會帶來的好處。當他們發現當地並沒有其他更好的做法時，就決定引進自我領導力教育。

的確，這些社區及企業之間的關係最令人動容之處，就在於他們之間不僅是財務或贊助關係而已。他們關心的是這些孩子的發展，因為這些學生就是他們自己的子女或孫子女。他們不僅是為了社區的未來做投資，也是為了自己的兒孫而投資。因此，企業、贊助者及社區領袖的參與，並不僅止於金錢的投入。事實上，他們的才能及對領導力的認識，有時才是他們最有價值的貢獻。

舉例而言，加州維克托維爾地區的商會，就與當地的布蘭特伍德企管與領導力小學共同設計了一個「小商會」的計畫。商會成員不僅定期到校與學生共進早餐、

布蘭特伍德小學的孩子與商會貴賓分享他們的領導力筆記本。

分享領導力經驗,更重要的則是擔任孩子的導師、榜樣。學校也遴選學生參加商會每月的早餐會,以及扶輪社每月的午餐會。學生協助商展的舉行、從企業領袖身上學習各種專業能力。孩子們不再只會說,自己長大要當老師或消防隊員。他們開始思考從商會及扶輪社的領袖身上所學到的各種行業的內涵。當地的警察局長更觀察說:「這些孩子將來不會偷車,只會買車。」

與社區各領域的領導人真實互動,包括藝術家、企業家、健康專家等,讓孩子們擁有,更寬廣的眼界,也開始大膽做夢。這正是企業及社區領袖所期待的,也是我們每個人的期待。這是一個人人都贏的結果。

個人反思

習慣五「知彼解己」鼓勵我們,碰到問題時一定要先診斷、再開處方箋。學校與企業界之所以無法攜手合作,通常只是因為對彼此缺乏了解。你認為企業領袖及教育工作者應該採取哪些行動,來更多了解彼此的需求與挑戰?你可以做些什麼來幫助自己先了解別人,再提出解決方案?

8 | 挺進中學與大學

我們是為自己的人生而學習，不是為了學校。

—— 高中校園入口標語

當自我領導力教育在各地的小學校園不斷擴張時，可想而知，一定有人也會開始為中學請命。的確如此，但比較有趣的是，這種呼聲竟然有一大部分是來自中學生自己。

舉例來說，佛羅里達州夏綠蒂港高中就有一群學生帶著一個問題來找他們的校長狄歐尼西歐及副督察長布萊得利。學區內所有十所小學都已推行自我領導力教育，因此，這些高中生一天到晚在家中聽到弟弟妹妹絮絮叨叨的說著他們如何在學校進行走廊布置、帶領學生集會、追蹤目標等。「為什麼我們都沒機會學這些？」他們問說。

幾百公里以外的另一州，一個孩子剛從小學升上中學。他形容說，之前大家一直告訴他，到了中學，一定會有許多意想不到的事情發生。真正讓他意想不到的是 —— 什麼事也沒發生。他說：「在我念的小學裡，我有許多擔任領導人的機會。老師非常重視我的才能與意見。可是上了中學，我從未被賦予任何擔任領導人的機會，一次也沒有。」

寇姆斯小學有一個傳統，就是邀請從寇姆斯畢業的高中生返校，與即將走出校門的學弟妹分享如何才能擁有成功的中學生活。他們的演說中通常都充滿了與七個習慣相關的建議。然而，一位高中生在典禮即將

開始前，忽然帶著自己的講稿來找桑莫絲校長。她對桑莫絲校長說：「我真的沒辦法上台。」因為她突然神經過度緊張。桑莫絲安慰她說：「妳可以的，妳在寇姆斯的時候，每次演講都棒極了。妳是非常有天分的演講人！」這個孩子拚命搖頭，對桑莫絲說：「校長，我真的無法上台面對這麼多人。從寇姆斯畢業以來，我就再也沒演講過了。」

我一直與一所中學合作，這所學校有許多寇姆斯小學的畢業生。這些老師幾乎一眼就可以認出哪些孩子是寇姆斯畢業的。寇姆斯的孩子升上中學後，都非常想念寇姆斯的自我領導力教育。

——北卡羅來納州立大學教授芭特蒙利博士

自我領導力挺進中學校園

以上的例子說明，這些學生都希望自我領導力教育能夠跟著他們進入中學，不要只停留在小學階段。家長也有同樣的心聲。一位家長就說，「我們有很棒的自我領導力小學，現在，我們得在中學階段做一點努力。」

從小學進入中學，自我領導力教育也面臨許多新的挑戰。中學教育的架構與小學完全不同。小學的孩子通常一整天只跟著一位主要的老師，中學生則得面對許多不同的老師、不同的科目，他們每週與每位老師的相處時間都只有幾個小時。中學裡，老師通常也都根據科目及專業組成團隊，而非根據年級或年段。整個教師團隊一起互動的機會也比小學少很多。教職員人數眾多，也是中學與小學整體架構有所不同的原因之一。

另一個不同之處，就是學生本質上的差異。中學生比較聰明、獨立。他們可以被賦予更為成熟的責任。他們也比較喜歡面對真實的情境與問題。他們通常會問出比較有深度的問題，可以進行邏輯對話。確實，中學

生是天賦才能與好奇心的精采組合，而且教起來十分過癮 —— 除了當他
們陷入感情困擾、認同危機、賀爾蒙作祟、同儕壓力，或那些「只要是我
喜歡，有什麼不可以」的階段。而對某些中學生而言，那些狀況卻可能占
了他們絕大多數的時間。

　　中學生的另一個改變，就是他們對上學的興趣通常會急遽下降。一項
針對五十萬名美國五年級到十二年級學生的大型蓋洛普調查顯示，將近八
成的小學生對上學非常投入。到了中學，這個比例立刻下滑到六成；到了

● 研究指出……

　　一份針對五十萬名美國五年級到十二年級學生所做的蓋洛普調查
顯示，以下這些因素足以影響中學生對上學的投入程度：

（答案從1至5；5代表「非常同意」）	五年級	八年級	十二年級
我在學校裡有好朋友	4.68	4.51	4.14
老師讓我覺得學習很重要	4.56	4.10	3.89
學校裡至少有一位老師讓我對未來感到興奮	4.51	4.11	4.09
我的學校致力於培養每位學生的優點	4.44	3.88	3.50
我在這個學校裡覺得很安全	4.36	3.97	3.80
在這個學校裡，我覺得自己每天都有機會做自己拿手的事	4.25	3.83	3.74
過去七天裡，我曾經在學校裡因為良好的表現而受到肯定或讚美	4.01	3.42	3.20

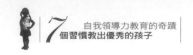
高中，則只剩四成。也就是說，對上學積極投入的中學生，比例只有小學生的一半。蓋洛普對「投入」的定義是，學生覺得自己積極參與學習的過程，並與老師及學校有正面的連結。「不投入」的學生則認為自己沒有得到太多的稱讚或肯定，而且學校不給他們機會去「做自己最拿手的事」。

這種急遽下降的趨勢該如何扭轉？答案當然不止一個，而且其中也包括了許多學校無法控制的因素。但負責蓋洛普調查的巴士迪得到的結論是，只要中學生能夠擁有比較多的成功經驗、獲得機會去「做自己最拿手的事」、與成人之間有比較多的正面互動，他們對上學持續投入的可能性就會大增。

所幸，許多才華洋溢的教育工作者對於中學生的教育別具天賦。其中多位也在我們研發如何將自我領導力教育帶給中學生的過程中，給了我們極大的幫助。本章將特別強調幾個例子。

把7個習慣帶給青少年

雖然自我領導力教育進入中學的時間晚於小學，但把七個習慣帶給青少年的歷史，其實比教給小學生早許多。幾乎就在《與成功有約》這本書於1989年出版的同時，七個習慣就已進入中學校園。一位家長讀了《與成功有約》之後，將這本書給了芝加哥附近裘里耶中央高中的一位輔導老師。這位輔導老師閱讀之後大為興奮，又將它送給了另一位輔導老師康托斯，急切的對他說：「你得讀一讀這本書！」

那時，康托斯其實正嚴肅考慮是否要放棄教育工作，因為他對教育界的官僚體制實在太厭煩了。但當他開始閱讀《與成功有約》之後，每個習慣似乎都與自己正要做的決定，或是某位學生正在面對的問題息息相關。他決定打電話到富蘭克林柯維公司，想了解是否有任何適用於中學生的教材或資源。當時富蘭克林柯維公司剛好從印第安那州聘請了曾任學區督察

長的法恩斯沃來建立公司的教育部門。雖然法恩斯沃原先的重點是成人訓練，但他同意與康托斯合作，共同設計一套學生教材。康托斯才剛開始測試這套教材，一位學生的母親就跑到學校來問說：「你們教了我女兒什麼？」她原本問題不斷的女兒突然有了很大的轉變，這位母親想要了解原因。

不久之後，許多中學就開始教導七個習慣。然而，一直要到1998年，西恩・柯維出版了《7個習慣決定未來》時，把七個習慣帶給青少年這件事才真正有了重大突破。《7個習慣決定未來》第一波的銷售量比《與成功有約》出版當時，足足多出一百萬本，也因而幫助許多國高中，得以將七個習慣帶進校園。自此之後，成千上萬的青少年都接受了七個習慣的教導，而許多人也大受益於西恩的《與未來有約》一書。這本書中討論如

韓國中學生正在學習一首同學自己創作的七個習慣歌，並進行帶動唱。

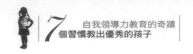

何將七個習慣應用於青少年經常面對的許多關鍵抉擇，包括如何面對課業、同儕、交友與性關係、父母、毒品，以及自我價值。

在發展出完整的自我領導力教育之前，許多中學都是以一個獨立的課程或融入某個科目的方式來教導七個習慣。有些學校將七個習慣編入新生訓練課程，有些則將它們融入一個科目，例如文學課、社會課，或生活教育課。直到自我領導力教育正式在小學推展之後，中學才開始認真思考他們可以如何運用七個習慣來改造整個校園文化，或以七個習慣來幫助學生提升學業成績。他們發現，小學所面對的幾個關鍵挑戰 —— 學業、校園文化及生活技能（領導力）—— 同樣也出現在中學校園（甚至更甚於小學）。他們同時發現，小學所採行的這套自我領導力教育，只要做一些調整，同樣可以在中學裡推行：

- 教導七個習慣
- 打造自我領導力的校園文化
- 設定並追蹤目標

教導7個習慣

要把七個習慣教給中學生，最重要的關鍵，就是找到一批孩子尊敬的身教榜樣來進行教學。

古特曼在肯塔基州當了二十年的檢察官。將近二十年，他大部分的時間都花在把青少年送進監獄。雖然古特曼的初衷是維護社會安全、保護個人權利，但他無法擺脫一種渴望：如果能夠站在送人進監獄的另一邊，也就是幫助青少年不要犯罪，他對社會的貢獻是否會更大？因此，雖然要放棄高薪工作以及舒適的辦公室絕非易事，但他還是決定改變自己的人生跑道，成為一位老師。

古特曼接受路易斯維爾中央高中的聘請，成了學校的刑事司法老師。由於他一直是七個習慣的忠實擁護者，於是開始把七個習慣教給學生，而許多學生來自問題家庭。「我教的是人生，」古特曼說。他的教學風格沉穩、毫不浮誇，當古特曼老師談到人生時，學生都安靜聆聽。學生知道古特曼為了他們放棄了什麼。他們視他為朋友、活在使命中的人，也知道他對他們每個人都有極高的期待。他們知道古特曼在自己的生活中力行七個習慣。七個習慣確實是他生命的一部分。

古特曼老師教七個習慣已超過十年，現在以及教過的學生會列隊告訴你，古特曼老師對他們的人生有多大的影響。許多學生都進了大學，其中還有好幾位投身法律及刑事司法領域。他們想要成為和古特曼老師一樣的人。古特曼謙虛的說：「我從前是把孩子送進監獄，現在，我是把孩子送進法學院、和平工作團，以及他們社區中的各個專業領域。人生喜樂，莫甚於此。」

正如猶他州阿爾派市蒙坦維爾學院幼兒園到八年級的布拉克老師所說：「如果你要教中學生七個習慣，你就得自己身體力行。否則這些青少年會一眼看出你的虛偽，要他們去實踐、運用七個習慣，根本門兒都沒有。」就和教導小學生一樣，要把七個習慣教給中學生，最高指導原則就是以身作則、以身作則、以身作則。

除了誰有資格教七個習慣之外，接下來就是要決定什麼時候教，以及怎麼教。小學階段，學校會要求每位老師將七個習慣的各個面向完整教給學生。但在中學裡，這麼做恐怕就會引起反彈：「這是我今天第七次上『要事第一』了！拜託，煩不煩哪！」

在中學裡教七個習慣的關鍵是「特定時間」與「無時無刻」。「特定時間」是指規劃一個時間，直接教導學生七個習慣。「無時無刻」則是指每位教職員，無論教的是什麼科目或在學校擔任什麼角色，都要把七個習

慣及領導力的語言融入在每天的對話及課程之中。

　　「特定時間」在每個學校都不一樣，但大多數的學校都會採取以下三種做法之一。第一個做法是，指定一個科目或一批特定的老師來教導七個習慣。學校常常選擇的科目包括：生活教育課、文學課、社會學、心理學，或生涯規劃課。西塞內卡之東高中利用高一新生必修的「英文101」，來進行為期一個月的七個習慣教學，而《7個習慣決定未來》也是學生「非小說類」的指定閱讀。其他學校則是根據適合教導的老師來決定何時進行直接教學，例如古特曼老師的刑事司法課。有些學校則會規劃特別的「領導力101」課程，直接利用這個時間進行七個習慣教學。最重要的是，這些課程必須提供充分的時間，讓學生對七個習慣有扎實的了解。

　　「特定時間」的第二種做法，就是利用一般課程之外、學生原本就預定要聚集的時段，例如導師時間或輔導課，或是其他備用時間來進行七個習慣教學。例如，密蘇里州的南格瑞恩谷中學就要求所有老師都必須進行七個習慣教學，以確保所有老師都投身其中。第一年，學校要求所有老師都必須利用「顧問導師」（advisory teacher）時間，教導自己的「導生」七個習慣。他們為所有顧問導師製作一份全年度的教學大綱及一系列的七個習慣活動。這些活動及相應的課程內容實驗性極高、大受歡迎。

　　維吉尼亞州諾克斯維爾的愛國者高中的做法也很類似。學校設定一些顧問導師時間及彈性時間，用來教導七個習慣。西班牙文老師拜爾絲負責協調所有教學時

英國利茲市的學生正在學習習慣六：統合綜效。

間，並協助老師統合主題及教案設計。前半年多用來教導七個習慣的關鍵概念，後半年則專注於應用。

「特定時間」的第三種做法，其實就是一種混合型式。例如，從導入自我領導力教育第二年開始，南格瑞恩谷中學就規劃一個特別的「領導力課程」，將七個習慣教給所有新生。除此之外，所有顧問導師每週也會帶領自己的導生進行七個習慣的複習活動。他們甚至還為希望繼續培養領導能力的七、八年級學生開一門領導力的選修課。在選修課程中，學生主要學習如何將七個習慣應用在學校的專案或是社區服務計畫之中。他們也被指派教導六年級新生一些領導力技能，包括公開演講及目標設定等。大約三分之一的學生都選修這門領導力課程。

在一些學生大多來自自我領導力學校的國高中，學校發現不需要花太多時間教導七個習慣，因而把重點放在習慣的應用上。南卡羅來納州桑莫維爾的維林斯藝術中學，他們的學生多半在小學就已接受七個習慣的教導，因此，七個習慣的討論多半以青少年相關議題為主，或如何將七個習慣應用於社區服務。下半年，他們會將學生分成三十五個「行動小組」，運用領導力原則來規劃、執行對學校或社區有益的服務計畫。

除了「特定時間」之外，七個習慣及其他領導力原則也可以「無時無刻」的融入所有課程與活動之中。無論教的是什麼科目，老師都可以找到方法，將領導力概念融入每一天的課程中。某些科目，例如：文學課、社會課和歷史課，課文內容到處可以找到運用七個習慣的典範，或是未能遵循原則而飽嚐惡果的例子。但其他科目或許就沒有那麼容易了。然而，七個習慣的語言仍然可以「無所不在」的融入課堂之中。任何老師都可以說：「我們今天的『以終為始』是……」或「針對這個問題，讓我先『知彼』一下……」。在不同課堂中都聽到七個習慣的語言，可以強化學生的概念，並幫助學生想出在現實情境中運用七個習慣的方法。

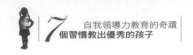

如果學生在國中時就覺得自己是個腳踏墊、只能任人踐踏，高中生活對
他們而言，恐怕就更艱難了。我們教給他們的，是能夠以適當的方式為
自己勇敢發聲的能力。

——蕾狄，密蘇里州奎思維尤中學教師

　　最理想的情況是，七個習慣能夠成為老師日常生活的習慣用語，因
此也能夠毫不費力、不需多加思索的融入每天的課堂及活動之中。如果沒
有經常性的提醒，恐怕很難達到如此結果，尤其是剛起步的時候。舉例來
說，新加坡金文泰鎮中學指派幾位老師擔任學校「領導力課程」的專門教
師，負責教導學生七個習慣。每個禮拜一，這些老師都會寄給全校教職員
一封電子郵件，說明當週將要教導的領導力概念。他們期待所有老師都能
夠找到最有創意的方式，將這些概念融入當週的課程，非教職人員也可以
找到機會運用這些語言。

　　其他中學確保學生「無時無刻」都在學習七個習慣的方法，將七個
習慣融入每天的校園廣播、報告事項、學生集會、運動會或其他活動之
中 —— 最簡單的方法之一，就是分享一句領導力名言。有些學校則是以
舉辦一場包括介紹或重溫七個習慣的有趣活動，來啟動新一年的教學。在
學校中人潮最多的走廊、穿堂或教室中張掛海報，也是強化七個習慣及領
導力的好方法。但或許最能夠精準掌握「無時無刻」精神的，就是哥倫比
亞白金漢學校的七年級英文老師杜蘭了：「我會去發掘教導的良機。當我
發現學生開始討論一些讓他們覺得有壓力的沉重問題時，我知道他們都想
找到出路。這時我就會想出一些方法，以七個習慣來幫助他們自己找出解
決方案。」

學生要在二十一世紀擁有成功的人生，需要的是在學業上嚴格要求，但又與「現實世界」密切相關的教育。這種兼具學業與現實生活的教育，不是只有少數學生需要，而是所有學生都需要。

——戴格特博士

　　「怎麼教」七個習慣，與「什麼時候教」及「在什麼地方教」同樣重要。當諾爾校長帶領肯塔基州保齡綠地的摩思中學開始啟動自我領導力教育時，他們決定利用顧問導師時間進行七個習慣的教學，並根據導生人數，將《7個習慣決定未來》發給每位顧問導師。他們規劃一份教學時程表，裡面詳細說明顧問導師應該在哪一天與學生共讀書上的哪幾頁。共讀計畫就此展開，但沒多久，他們就發現這個做法完全無法達到預期效果，因為每天規律閱讀書中的內容完全無法引起學生的興趣。他們立刻調整做法，開始與學生討論青少年常常面對的挑戰。討論的過程中，老師會適時停下來說：「讓我們讀一下《7個習慣決定未來》的兩段內容，看看它對這個問題有何看法。」一夕之間，學生的興趣完全點燃。青少年喜歡把七個習慣應用在一些真實的議題上。他們也喜歡用七個習慣來小試身手，嘗試解決他們在報紙或電視新聞中發現的社會問題。他們喜歡起而行，不喜歡坐而言。

馬來西亞的青少年正在教導自己的同學七個習慣。

　　一種非常重要卻常被忽略的教學策略，就是直接將教導的工作交給學生。我們常常聽到學生說：「我們比較喜歡自己的同學來教我們七個習慣。」學生可以進行小組報告、教導低年級學生、寫劇本來演出、畫出美麗的使命宣言、設計海報、或是寫饒舌歌來與其他學生分享七個習慣。佛羅里達州邁阿密的南戴德中學就是許多鼓勵學生自己撰稿、拍攝、剪輯出一支自製七個習慣影片的學校之一。我們要說的是，當學生在班上或全校集會場合、在學校廣播中教導七個習慣時，他們所學到的，遠比只坐在教室裡聽老師講多得多。

　　紐約州的緬因－安得渥高中把讓學生負責教七個習慣的做法發揮到極致。他們選出一些高年級生，在暑假給予訓練，成為下年度新生的老師。訓練期間，他們自己設計出教導新生七個習慣的教學計畫，利用開學後的前幾週進行教學。然後在接下來的一整年裡，他們還會帶領自己負責的學弟妹持續認識七個習慣，並以此為架構，與學弟妹討論新生常遇到的問題與挑戰。這個計畫不但幫助新生適應中學的生活，同時也強化學校文化的凝聚力。

打造自我領導力的校園文化

　　在正式導入自我領導力教育之前，南格瑞恩谷中學就已教導學生七個習慣長達八年。但直到他們開始將七個習慣應用在學校的文化上，才看到全新層次的轉變。他們其實就是採行與小學相同的做法：

- 打造校園環境
- 賦予學生領導力角色
- 舉辦領導力活動

校園環境

中學的校園環境和小學一樣，也包括了眼見、耳聞及感受三個面向。

眼見。亞洲一位中學校長對我們說：「在我們學校，學生有三位老師：家長、教職員，以及校園環境。我們牆上的布置在不知不覺中隨時教導著我們的學生。」

南格瑞恩谷中學的一位訪客注意到，學校走廊上掛了一條長長的鍊子。這條用牛皮紙串成的紙鍊，從走廊的一端一路延伸到另一端，其中每個紙環都代表一個學生。「這條鍊子掛上去多久了？」訪客問道。「一個月了，」負責導覽的學生領導人回答。這條鍊子垂得很低，大部分的學生很容易搆到。「沒有人把它拉斷過嗎？」訪客又問。導覽學生對這個問題似乎有點不解，「為什麼會有人做這樣的事？這是我們掛上去的。每個人都做了一個紙環在上面寫下自己的優點與強項。它代表我們會因團結而更強大，什麼事都難不倒我們。」

這條紙鍊最令人感動的，不是它所展現的美感或創意，而是學生對校園環境所擁有的那份責任感與歸屬感。確實如此，許多中學校園布置得非常精美，但它們都是教職員或專業設計師做出來的。而孩子最珍惜、尊重的，卻是他們自己親手設計的東西。中學生比較喜歡自己的作品。

紐約州薇世多高中有一處庭院長滿雜草、又髒又亂，從來沒人使用它。學生領導團隊問學校，是否可以把庭院交給他們。於是，學生們自己組成「庭院委員會」。沒多久，學生志工及庭院委員會就把整座庭院整理得煥然一新。現在，這裡成了學生最愛聚集、共進午餐的地方。一個當地的童子軍團體聽說這件事，決定為這座庭院建造一個小舞台。現在，學校裡經常有學生在此展現才華。

愛國者高中從一開始就確立以領導力為主軸的發展方向。學校的吉祥

摩思中學的訪客與學生立刻就可以看出學校的主軸。

物是「開路先鋒」，因此學校就以各領域的先驅人物為環境布置的主軸。學校走廊以歷史重要領導人來命名，校園隨處可見領導人的名言。牆上也掛了學生扮演各種領導力角色的海報。

許多最好的校園布置都是學生與教職員聯手創作的成果。南格瑞恩谷中學的美術老師奧特帶領學生將原本空白一片的校園牆壁妝點起來。她請當地一家設計公司來協助學生一起設計海報、學生手冊封面，以及校門口的橫幅。設計公司為學生提供一些基本規範，包括顏色、尺寸以及主題等，之後就讓學生的想像力自由發揮。最後，一個學生領導人小組則負責選出學校各主要區域及學生手冊上所要使用的圖案設計。沒多久，校園開始展現出品質、主題一致的布置。更重要的是，學生有了「這裡屬於我們」的感受，他們一手打造出自己的校園。

以上只是幾個例子，說明中學可以做些什麼來強化校園中「看得見」的環境元素。每個案例中，學校走廊、牆面及各種設施都在強力傳遞學生的價值與潛能。不用任何人開口，學生每天都聽得到正向的訊息。

耳聞。在推行自我領導力教育的中學裡，「耳聞」最重要的元素就是成人的傾聽。

八年級的傑瑞德經常因行為問題被送進史考菲若校長的辦公室。傑瑞德的人生毫無方向，態度隨便，他的父母為此憂心不已。傑瑞德的生活毫無目標，而且做過許多很不聰明的選擇，因此讓他頻繁進出校長室。

一天，史考菲若校長又把傑瑞德請進他的辦公室。傑瑞德一進校長室就開始自我防衛：「我又做了什麼？」史考菲若校長告訴傑瑞德，他沒有犯任何錯。「我只是忽然想起你，很想知道你最近怎麼樣，」校長說。傑瑞德剛開始還很警戒，但校長對他一向直來直往，因此，他的心情很快就安定下來。

傾聽是中學階段領導力語言的重要關鍵。

校長沒怎麼開口，他只是努力實踐習慣五「知彼解己」中的「同理聆聽」原則。聆聽的過程中，史考菲若校長發現了許多他從前未曾看到過的傑瑞德。信任感建立起來了，傑瑞德也覺得自己的心聲有人了解。讓我們待會再回到傑瑞德的故事。

在中學階段，「聽」比「說」重要。事實上，如果大人不小心，即使是七個習慣的語言也可能產生負面效果。過度使用或以七個習慣做為批判的工具，學生甚至可能產生反感、全盤拒絕。中學生比較能夠接受成人運用七個習慣的語言來討論他們的價值與潛能，但前提是，他們必須先覺得對方真的理解他們。

一開始啟動七個習慣時，需要特別謹慎。有時大人使用七個習慣語言太過用力，等到學生上到第五節課時，他們會懷疑老師到底怎麼了。為什麼所有老師都口徑一致，開始使用一種新的語言？所以，以最自然的方式來使用七個習慣語言，非常重要。別牽強使用，盡量把七個習慣與未來的期待做連結。

感受。中學生希望擁有的感受很多。首先，和小學生一樣，他們也希望擁有和四大基本需求相關的一切感受。他們希望覺得很安全，覺得自己學到有價值的技能，擁有願意以他們原有面貌接納他們的朋友，覺得自己參與了有意義的事情。

除了這些感受之外，中學生對於所有權、獨立自主、個人價值，以及與一位自己所尊敬的成人有所連結，也會有更強烈的渴望。他們希望有歸屬感，覺得自己有所貢獻。多數的中學生都比較喜歡談自己的感受，而非生物學或幾何學。

一所高效能的中學最關鍵的策略之一，就是每週規劃出一個綜合性的諮詢顧問時間（或其他類似的時間），讓每位學生都有機會與一位成人進行頻繁而有意義的接觸，共同規劃、評估他們在學業、個人及社會能力方面的進展。

—— 美國中學校長協會，《改造從中學開始》

在一所推行自我領導力教育的中學裡，幾個新生一言不合、打了起來，其他學生主動介入：「不好意思，我們學校不是這樣處理事情的。我們不希望學校裡有這種行為。」這些學生覺得他們是學校的主人，必須負責。另一所學校的幾名學生發現學校的一扇門上出現塗鴉，他們主動報告校長：「他們竟然這樣糟蹋我們的門！」請注意他們所使用的語言 ——「我們的門」。另一所學校裡，一位負責導覽的學生領導人一路上不斷對訪客說：「我們做了這個……」、「我們做了那個……」、「我們在這裡……」，所有事情都是「我們」。中學生喜歡自己擁有「所有權」的感覺。

一般而言，中學裡的學生人數比較多，因此，「培養領導人才，一個一個來」的挑戰也就變得特別大。有些老師是天生好手，能夠讓每位學生

都覺得他們是他的最愛，只要給學生一點關愛的眼神，學生就會覺得自己受到重視、與老師有所連結。但對大多數的老師而言，這件事卻沒那麼容易。因此，有一套完整的做法才會顯得特別重要。

愛國者高中有將近三千位學生。如果不小心，學生很容易就會隱身群體，直到畢業都不覺得有任何師長認識自己、關心自己。為了防範這種情況，愛國者高中每週規劃了「顧問導師」時間，每位學生在校四年都由同一位老師擔任他們的顧問導師。顧問導師的使命就是深入認識每位學生，了解他們的興趣、碰到的挑戰及學業成績。學校設計許多活動來幫助顧問導師達成這些目標。在愛國者高中，沒有　位學生覺得自己被遺漏、被忽視。

密蘇里州愛莉思維爾地區的奎思維尤中學校長波泰兒博士推動了個計畫，叫做「十的力量」。每個年段的老師都必須找出十個需要特別關懷的學生。他們會深入去認識這些學生，並協助他們達成學業目標。這是一套刻意設計的制度，目的就是要認識學生，聆聽他們的想法、問題及期望，同時幫助學生改善學業表現，與學生溝通他們的價值及潛能。然後，學校也會邀請八年級學生志願擔任學生的「WEB領導人」。WEB的意思就是「人人都有歸屬感」（Where Everybody Belongs）。遴選出來的八年級學生兩兩一組，並在暑假接受長時間訓練。開學後，他們每一組負責帶領十二名六年級新生，成為他們的直屬學長，負責關懷他們、回答他們的問題，不讓任何新生覺得學校裡沒人認識或不在乎他們。

最後一個例子是摩思中學的英文老師湯姆森。她與其他幾位老師為了確保自己與每位學生都有連結，因此決定在每堂課上課之前，站在教室門口迎接每個學生、與他們打招呼。她會問他們這一天過得如何、送給他們幾句讚美的話。湯姆森老師說，這件事徹底改變了整個班級的氛圍。她特別說，這件事對她自己的幫助，甚至比對學生還要大。「我每天都覺得很

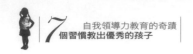

有成就感。能夠與學生產生連結，才有機會教導他們。」

　　一對一的連結可以對學生在學校裡的感受產生極大的影響。被別人以這樣的方式對待，可以幫助學生感受到自己獨特的價值及獨立性。尤其當這種一對一的連結是與自己所信任的成人時。據估計，學生中輟比例可因此減少50%。

學生領導力

　　回到傑瑞德的故事。

　　史考菲若校長專注聆聽傑瑞德說話時，突然發現傑瑞德的口語表達異常清晰。於是，學校希望由學生負責每天早上的校園廣播，史考菲若校長認為，這正是讓傑瑞德展現天賦的大好機會。當學校詢問傑瑞德是否願意擔任這個角色時，他的眼睛整個亮了起來。學校的晨間廣播過去一向由師長負責，因此，當廣播系統傳出學生聲音那一刻，每個人都非常驚訝。而當大家聽出那是傑瑞德的聲音時，就更加驚奇了：「為什麼他可以做這件事？」

我們正在培養溝通高手。

—— 史考菲若校長，南格瑞恩谷中學

　　傑瑞德非常嚴肅看待自己的角色。但兩週過去後，史考菲若校長實在聽到太多學生問：「為什麼只有傑瑞德可以做這件事？」他覺得其他學生也應該可以擁有這個機會。於是他問傑瑞德，是否願意帶領一個「學生溝通團隊」。傑瑞德的眼睛再度發亮。學校開始每天進行兩次廣播，大約二十名學生的志願團隊則負責輪流播報。傑瑞德排出輪值表，並在領導的角色上大放異彩。學年結束，傑瑞德的父母大為驚喜，因為獲得信任並被

賦予重任,使得原本對讀書、升學毫無興趣的傑瑞德不但成績進步,而且開始積極研究未來可以上哪所大學。傑瑞德獲得了發現自己聲音的機會。

培養學生領導力的關鍵不是發派「工作」而已,而是賦予責任及所有權,然後激勵他們展現自己的領導力。如果你直接告訴他們該做什麼及怎麼做,他們只會成為「工人」。如果你能發現他們的需求、賦予責任,然後別干涉、讓他們發揮,他們就會成為領導人。學生喜歡當解決問題的人。

在奎思維尤中學,坎普老師負責指導每年情人節的「康乃馨募款」活動。這是一個許多班級共同合作的社區服務計畫,而且從頭到尾都由學生負責 —— 規劃活動、行銷、業務、選出哪些機構可以獲得所募得的款項,以及活動之後要如何慶祝。學生負責所有的工作,事實上,當他們向人抱怨「坎普老師完全不幫我們的忙。當我們有問題

獲得負責學校晨間廣播的領導力角色,可以幫助傑瑞德這樣的學生發現自己的聲音。

237

時，她只會叫我們自己去想辦法」時，臉上可全都是得意的笑。他們眼中藏不住興奮，而且每次都希望能夠超越前一年的成果。

　　奎思維尤中學的前校長休倫博士說，當學校決定賦予學生領導力角色時，她和幾位教職員就開始為學生尋找真實而有意義的領導機會，但只找到少數幾個角色。他們決定直接請學生，提供建議，學生當然創意無限。有學生提出每天早上應該有人去學校的圖書館幫忙 —— 負責圖書館的老師備受師生愛戴。於是，學生自動負責幾個書架，然後每天清晨早早就到圖書館整理自己負責的範圍。他們把名字貼在這些書架上，這是「他們的」書架，他們對自己的書架有著強烈的責任感。後來，學校甚至請他們針對自己負責的書籍類別建議可以採購的新書。沒多久，幫忙的學生人數超過一百人，他們喜歡待在圖書館裡聊天，直到第一節課鐘聲響起才回教室上課。負責圖書館的老師得到了什麼？她被提名為學校及整個校區的「年度最佳教師」。

　　學生喜歡得到領導的機會，尤其是針對他們自己所提出的建議。奎思維尤中學另一群學生則選擇蒐集用過的運動器材，送給聖路易地區的弱勢兒童。他們還與家長聯手合作。由於太多人想要參加，學校最後不得不將學生人數限定在七十五人。學生一樣有自己的行銷團隊、分類團隊、負責慶祝的團隊等，這一切全在課餘時間搞定。另一群學生則建議，學校每年為六年級新生舉辦的營隊，改由七、八年級生擔任領導人，而非像過去一樣，找外校高中生來幫忙。這個做法不但可以為高年級生提供領導的機會，同時也可以與新生產生連結。第一年，老師們就對高年級學生所展現的領導力大表驚訝 —— 尤其是龍捲風突然來襲時，學生領導人不但可以讓每個人都冷靜下來，而且將一切處置得有條不紊。

　　有些老師也擅長在班級中培養學生的領導力。一切都可以從老師向學生提出這個問題開始：「現在班上有哪些我在做的事情，可以改由各位

來負責？」摩思中學的數學老師米樂就問了學生這個問題。學生的回應讓她非常驚喜。她平常上課前會先請學生解一道題做為暖身。之後，她會帶領學生一起討論哪些同學得出正確答案、哪些解法行得通、大家常犯的錯誤有哪些等。學生告訴她說：「我們可以負責帶領討論。」於是米樂老師將舞台交給學生。她製作一張登記表，請同學填上自己希望負責哪一天的討論。登記表一下就填滿了。在米樂老師的數學課裡，帶領完當天的討論後，「數學領導人」可以坐到教室最後面的特別座──這裡之前可是為犯錯的學生所預備的懲罰區。

南格瑞恩谷中學的數學老師甘柏爾在她的顧問導師時間裡，有超過五十個「學習領導人」志願幫忙指導她的導生。這些學生因而有了貢獻自己才能及感受自身價值的機會。走廊另一端，一位訪客忙著追問另一位老師牆上所張貼的「領導力角色表」。這位老師不急著說明，只告訴訪客：「請你在這裡等一下，待會兒自己觀察。」學生一一抵達教室，一位開始收作業，一位開始發放昨天的作業，一位拿起板擦清理白板，還有一位負責向本週的壽星祝賀……一切完美無瑕。這位老師未發一語。學生完全負起責任，因為他們獲得足夠的信任與尊重。

霍爾老師教導七個習慣多年，深知賦權給學生以及將問題轉變為「領導力機會」可以產生多大的價值。一天，一名學生抱怨學校餐廳沒有蜂蜜芥末沙拉醬。她立刻將問題丟回給這名學生，問他可以如何運用領導力技能來改變這個情況。結果，學生竟然設計一份問卷、收集大家的回覆，恭敬的去找餐廳阿姨。蜂蜜芥末醬很快上了學校餐桌。這位學生覺得自己的聲音有人聽到，對領導力有了一次深刻的學習，而餐廳阿姨也成了他的朋友。這是一個人人都贏的結果。

以上只是幾個中學如何賦予學生領導機會的例子。一位老師的結論是：「剛開始，我們對於要把責任、權利交給學生都感到非常緊張。現

在,我們只是感嘆,為什麼沒有在十五年前就這麼做?」中學生喜歡自己做選擇、有機會發聲。對於像傑瑞德這樣的學生,這種做法很可能改變了他的一生。

領導力活動

中學的領導力活動可以為學生提供更多擔任領導人的機會,也為學校提供更多教導領導力原則的機會。但領導力活動最重要的價值,卻是在團隊意識及願景的建立。

薇世多高中有一個傳統,就是在每月第一週的週五舉辦誓師大會,為學校的運動員打氣。當學校把主辦誓師大會的任務交給學生時,學生卻希望把誓師大會改為領導力大會。他們認為,非運動員的天賦也應該得到鼓勵,而他們不覺得應該要等到學年結束的頒獎大會再做這件事。改變開始之後沒多久,學生燈塔團隊中的一位七年級成員建議,他們可以用「全校一體」(We Are One, WAO)做為領導力大會的主軸。宣布之後的幾秒鐘內,它就上了學生的推特,更有學生以它做為簡訊的結尾。WAO一舉成功。

薇世多另一項廣受喜愛的領導力活動,就是社區服務計畫。有一年,薇世多發生嚴重水災,當地居民損失慘重,學校甚至必須延後一週開學。學生可沒有袖手旁觀。他們組成清潔隊,利用不上課的那幾天協助社區清理環境。他們甚至將開學舞會改為募款大會,以協助水災的受災戶。這種社區服務的精神持續了好幾個星期,許多學生會在背包中裝滿食物,提供給有需要的家庭。

給學生一個跳舞的機會，或許就足以把他們留在學校。

—— 亞盧德森，瑞典瑞克特市

　　建立團隊意識的精神也可以發揮在班級之中。語言藝術（結合視覺藝術、多媒體影音的全方位語言學習設計）老師海瑞絲發現，週末過後，她的學生都需要一點時間來收心、卸下週末發生的事。因此，每週一她都會花一點時間來聆聽學生發言。這變成了週一的固定「活動」。有一次，學生忽然提出：「可不可以讓我們自己帶領這個討論？」於是，每週一，班上的「高山低谷領導人」（Leaders of Highs and Lows）就會輪流帶領討論。它建立起學生與老師之間的連結。

　　許多學校都會舉辦誓師大會、服務計畫、才藝表演，以及班級活動這類活動。自我領導力學校的關鍵，就是讓學生主導這些活動，並運用這些活動來建立團隊意識、打造共同願景。

達成學校目標

　　中學階段的目標設定需要根據每個學校的狀況量身訂做。奎思維尤中學有一群優秀的老師非常重視目標設定，但也知道有些學生會有所抗拒。因此，波泰兒校長建議，學校的做法是請老師先以身作則。每位老師必須先寫出自己的「個人使命宣言」、設定一個「個人目標」以及一個「專業目標」，張貼在自己辦公室顯眼的地方，並與導生討論自己的目標。有些老師甚至會邀請自己的班級當自己的「責任夥伴」，協助並激勵他們達成目標。因此，當老師開始討論學生目標設定時，學生早已了解這個流程，並深知它的價值。

　　哥倫比亞白金漢中學的學生，為核心科目設定「超級重要目標」，校

方協助推動並進行目標追蹤,結果極具成效。週一早上,各班導師會給學生一段時間審視自己的目標,並決定他們本週的行動步驟。在摩思中學及南格瑞恩谷中學,學生的每個核心科目都各有一張個人計分表,可以隨時看到自己的進展與表現。

除了個人目標,奎思維尤中學也決定設立一個全校性的目標,他們選擇的是「識字率」。每位學生都必須設定自己的識字率目標,並且建立清楚的行動步驟。每週與顧問導師之間的「問責談話」(accountability chats)則可以幫助每位學生持續審視自己的目標,並負起責任。學校刻意讓這件事的流程保持簡單,但它卻能夠讓學生學會目標設定,並思考可以如何提升自己的識字率。

在中學階段,目標設定的實踐過程一個很重要的做法,就是請學生撰寫自己的「個人使命宣言」。對許多學生而言,撰寫自己的個人使命宣言、定義自己的願景、規劃自己的人生,可能會對他們的未來產生極大的

印尼PSKD曼迪里的中學生正以亞齊省傳統舞蹈薩曼舞,歡迎來自十一個國家的訪客到他們學校參加「領導日」活動。

影響。例如，一名高中生因為哥哥在械鬥中被刺身亡，已決定血債血還，甚至不惜犧牲性命，也要為哥哥報仇。但他在高一新生指定教材《7個習慣決定未來》中讀到一句話，卻讓他心念一轉。回家之後，他寫了一首長達三頁的十四行詩，並稱它為自己的使命宣言。原本為了報殺兄之仇不惜入獄、甚至賠上自己性命的他，卻決定以「一生行善」來紀念自己的哥哥。

一個學生在英文課中寫下自己的使命宣言。它只有四個字：「永不放棄。」每一個字對她而言都意義重大。她來自一個從來沒人上過大學的家庭，然而她卻立志一定要上大學。多年之後，當她完成大學教育，她直言，就是高中時的使命宣言，以及她在撰寫這份使命宣言時的感受，讓她得以克服重重困難、完成四年學業、拿到大學學位。

新加坡一個中學生努力想要跟上學校課業，但卻缺乏人生目標。直到閱讀某一堂課的指定教材《7個習慣決定未來》之後，他開始以不同的方式看待自己，下定決心做的第一件事就是撰寫自己的使命宣言及生涯規畫。他的成績自此大幅進步，並成了學校的領導人物。他找到自己的方向，所有的改變始於他發現到，他可以成為自己人生的領導人。

多年來，薇世多高中都會請學生設定高中以後的人生目標。然後學生會利用整個高中生涯，進行能夠帶領他們走向人生目標的計畫。不僅如此，他們的領導力筆記本不只追蹤個人的學業進展，他們同時也會從高一就開始建立自己的數位「領導力檔案」（Leadership Portfolios）。在領導力檔案中，學生會建立並追蹤所有申請大學所需的資料、個人履歷、領導力紀錄、個人目標及最佳作品。學區副督察長史黛說：「我們不停的問學生：『你們的一生希望留下什麼傳承？』因此學生對於目標設定都嚴肅以對。」白金漢中學主任羅克哈絲也有相同的感覺。她說：「中學生的目標設定絕不僅止於學業目標，這是一個可以幫助學生發掘人生夢想的方

新希望高中的學生主動掌握、傳遞學校的新願景。

法。」

　　撰寫使命宣言、設定目標也可以影響整個學校。新希望高中位於阿拉巴馬州的新希望鎮。這是一個人口不到三千的偏遠小鎮。這裡的人非常友善，但經濟不景氣讓有些人開始說這裡該改名為「沒希望鎮」。新希望高中有三百五十名學生，其中46%來自低社經家庭。當艾佛瑞特校長聽說自我領導力教育時，知道這主要是在小學推行。但他覺得自己讀到的一切，正是他們學校迫切需要的。於是他帶領同仁拜訪幾所自我領導力小學，每個人都對自己所見大表讚嘆。「我們的學生只是年紀較長而已。他們一定也會喜歡的！」

　　他們以一筆中輟防範計畫經費開始上路。教職同仁志願利用暑假接受訓練。艾佛瑞特校長指出，這是讓教職同仁以領導力原則來深刻省思個人及家庭生活的重要時刻。教職員寫下了自己的個人使命宣言，並決定一起為學校創造新的使命宣言。每個人都積極貢獻想法。愈是琢磨，他們的使命宣言變得愈是精簡，最後的成果：「新驕傲。新熱情。新希望。」

　　新使命宣言激勵人心的力量令人驚訝。老師們希望整修校園，讓環境煥然一新，以便匹配學校的新使命。他們畫了一幅新壁畫。由於大家太過興奮，甚至必須不斷提醒自己，別忘了新的使命宣言學生也有份。所幸，學生返校後，他們也愛上這個新願景，並從師長身上感染了熱情，因此也利用好幾面牆壁創作出好幾幅自己的壁畫。家長及社區裡的人也受到感染，開始投入其中。當地教會甚至將學校的使命宣言掛上教堂的門框。學

校的使命宣言及願景點燃整個小鎮的希望之火。輪到學生撰寫自己的使命宣言、設定目標時，他們對這整套流程早已了然於心 —— 他們才見證過師長的以身作則。推行短短一年，新希望高中已經出現驚人的轉變。

中學生喜歡夢想。他們喜歡擁有願景。

前進大專院校

有人問，是否有人嘗試將七個習慣帶入大學？這個問題出現的時機很敏感 —— 有人發現，竟然有三分之一以上的新鮮人熬不過大學生活的第一年。

的確，已經有人將七個習慣引入大專院校。七個習慣成為大學新鮮人或企管、護理等學位的重要一環，已有二十年以上的時間。最近一段時間的大幅成長，則是與如何留住大學新鮮人，以及「如何擁有成功的大學生涯」等議題的興起有關。很大比例的大學新鮮人完全沒有做好進入大學的準備，這件事令許多人不安。許多大學新鮮人的確缺乏良好的學業基礎，包括閱讀、寫作及數學能力等，但他們更重要的挑戰，卻是完全缺乏「生活技能」。他們過去從不需要自己規劃每天的時間、與不熟悉的室友相處、搞定生活的優先順序、選擇自己要吃的食物、結識全新的朋友、照顧自己的健康、確保金錢不透支等。一口氣必須面對所有這些挑戰，再加上教授嚴格的課業要求，讓許多人開始吃不消，甚至打退堂鼓。

或許許多新鮮人感覺不到，但他們的學校真的很想留住他們。大學絕非一心想要篩掉學生。多數老師都在專業許可的範圍之內，盡全力協助自己的學生撐過這一年，包括提供補救教學、甚至生活技能的教導。當然，有些學校找上七個習慣。他們視七個習慣為一套能夠滿足大學生許多生活需求的技能與原則。

一些大專院校所採取的行動包括：

　　猶他州奧勒姆的猶他谷大學。猶他谷大學的「學生領導力與成功研究系」十五年前就已開始提供《與成功有約》這門選修課程，每年最多甚至可開到二十五班。自我領導力教育講師理查茲說：「這門課非常成功，絕大多數的學生都完成了全學期的課程。」成果評估顯示，大多數的學生都提出了類似的評語：『這是一次扭轉生命的經驗』，或『這門課對我的未來、決策及人生都產生了巨大而正面的影響』，或是『就是這門課讓我得以熬過大學的第一年』。」學生領導力與成功研究系正積極推動隸屬於該系的「領導力中心」，並與富蘭克林柯維公司的大學領導力部門合作，以進一步擴展「個人領導力」相關內容的影響力。

　　德州聖安東尼奧市的阿拉莫大學學區（其中包括五所社區大學）。雷斯利校長負責領導阿拉莫大學五個校區、總計六萬名一般學生及三萬名在職進修生。多年前，當雷斯利博士服務於另一所學校時，他受邀在畢業典禮上向每位畢業生致賀。讓他驚訝的是，竟然有那麼多畢業生不知如何雙眼注視對方，大方的與他握手。「他們可是受了四年大學教育呢。」雷斯利校長臉上滿是無奈。他知道這只是冰山一角，許多學生其實都「欠缺成功所需要的真實基礎，也就是舉止有自信、做重要決策、解決問題，以及自主思考的能力」。

　　之所以要在阿拉莫推行七個習慣，雷斯利博士說：「我對七個習慣的興趣不僅限於教導學生類似聆聽、勇於表達，或是握手之類的軟實力。這些事情當然也都非常重要，但我真正有興趣的，是讓學生擁有思辨能力。七個習慣教導我們如何分析、評估自己的思維模式、如何進行更有效的思考。這是一種更高層次的學習。」而這也正是阿拉莫大學的「學生領導力學院」（Student Leadership Institute，簡稱SLI）從2001年就開始為學生提供包括七個習慣在內的領導力教育的主要原因。這同時也是阿拉莫大學正積極擴大對各個校區提供領導力課程的原因。

荷蘭呂伐登的CHN大學。CHN大學清楚定義自己為一所結合職涯準備、學術研究及服務的「領導力大學」。CHN在荷蘭及南非、泰國、中國大陸各校區總計有一萬一千名學生。CHN大學對領導人的定義是:「遵循亙古不變的原則、負責任、珍視人與人之間的差異、尋求統合綜效、不斷自我發展的人。」CHN大學董事長文司查博士說:「我想要建立一所以領導力為核心的大學。對我而言,領導力是啟發人類天賦才能最好的方法。」

文司查博士率先將七個習慣導入CHN大學「價值導向領導力」(Value Drive Leadership)計畫。超過七百名學生參與了「價值導向領導力」第一期的計畫,75%的學生給了這個計畫「卓越」的評價。許多學生指出,這個計畫幫助他們改變自己對事情的看法,讓他們得以邁向成功。

紐約州桑伯恩的尼加拉郡社區大學。尼加拉郡社區大學成立一個由各校區教職員、學生,以及行政主管共同組成的「領導力行動團隊」。這個團隊的使命是:「積極實踐《與成功有約》中的核心原則及行為,在尼加拉郡社區大學中建立一個社群,激勵所有人全力發揮個人的學術潛力,並成為自己人生的領導人。」他們不但為學校師生舉辦七個習慣工作坊,同時也將七個習慣帶給整個社區,包括當地的退伍軍人及高中學生。

維吉尼亞州方歟維爾的隆伍德大學。隆伍德的企管暨經濟學院依據七個習慣的原則成立了「SNVC領導力機構」,每學期為學校教職員提供七個習慣訓練課程。他們的使命同樣包括將影響力延伸到當地的高中。隆伍德同時也為自己的學生提供「與大學有約」課程。

結語

中學、大學的確與小學大不相同。中等學校必須仔細考慮自身教職同仁、學生、學校架構的特質以及目標,來決定推行自我領導力教育最好的

模式。推行之後，他們都看到學校、學生以及教職同仁受益良多。

　　克魯茲老師是協助漢米爾頓校長將自我領導力教育推進南戴德中學的負責人。不久前，她和丈夫碰到一個有驚無險的場面。當時天色已暗，她和丈夫剛在一家餐廳外的停車場停好車，正打算好好享用一頓晚餐。突然之間，他們發現一群青少年正朝他們走來。他們立刻鎖上車門，開始思考萬一發生什麼事，該怎麼辦。忽然一道亮光閃過腦海，克魯茲老師發現其中一個男生似乎是她的學生。她再仔細看，發現所有男孩都是學校的畢業生。原來，這群學生在路上看到她的車，特地繞過來與她打招呼。原本令人膽戰心驚的情境，忽然轉為一個最溫馨的經驗。克魯茲老師和丈夫與這群大男生開心聊天、開懷大笑，分享了許多在校時的回憶。

　　與師長之間擁有這種關係的學生，輟學、做出錯誤決定的機會必然大大減少。而與學生擁有這種關係的老師，當然也會更看重、更投入、更珍惜自己的工作。到目前為止，雖然自我領導力教育在中學及大學中遠不如在小學校園那樣普及，但許多學校已經看到正面的效果。如果細心聆聽、讓孩子有機會與師長建立有意義的連結、為他們提供「做自己最拿手的事」的機會，能夠幫助青少年、大學生更喜歡上學、留在校園，我們絕對會盡一切努力，繼續推動自我領導力教育。

個人反思

　　習慣六「統合綜效」的意義在於發掘、整合每個人的強項與優點，讓整體成果遠大於部分之和。成人有時太急於點出中學生的問題，然而，更有效的方法卻是找出他們的長處與優點，讓這些長處與優點造福學校及家庭。想一想你所認識的一些青少年，他們有哪些長處與優點？這些長處與優點可以如何用來改善學校的文化？如果你的家中也有青少年，他們的長處與優點可以如何用以強化你們的家庭？他們的人生又有什麼目標？

9 | 活力永續

組織轉型是每個人的事。

——戴明博士，《轉危為安》

加拿大第一個推行自我領導力教育的學校，是亞伯達省麥迪遜海特市的奎斯伍德小學。奎斯伍德的喬治校長是學區內的「七個習慣訓練」認證講師。聽說自我領導力教育的當下，他正在為自己的教職同仁進行「七個習慣訓練」。不久後，他就與兩位老師上了飛機，前往美國參加寇姆斯小學的「領導日」活動。他們深受啟發、滿懷興奮的回到學校，謹記桑莫絲校長給予的兩個忠告。第一，「不要稀釋七個習慣，要相信學生絕對有能力完全了解七個習慣的語言。」第二，「不要依樣畫葫蘆，找出自己的策略模式、創造自己的特色。」

奎斯伍德的策略就是「慢慢來」。第一年的重點放在教職同仁身體力行、將七個習慣應用於個人生活及彼此的關係之中。他們定期在教職員會議中討論七個習慣，並以七個習慣來面對學校所碰到的各種挑戰。他們每月教學生一個習慣，而且在月底前，每位老師都必須提出兩份教案，貼上學校網站供其他人參考使用。學年結束時，七個習慣已經成為學校裡的日常用語。

第二年，七個習慣已不再是每月一次的教學活動，而是開始進入「無所不在」的策略。七個習慣開始融入全學年每個科目的課程內容之中。領

導力語言也運用在學校的晨間報告中。牆上開始出現領導力名言，學生親手製作的公布欄貼在學校裡的各交通要道。學生開始擔任領導力角色。有效運用、發揮七個習慣的學生則被授以「七個習慣英雄」的榮譽，在學校集會中公開接受表揚。第二學年結束，80%的家長回覆了學校的年度家長意見調查（前一年只有30%），而且百分之百的家長都給了七個習慣「非常喜歡」的評價。

由於少子化等問題，自我領導力教育即將進入第三年之際，學校本來預計減少五十名學生，兩位老師可能失業；然而，進入暑假之後，來自學區外的家長開始猛敲喬治校長的辦公室大門。他們聽說奎斯伍德的孩子都在學習七個習慣，希望將自己的孩子送來就讀。結果，學期開始，奎斯伍德新生完全招滿，所有老師繼續留任。為了確保全校學生接受的七個習慣教導具有一致性，學校組成七個習慣團隊，並將七個習慣列為五年級「健康與生活技能」課程的標準內容。這也成了第三年的「創新做法」之一。

這就是奎斯伍德九年來的做法，而且還會持續下去。每一年，教職同仁會決定哪些事情將「繼續做」，哪些將「不再做」或「開始做」。每年一定有一些所謂的「創新做法」，以確保自我領導力教育的新鮮感及不斷進步。他們的做法顯然產生了某些正面價值，因為在奎斯伍德現有的五百二十位學生中，竟有60%來自學區之外。家長之間的口耳相傳正是主要原因。

活力永續

啟動自我領導力教育並活力永續，與發射人造衛星非常類似。最初的啟動需要詳細規劃以及兩到三具固態火箭推進器來幫助它離地升空。一旦到達一定的高度，人造衛星就應該進入一個軌道，只需對軌跡及速度進行偶爾的微調，就可以保持平穩運行。這正是自我領導力教育在寇姆斯、奎

斯伍德以及其他學校的發展過程。最初的啟動作業之後，每一年，他們都
會做些微調，再加上幾個新做法，以保持整個計畫的新鮮感及不斷改善。
然而，還是有些學校必須在啟動階段痛苦掙扎、盼望著能夠撐過第一年。

　　一飛沖天、順利進入軌道的學校，與在啟動架上痛苦掙扎、期待升空
的學校，究竟有何差異？本章將以兩千多所學校的啟動過程，為人家提出
一些經驗及策略建議。我們將說明如何才能讓自我領導力教育順利啟動、
活力永續。最重要的策略做法包括：

- 爭取、維繫眾人的認同
- 確認目的、路徑及速率
- 統合制度與系統
- 說故事
- 學區的參與
- 持續著力於思維改變
- 追求卓越是一場旅程

爭取、維繫眾人的認同

　　西元前三世紀，偉大的數學家阿基米德宣稱：「給我一支夠長的槓桿
和一個支點，我就可以撐起全世界。」以下的話絕無不敬之意 —— 雖然
我們確實見過許多令人敬佩的教育工作者，但真的沒有任何一位教育工作
者可以偉大到隻手啟動一個學校的轉型（更別提撐起整個世界了！），並
讓變革活力永續、品質不變，因為這原本就不是一個人可以完成的任務。

　　我們所見過在學校中順利啟動並持續推行自我領導力教育的成功案
例，幾乎都是一整個團隊統合綜效的成果，這個團隊通常包括：高效能的
校長、充滿動能的「燈塔團隊」、團結合作的教職員工、熱情參與的家庭

及社區，以及充滿活力的學生 —— 千萬別忘了學生。

高效能的校長。每所強而有力的自我領導力學校，一定都有一位強而有力的校長。一所學校要啟動轉型（尤其是在一開始的時候），沒有任何人會比校長擁有更大的影響力 —— 無論是助力或阻力。但若校長大人是唯一在扳動自我領導力教育這支槓桿的人，大概什麼事情也不會發生。這件事需要的絕不只是一人之力。然而，一旦自我領導力教育順利上了路，校長就可以藉由隨時隨地使用七個習慣語言、以身作則、視每個人為領導人、清除路障、確保學校的「為什麼」（也就是推動自我領導力教育的「目的」）清晰生動，來幫助自我領導力教育不斷向前推進。一所學校愈是專注於七個習慣原則的教導，就愈可能成為一所「原則主導」、而非「校長主導」的學校。

充滿動能的燈塔團隊。要引導自我領導力教育上路，首要之務就是建立起一個「燈塔團隊」，由七至十位教職員（或許再加上一位家長）共同組成。燈塔團隊應該為自我領導力教育設定全校推動的路徑及速率，並藉由將工作分派給所有教職同仁及學生，來讓自我領導力教育「人人有責」，也避免任何人獨力扛起太多的工作。他們應該確保所有在職及新進同仁都接受七個習慣及自我領導力相關的訓練，並擔負起指導及以身作則

學校轉型

校長

一所學校的轉型，需要的絕不只是一位優秀校長的強力作為。

的角色。燈塔團隊也應藉由每年輪替幾位新成員來保持它的新鮮感與活力。強而有力的燈塔團隊能夠讓自我領導力教育即使碰到校長更替的情況，依舊能夠穩定推動。

團結合作的教職同仁。學校無法強迫教職員接受自我領導力教育，但它也不需要等到百分之百的教職員都上車才啟動引擎。無論如何，愈多人愈早上車，而且能夠同心協力的合作，當然就愈好。舉辦《7個習慣教出優秀的孩子》讀書會、拜訪其他自我領導力學校、聽到家長及社區支持自我領導力教育的聲音，都足以說服某些人上車。但有些人卻可能要等到上過七個習慣訓練，或進入自我領導力教育的流程之後，才能真正產生認同。此後，不斷強化認同感也非常重要，方法包括：教職員彼此分享做法及心得、共同慶祝成果、體驗到自己的生活效能及工作滿意度提升等。自我領導力教育是共同合作的流程，不是少數人的責任或作為。

熱情參與的家庭及社區。有了高效能的校長、充滿動能的燈塔團隊、團結合作的教職同仁，啟動自我領導力教育、讓它持續推動的主要利害關係人就已大致就位。但能夠將自我領導力教育帶往最高層次的學校，絕不會讓可用的資源受限於學校的教職員。他們會善加運用家長、企業及社區領袖的能力與支持。這些人可以對自我領導力教育的成果大有貢獻，更能協助減輕老師的工作負荷。

學生。如果本書有個一再浮現的主題，那必然是：學生的參與可以為自我領導力教育的啟動及持續力提供最重要的槓桿效應，而其做法包括：賦予學生教導七個習慣的任務、改善校園環境、提供領導力角色、參與決策、設定並追蹤目標。重點是參與、參與、參與。自我領導力教育一旦順利啟動，學生的參與將能為它提供最重要的活力與動能。

事實上，教職員、學生、家長、社區人士對自我領導力教育的推展進程愈了解、參與愈多，他們的認同感就會愈強。而利害關係人的參與度及

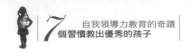
認同感愈強,槓桿的支點離目標也就愈近,可以創造出愈大的槓桿效應。

確認目的、路徑及速率

我們所學到的第二個與策略相關的功課是:學校必須建立起一個均衡的目的、路徑與速率,而且每年都要做。

佛羅里達州夏綠蒂港的夏綠蒂郡公立學區,決定邀請學區內所有的小學加入自我領導力教育的行列。十所學校都給了正面的回應。其中四所想要立刻展開行動,其他六所則希望有一年的緩衝期,以便進行更深入的了解、邀請大家上車,同時以比較和緩的步調推行。由於學生及教職員的特質不同,四所立刻啟動的學校中,有兩所進展得比較快。兩年之內,所有學校都先後啟動。如今,十所學校皆有各自的進度。其中三所獲得了「燈塔學校」認證,而所有學校也都彼此合作、共享實務典範及經驗。

當加州的柔似蜜學區詢問簡森小學是否有興趣導入自我領導力教育時,卡迪納斯校長實在不知道學校教職員對這件事會有何反應 —— 他們

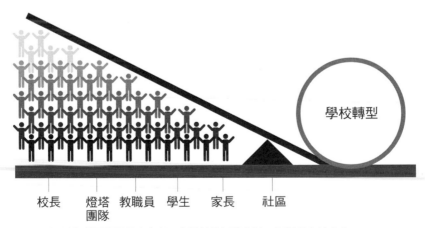

愈多利害關係人參與,支點離目標就愈近,槓桿效應就愈大。

早已被班級學生人數過多、學校預算不足、各種專案，以及多數學生的母語並非英文而壓得喘不過氣來。所以，當有些教職同仁對此提議有所抗拒時，卡迪納斯校長一點也不意外。然而，簡森小學還是有足夠的教職員願意一試，於是，學校每個人都參加了七個習慣訓練，然後以輕緩的步調慢慢推動。沒有人覺得自己有必須即刻採取行動的壓力。所幸，決定立刻採取行動的班級推行效果極佳，因此，到了第二年，幾乎所有教職員都順利上車。這時，推動的速度開始加快。結果，簡森小學竟然在第三年就獲得了「燈塔學校」認證。

在以上的例子裡，每一所學校都願意花時間，根據自己的需要及處境，仔細釐清推行自我領導力教育的目的、路徑及速率。

目的。為何自我領導力教育對我們學校很重要？我們希望達成哪些目標？每個參與的人必須一開始就釐清這些目的。沒有清楚的**為什麼**，要讓教職員熱情擁抱**怎麼做**，絕對會是一大挑戰。寇姆斯小學在每個學年開始之前，都會再一次彼此激勵、設定目標、重新釐清自己的**為什麼**。每一年，老師都會重新設定自己的個人目標，並張貼在學校的「承諾牆」上。自我領導力教育要能夠順利啟動、活力永續，就必須先擁有清晰、堅定、永續的目的。

路徑。我們要如何達成我們的目的？哪些人要負責做哪些事、何時行動、何時完成？以一份「全年度計畫」來啟動第一年及未來每個新的學年，將可以為大家

寇姆斯的教職員每年都會將新年度的個人使命張貼出來，讓每個人都能清楚看到。

創造出均衡的步調、節省時間、有效調配資源、減少壓力，同時提高成功的機率。沒有設定路徑，大家如何知道自己是否偏離軌道？設定路徑時當然應該考量教職員的需求及能力，但如果注意力都集中在教職員身上，而非學生，卻可能無法順利抵達原先設定的目的地。

速率。有個故事說的是醫院裡一位病人，在同一天裡接受了膽囊移除手術、扁桃腺切除手術，以及人工膝關節手術。三個手術都非常成功，但這位病人卻死於休克。

自我領導力教育流程中有許多策略步驟，都可以改善學生的學業表現、校園文化，以及領導力。三個目的都能達成，每個策略行動也都可行、足以提升效能，但若同時進行，或因專注於某個行動而犧牲了其他領域，教職員和學生就有可能因為衝擊太大而消化不良，甚至休克而死。

本書提供許多策略與做法，但絕不可能在一年之內同時推行。每所學校都應該仔細選擇符合自身需求與興趣的策略，同時提出自己的想法，然後將這些策略、做法規劃在幾年之內逐步推行。多數學校的轉型都需要三年左右才能夠真正穩定下來。寇姆斯小學的轉型逐年推陳出新，已進行了十五年之久。有時，快就是慢、慢就是快。自我領導力教育不是一場賽跑，比的不是誰跑得快。

藉由每學年開始之前先設定務實的推行步調，學校就可以擁有均衡的計畫，也可大大降低忽然在某個時刻做得太多或太少的問題（請參見下表：變革行動為何失敗），甚至到年底才發現忘了進行某些重要的活動或計畫的情況。

目的、路徑、速率 —— 以及耐心 —— 彼此配合、缺一不可。

◉ 變革行動為何失敗

決定學校轉型的路徑、速率是否合宜的因素很多,關鍵在於找到「過少」或「過多」之間的平衡點。

過少	過多
缺乏非變不可的理由及目的	目的、目標脫離現實
利害關係人不願改變	變動太頻繁、花招太多
缺少強而有力的校長	太依賴強勢校長
請人上車的時間及功夫做得不足	浪費太多時間於求得全體共識
缺乏策略	策略過度瑣碎、賦權不足
準備工作及規劃不足	耽溺於規劃——光說不練
步調太慢——熱情及動能流失	推行步調太快、大家吃不消
合作不足——各唱各的調	太強調合作,壓抑個人動能
對成果未給予足夠的認可及獎勵	太早宣揚成果、誇張成效
當責及回饋不足	追蹤考核過多,流於細節管理
學區支持不足	學區強制推動變革
太早放棄	未能及早放棄沒有成效的行動
學生參與不足	學生過度參與
行動不足	說太多

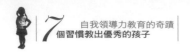

統合制度與系統

要讓自我領導力教育活力永續，我們學到的第三個策略功課是：制度統合的價值。事實上，當我們問那些成功推行自我領導力教育超過三年以上的校長，自我領導力教育為何在他們學校得以常保活力時，他們的回答幾乎異口同聲：「我們將自我領導力教育融入學校制度之中。」

史坦頓島公民領導力學校的克薾校長就是立刻回答「它已融入學校整體制度之中」的校長之一。克薾擔任紐約公立學校校長的資歷極深，一所學校可能碰到的事情，她全部了然於胸。當紐約市公立學校總督察長邀請她開辦一所全新的學校，同時賦予全權規劃整所學校的機會時，她毫不猶豫就答應。就在學校大興土木、克薾校長忙於網羅人才的當兒，籌備團隊裡正好有人讀到《7個習慣教出優秀的孩子》這本書。他們決定將「領導力」訂為建校三大理念之一，另外兩大理念則是「學業成就」及「公民責任」。全體教職員確認了能夠帶領他們達成這三大理念的「必要堅持」，然後再將這「必要堅持」內建在整個學校的制度之中。因此，史坦頓島公民領導力學校在短短三年之內，就榮膺紐約市公立學校學業表現最佳的學校、連續三年高居紐約州表現最佳的前10%學校、紐約市表現最佳的前2%學校、史坦頓島最佳公立學校，也就一點都不令人感到意外了。

一些常見的、能夠幫助自我領導力教育在學校中持續蓬勃發展的制度包括：

- 人員遴選與聘任
- 學習制度
- 溝通體系
- 合作制度

- 績效評量
- 獎勵制度
- 規劃行事曆的制度
- 組織架構

　　以下就是一些學校如何運用這些制度來協助他們持續推動自我領導力教育的例子。我們絕不建議一所學校同時推動所有制度，我們只是將它們提供出來做為範例。

　　人員遴選與聘任。能夠聘任並留住優秀的人才，才能創造出優秀的學校。沒有任何因素比這個更重要。因此，學校愈能夠聘任並留住那些能力與品格已然符合一所高效能學校的文化所需的人才，結果當然就會更好。

　　一位校長談起她曾聘任一位擁有優異教學經驗的老師。確實，學生和家長都非常喜歡這位老師。然而，學校卻發現，這位老師非常「獨立」，不喜歡與人建立「互賴」的關係。她喜歡關起門來「獨立作業」，完全不想和同年段的教師團隊有任何互動。她拒絕與其他老師分享自己的經驗與做法，因為不希望別人因此「偷學」她的功夫，以致家長不再指定她當導師。她非常喜歡自我領導力教育，但卻希望自己一定要「做得比別人好」。雖然她的帶班表現一流，但當她決定離職時，其他人卻終於鬆了一口氣。

　　要找到擁有七個習慣特質的人當然不容易，但卻比找到擁有相反特質，然後得跟著一路收拾殘局容易得多。這就是領導力大師柯林斯所謂的「把對的人請上車」。這件事的第一步，就是在面談流程中納入對的問題，以了解對方是否真的適合七個習慣的文化。

　　學習制度。奎斯伍德小學在確保所有新進及在職同仁都接受適當的七個習慣及自我領導力教育訓練這件事上，表現特別出色。新進教職人員一

進學校就會接受學區提供的七個習慣訓練。之後，喬治校長會親自領軍，確保他們對自我領導力教育有最深刻的理解，其中包括他對於如何在奎斯伍德推行自我領導力教育的獨特期許。

在職同仁的訓練則包括，在每月第一個週一早上舉行的教職員會議中，特別保留三十分鐘專門用來討論某個習慣。一名燈塔團隊成員會負責播放一段七個習慣的影片，而所有教職同仁則要針對兩個問題進行討論：(1)奎斯伍德可以如何更有效的應用這個原則？(2)我個人可以如何更有效的應用這個原則？喬治校長說，他幾乎每次都得跳出來喊停，否則整個討論根本停不下來。他進一步指出，討論會並不需要做太多準備工作。事實上，七個習慣的討論可以讓會議準備工作變得更容易。

「七個習慣七分鐘」則是其他學校常用的討論模式 —— 每次教職員會議中，請一位同仁以七分鐘的時間來分享一個典範實務（best practice，也就是最有效的做法）或與七個習慣相關的學習心得。他們將這件事列入教職員會議的標準議程。新加坡的勵眾小學則是在每週二的教職員會議中，共讀一小段《7個習慣教出優秀的孩子》內容，然後進行討論。他們說，大家並不急於讀完整本書。

有些學校也發現，把教導學生七個習慣納入制度極有幫助。先前提過的例子是將每天上課開頭十分鐘設為「領導力時間」。奎斯伍德小學則是將七個習慣納入他們的「健康與生活技能」課程。新加坡的蔡厝港小學將七個習慣教學規劃在每週一早上一開始的三十分鐘，教學內容包括：(1)概念介紹；(2)在學校中的應用方式；(3)在家庭中的應用方式；(4)相關內容複習。以上就是一些學校以簡單的制度，讓自我領導力的教導與學習更具系統性、持續性的做法。

溝通體系。每個學校都有對學生、家長及教職同仁的溝通制度。常見的做法包括晨間報告、學校集會、家長通訊、家庭聯絡簿、電話溝通、

電子郵件、親師座談、布告欄、網站。領導力語言可以融入所有這些溝通的內容之中。

寇姆斯小學最受歡迎的一種溝通制度，就是每天早上透過廣播系統傳送到每個班級的「晨間新聞」。上課鐘聲響起，「新聞播報」開始。在虛擬的升旗典禮以及

為學生提供在領導日演講的機會，是寇姆斯小學的一種內建學習制度。

報告事項之後，學生領導人會針對某個習慣簡短分享自己的心得，然後介紹本週的「最佳領導人」。參與晨間新聞的大人也會運用正向的語言來激勵、肯定學生，例如，「昨天我看到一位同學充分展現習慣一的精神，他在……」這些分享簡單扼要，但足以幫助學生以正面、積極的心情展開一天的生活。

有些學校則是利用學校的電話系統來表達他們對學生的重視。當有人在放學之後打電話到學校，他們會聽到學生預錄的留言：「您好，我是○○小學的領導人○○○。謝謝您的來電，現在是放學時間，請您於明天早上八點到下午四點再度來電。祝您有愉快的一天。」學生非常喜歡擔任學校的「本週留言領導人」，也會努力練習發音與表達能力，以便扮演好這個角色。

合作制度。擁有三十四個成員國的「經濟合作暨發展組織」（Organisation for Economic Co-operation and Development, OECD）指出，高成就國家的老師每週平均有十五至二十五小時的「教師合作時間」，比其他國家高出許多——美國每週平均只有三至五個小時。教師合作時間

261

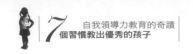

包括：彼此觀課、學生的學習成果分析、共同備課以及行動研究等。

　　光是告訴老師「每個人都要找時間彼此討論與分享」是不夠的，一定要訂出教職員合作的「制度」。這就是為什麼除了固定的年級會議之外，寇姆斯還設計一個稱為「走廊碰面會」的制度。每天早上第一堂課上課前，電話對講系統會傳出老師們自己負責挑選的音樂。這時，每個年級的教師團隊就知道，走出教室、到走廊「碰面」的時間到了。老師們會花幾分鐘時間討論今天的「要事」、彼此提醒需要特別關心的學生、協調時間。走廊碰面會只需要幾分鐘，卻可以確保老師之間的合作。

曾有人形容「教學」是成人所從事的第二種最私密的行為。事實上，一些教育批評者也形容，學校似乎與「封建領主（老師）統治下的自治領地（教室）」相去無幾。

——杜富爾與埃克，《專業學習社群的功能》

　　奎斯伍德小學的合作制度，則是一年一度的「教職員戶外教學」。他們在哪裡進行戶外教學？他們在教室與教室、辦公室與辦公室之間穿梭來回。他們觀察其他老師及教職員如何運用教案、布告欄、輔導時間等。這是一個創意大集合，也是一個給老師肯定的機會。他們沒有租用豪華巴士，但每個人都非常享受這趟旅程及彼此的學習。密蘇里州獨立市的葉慈小學做法也很類似。他們的教職員每年會一起「釣魚」，也就是每年都會有一、兩次機會，到彼此的教室參觀、分享、為彼此的創意喝采。

　　自我領導力教育網站是一種更廣泛的合作制度。這個網站中有一個「社群」區，完全提供給全球的教育工作者彼此分享創意。不僅如此，自我領導力教育也在全美各地輪流舉行區域性的研討會，每次都有數千位教育工作者齊聚一堂，分享典範實務、參訪學校、聆聽名家演說、建立人際

網絡。

績效評量。西方管理學有句名言：「可以量化評估的事情，就可以達成。」混亂、標準不一的績效評量系統，就會帶來混亂、標準不一的行為。

績效評量制度包括學生的成績評量、教職員的績效評量、紀律的追蹤統計，以及校園文化的評量等。奎斯伍德在學生評量制度上的做法，是在成績單上增加一個欄位，由老師提出學生在七個習慣上的表現及回饋意見。這個做法非常簡單，旨在反映學生的正確言行、鼓勵優秀的公民意識及個人效能。家長看到這個欄位的內容時，除了了解孩子的表現，也可以加深對七個習慣的認識。

在教職員方面，加拿大亞伯達省紅鹿小學的費茲校長將訂定七個習慣目標，列為老師年度績效評估中的一個項目。這個做法讓老師清楚知道，實踐七個習慣、以身作則是他們的重點工作之一。在夏綠蒂港公立學區，學校校長及其他學區領導人的年度考核中，也有一個三百六十度的評量，用以檢視領導人與他人的互動是否符合七個習慣原則。

教職人員的績效評估一向是個敏感話題，通常也都會受到法律或工會的嚴格規範。不久前，一群老師激動落淚，因為他們得知自己的學校將無法導入自我領導力教育。原因是，這個州的教師及校長評鑑完全是以學業表現為基準，而他們的校長並不想做任何不是以提升學業成績為主要目的的事。這個決定讓老師們備感挫折。好消息是，近幾年來，一些主要的教師評量標準已逐漸向自我領導力教育的方向修訂，將老師能否協助學生進行思辨練習、在真實情境中解決問題、為自己的成長負起責任等能力列入評估。它們同時也會評量老師與家長合作、建立學習文化、班級經營、運用學校及教室環境、幫助學生設定並追蹤目標、與學生溝通、教學時善用評量工具等能力。所有這些評量的重點都與自我領導力教育不謀而合。

　　獎勵制度。與績效評量制度最息息相關的，就是獎勵制度。獎勵制度的目的是激勵與表揚學生及教職人員。任何學校或班級一定都有某種形式的獎勵制度。事實上，學校裡的獎勵制度簡直琳瑯滿目，讓人目不暇給。若要說教育界在獎勵學生上有任何不妥之處，那就是「獎勵過度」，而且太多都屬於「外在獎賞」。外在獎賞通常效果不長，而且經常被視為一種操弄或控制。「內在獎勵」的力量卻通常比較持久。如果真要使用外在獎賞，也應該與內在獎勵併用。

　　有些老師更會以「提供更多學習機會」做為獎勵。舉例來說，北卡羅來納州要求學生必須學習社交禮儀。寇姆斯小學的老師並沒有叫學生安靜坐好、乖乖聽一堂社交禮儀課。相反的，他們將這項要求變成一個附有獎勵的有趣目標。學年剛開始，學校就宣布，如果在某些領域表現優異，全班就可以贏得一頓特別的「銀盤午餐」、吃到「學校餐廳有史以來最精采的餐點」。口水直流的同時，學生也開始將達成目標當成全班的重責大任。興奮的時刻終於到來，銀盤午餐上桌，但學生們卻對著滿桌刀叉不知所措。他們有所不知，原來自己努力一整年所獲得的獎賞，竟是另一個重要的學習機會 —— 餐桌禮儀。

　　還有一位老師在自己的辦公室門上掛一副超大的眼鏡框。大家問：「為何在門上掛個眼鏡框？」這位老師回答：「學生今天的優異表現，又讓我跌破了眼鏡。而我要讓他們知道這件事。」不難想像，她的學生今天走路的腳步一定特別輕盈 ——

有效的獎勵制度可以幫助學生感受到自己的內在價值與進步。

不是因為他們得到了禮物或是開了派對，而是因為他們知道，老師看到了他們的優異表現。

沒錯，最有效的獎勵制度通常不需花費一分一毫。正如桑莫絲校長所說：「我們隨時都在稱讚學生，我們隨時都在向學生道謝。我們會讓孩子知道我們有多重視他們。我們學校有九百多名學生，每天都與每一個學生產生連結，是非常重要的事。我們要讓孩子知道，我們對他們深具信心。這是我們核心價值體系的一部分。」

規劃行事曆的制度。每個學年開始之前，當年度的計畫及工作就已確認。最重要的事項絕對應該一開始就列入行事曆。新進教職員的自我領導力教育訓練何時應該完成？什麼時候舉辦學生主導的親師會談？燈塔團隊會議何時舉行？何時進行學校最重要的傳統活動？領導日或其他重要活動何時舉行？「超級重要目標」有哪些重大的里程碑？學年開始之前就完成策略活動的規劃，可大大提升活動順利舉行的可能性，讓行事曆節奏均衡（不會重要活動全部擠在一起），並確保「超級重要目標」的等級不會被「還算重要目標」超越。固定出現在行事曆上的活動，最後就會成為學校的傳統。

組織架構。一個學校的組織架構決定了學校裡誰該負責做什麼事。雖然某些最令人驚艷的成果常常是「意外」的產物，但永續的學校轉型卻不能只靠「意外」或「運氣」。

有一個故事，常以不同的形式出現，我們的版本如下：某個學校的燈塔團隊中有五位才華洋溢的成員。他們的名字分別是 ——「每個人」、「有人」、「任何人」、「沒人」，以及「大忙人」。有一年，學校希望達成一個「超級重要目標」，他們請「每個人」負責這件事。然而，「每個人」卻認為，「任何人」的才華比他更適合做這件事，而且相信「有人」一定會志願協助。於是，「每個人」開始忙碌於追逐「還算重要目標」。結果

是，「沒有人」專注於「超級重要目標」，而這也讓「大忙人」有了說閒話的大好題材。

有些領導人常因未能充分授權或清楚指派責任，而讓自己扛下過多的工作。清楚的分工加上明確而有意義的目標，可以讓工作變成「可管理的行動」，大大提升每個人在工作過程中的參與感，同時強化整個工作的流程。再一次強調——沒有參與感，就沒有責任感。

以上是幾個學校將自我領導力教育融入學校制度的例子。與學校使命及利害關係人的需求準確對焦的制度，可以降低壓力、減少重蹈覆轍、做白工的機會。愈是能夠將自我領導力教育融入現有的學校制度之中，自我領導力教育在學校中活力永續的機會也就愈高。

說故事

啟動自我領導力教育、讓它活力永續的第四個策略功課是「說故事」。反覆訴說各種領導力的故事，可以重燃熱情、建立文化、讓自我領導力教育動力不斷。

寇姆斯小學裡就有許多一再流傳的故事。一天，音樂老師依莎朵爾因故遲到。當她終於來到教室，四年級的安妮莎正站在台上帶領合唱團進行暖身。依莎朵爾老師並沒有指派安妮莎做這件事，但「總得有人站出來帶領導呀，」安妮莎說：「所以我就自願出來做這件事。」寇姆斯的老師不斷重複安妮莎的故事，目的就是希望幫助學生了解領導人應有的作為。

阿拉巴馬州迪卡特市的桑莫維爾路小學以一整面牆來說故事。這個學生天天都會經過的長廊，整座牆面被設計成「故事長廊」，上面張貼許多這一年來有助強化學校願景、反映學生價值及潛能的活動照及成果照。故事長廊每週不斷增長，讓師生的記憶及學校願景鮮活有力。

戴娜小學推行自我領導力教育只有短短三年，但已被要求一再分享自

己的故事。

戴娜小學是一所位於北卡羅來納州韓德森維爾的偏鄉小學，師長們一心想為學校的五百個孩子找到一些能夠幫助他們為未來人生做好準備的資源。戴娜小學的學生44%屬於弱勢族裔、33%英語能力不足、80%來自清寒家庭。「雖然學生來自這樣的背景，但我們從未放棄對他們擁有最高的期待或因而降低標準，」絲考菲德校長說：「我們一直努力思考自己『影響圈』內的事情——我們能夠做到哪些事，而非做不到哪些事。」在圖書館的書架上找到《7個習慣教出優秀的孩子》這本書，讓他們得以走上嶄新的旅程。

自從展開自我領導力教育之旅，戴娜小學屢獲榮耀。因為學生能夠持續保有優異成績而被美國「國家教育平等協會」授與「傑出學校」的榮譽，成為全美「國家學校變革獎」六個得主之一，進入「英特爾獎」最佳數學進步獎的決選名單，獲得北卡羅來納州榮譽學校的肯定。每次獲獎，戴娜的師長就得到一次分享學校故事的機會，而每次的分享也更加堅定了戴娜師長持續推動的決心。

戴娜小學獲得的榮譽中，很多都是因為他們的學業成就。過去四年，校內西裔學生閱讀能力及格的比率從20%大幅提升至80%，通過英檢的學生比率也從15%躍升至75%。在此同時，白人學生通過英檢的比率也從61%提升為85%，而清寒學生通過英檢的比率也從47%提升為80%。成就確實驚人！絲考菲德校長指出，孩子的學業之所以能夠大幅躍進，最主要的原因就是，目標設定及進度追蹤流程對孩子能夠為自己的學業負起責任產生了「重大的影響」。而這也一直是戴娜小學的成功故事中極為重要的一環。

分享成功故事有助維持全體師生的動力，讓自我領導力教育的活力不墜。因此，我們強力建議自我領導力學校盡量蒐集自己的故事，包括一切

▶ 約翰霍普金斯大學研究報告

　　自我領導力教育鼓勵學校追蹤、慶祝自己在領導力技能、校園文化及學業成績等三方面的進步。這對於學校分享自己的成功故事非常有幫助。這三方面的進步可在約翰霍普金斯大學針對兩所自我領導力學校的個案研究中窺得一二。報告指出：

　　「毫無疑問，我們獲得最強烈的共識是，自我領導力教育絕對改善了學校的組織氣候。對老師及校長而言，促成組織氣候改變最主要的因素，就是七個習慣所帶來的學生行為改變及校園文化。組織氣候的改變也讓學生感受到更大的安全感與秩序感。多位學生明確指出，霸凌行為因為同學接觸了七個習慣而大大減少……

　　「自我領導力教育帶來的第二項明顯改變，就是學生自信心與動力的提升。實踐七個習慣為學生提供了方向感與責任感，而這也激勵、強化了……和其他學校相比，學生碰到失敗時，也比較不會擔心遭到羞辱或嘲笑。

　　「第三種影響是學生更能與他人和睦相處、解決衝突。老師、校長及家長都指出，孩子之間的爭吵、打架、失序行為及受到紀律處分的情況都比以前減少。學生則覺得自己比較能夠以正面的方式來面對衝突……

　　「第四種效果則是讓老師的教學變得更容易，也更愉快。這個效果似乎可以直接歸因於學生行為的改善、願意為自己的行為負起責任、學校整體組織氣候的改善，以及圍繞著七個習慣所建立起來的校園文化及秩序……教師焦點團體得到的結論是，自我領導力教育的效益還包括了提升學生自我激勵的能力、做事更有條理，以及為完成家庭及課堂作業負起責任。」

可以讓全校師生了解學校在學業、校園文化以及領導力技能上有哪些進展的資訊。

學區的參與

我們學到的另一個策略經驗是：學區參與的效益。學區的支持度愈高，自我領導力教育得以長期推動的可能性也愈高。以下就是兩個例子，一個來自佛羅里達州，一個來自德州。

佛羅里達州夏綠蒂港。夏綠蒂郡公立學區從2003年就開始推動七個習慣。當時的教育局督察長蓋樂博士、副督察長布萊德利，以及學區的委員會共同決定，要以七個習慣為整個學區文化的核心。現任的督察長魏塔克博士後來也延續了這個決策。

全學區超過五百位人員都接受七個習慣的訓練。許多人也參加富蘭克林柯維公司的其他訓練課程，包括「卓越領導力」（Great Leaders）、「五個選擇迎向高產值」（5 Choices: The Path to Extraordinary Productivity），以及「高效信任力」（The Speed of Trust）等，這些課程都是夏綠蒂郡公立學區「領導力計畫」中的一部分。魏塔克博士以及布萊德利都是「七個習慣訓練」的認證講師，也親自帶領多項課程。

由於有七個習慣的基礎，夏綠蒂郡公立學區一聽說自我領導力教育，立刻深感興趣。他們視自我領導力教育為培養學生成為新世代領導人、未來優秀公民的機會，更可以幫助學生擁有最能夠幫助他們開創人生及事業的好習慣。

布萊德利副督察長指出，全學區共同推動的一大好處就是省錢，因為部分訓練工作可以由學區人員自己負責。另一項效益則是學校之間的合作。例如，夏綠蒂郡公立學區每月的校長會議都規劃出一定的時間，讓校長彼此分享創意、交換心得。全學區的參與正是夏綠蒂郡公立學區十所小

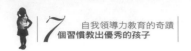

學全數推動自我領導力教育的一大原因。而今,他們正考慮將自我領導力教育導入學區內的中學。

　　德州聖安東尼奧市。東北獨立學區共有三十八所學校導入自我領導力教育。他們之前對七個習慣及富蘭克林柯維公司的其他課程也已非常熟悉。學區的領導力發展專家珊芙擔任「七個習慣」講師多年。她和學區前任督察長密德頓博士及現任督察長格塔狄博士負責帶領學區內絕大多數教育主管的「七個習慣」訓練(六百三十一位學校主管)、「卓越領導力」訓練(二百八十八位學校主管),以及「執行力的修練」(Four Disciplines of Execution)課程(三個分區)。

　　東北獨立學區的願景及理念是兒童的「全人教育」,也就是他們所謂的三百六十度全方位教育。除了優秀的學科教育,他們也希望自己的學生能夠擁有成熟的人格、同理聆聽的能力、做出好的決定、規劃自己人生的能力。自我領導力教育剛好完全符合他們的理念。因此,當自我領導力教育出現時,東北獨立學區早已準備好立即上路。由於他們希望以一種有策略、負責任的方式來推動,於是決定先從五所學校開始。學區人員負責大多數學校的「七個習慣」訓練,然後邀請富蘭克林柯維公司的顧問來帶領其他的相關訓練。這五所學校成為下一批八所學校的前導及典範,而這些學校則成為再下一批學校的前導及協助。東北獨立學區就這樣,以每年八至九所學校的速度逐步推展。

　　到目前為止,東北獨立學區總共有超過二千位教職人員、三萬名以上的學童接受了七個習慣的訓練。學區的家長教師聯誼會成員也接受七個習慣訓練。學區看到的最大效益之一,就是許多師生都開始使用相同的領導力語言。學區人員、學校教職員及學生之間因此產生了統合的效果。珊芙指出,藉由教導學生七個習慣,「我們消弭了在家庭中接受生活技能教育及未能接受生活技能教育的學生之間的鴻溝。」她同時指出,對學區而

言，最大的效益就是「各校校園文化大幅改善，因為『學生的聲音受到了重視。』」

夏綠蒂郡及東北獨立學區只是全學區都參與推動自我領導力教育的兩個範例。全學區行動為我們提供三項重要的經驗：(1)某個學校的教職員還沒準備好或沒有興趣加入，不必強求。教職員需要真心願意、擁有真正的使命感；(2)要有學區層級的人站出來帶領整個行動。布萊德利及珊芙就是兩位最佳的領導人；(3)整個學區攜手統合最佳推行方式，可以創造經濟規模、效能及合作。

持續著力於思維改變

要確保自我領導力教育活力永續，我們所學到的最後一個策略功課是：持續致力於思維模式的改變。基本上，「人」才是選擇是否參與的關鍵。確立目的、路徑及速率的是「人」，設計制度的是「人」，說故事的也是「人」。而決定這些人的行為的，則是他們的思維模式。

對有些人而言，實踐自我領導力教育並不需要太多的思維轉換，因為他們原有的思維就與自我領導力教育若合符節。但對某些人而言，思維轉換可就是一項大工程了。

自我領導力教育包含哪些思維？本書各章節已說明過一些，七個習慣也各自代表了一些關鍵思維。至於其他啟動、永續推行自我領導力教育的關鍵思維還包括：

- **由內而外**。學校的永續改變來自於個人的永續改變。一個被動消極、長期患有「受害者症候群」的人（出了問題，永遠都是別人、環境的錯），可能就需要有人長期而溫柔的提醒他們：改變必須從自己開始。一位想要改善學生或家長行為的老師，可能也需要有人

271

提醒，改變必須從自己開始，他們必須先檢視自己對那名學生或那位家長的既有思維。永續性的改變，必須從自己開始、由內而外。

- **每個人都是領導人**。有些老師很難視學生為領導人——他們的意見應該受到珍視、天賦應該獲得發揮。對某些老師而言，這是一個極大的思維轉換。他們可能需要別人不斷提醒，鼓勵他們積極聆聽學生的聲音、幫助學生發掘自己的天賦。事實上，有些老師甚至也無法把自己看成領導人。

- **釋放vs.控制**。對某些教育工作者而言，將自己視為「陪伴的教練」而非「教導的聖者」，也就是從永遠掌控一切的主宰，變成鼓勵別人起而領導的幫手，可能真的是非常重大的改變。對某些人而言，從掌控一切到釋放潛能，從努力「修理」學生的問題到發掘學生的天賦，這種思維上的轉變可能真的非常艱難。這些挑戰會出現在他們的教學方法、處理學生紀律問題，或是規劃活動的態度與做法上。

- **全人教育**。這是大多數教育工作者踏入教育工作時的思維，也是他們當初決定進入教育領域的初衷。他們希望關照孩子的全人——身、腦、心、靈。問題是，當所有的獎勵制度及壓力都聚焦於考試時，有些教育工作者開始以「分數」的眼光來看待學生。在努力改變自己的眼光、開拓視野的同時，他們亟需支持與鼓勵。

許多組織的創意都未能獲得實踐。原因之一是，新思維、新想法通常都與組織內既有的心智模式相衝突。

—— 鮑曼與狄爾，《組織重構》

我們可以再舉出許多思維，但這些應已可以代表自我領導力教育的核

心思維。思維模式（我們怎麼**看**事情、我們的觀點）主導我們的行為（我們所**做**的事情、我們的習慣），而我們的行為就決定了我們所**得**的結果。如果想要有短暫、快速的改變，可以從行為下手，但若希望學校能夠產生長期、躍進式的改轉，就必須從人的思維著手。

有些人認為，要改變人的思維幾乎不可能。其實不然。史丹佛大學教授杜維克的結論是，「二十年來，我的研究顯示，你的觀點會對你的人生產生極大的影響。它決定你是否能夠成為自己想要成為的人，以及是否能夠成就自己所重視的事。」她繼續指出，「你有選擇權。心態（也就是思維模式）只是一些信念。這些信念當然很強大，但它們只是你心中的一些想法，而你大可以改變自己的想法。」

改變思維最好的方法，就是教導「原則」。原則不隨時空改變、放諸四海皆準，人的做法卻會隨情境而改變。這也正是寇姆斯小學選擇以植基於原則的七個習慣以及巴立治品管訓練，做為學校模型的基礎（見下頁圖）最主要的原因。模型的最上方是寇姆斯的教育目標──打造二十一世紀的公民，也就是做好準備、可以迎接新時代的學生。而模型中的每扇窗戶，代表的則是寇姆斯的教職員認為可以幫助他們達到目標的理念及做法。桑莫絲校長說：「我們整合了許多教育計畫與做法，這些計畫與做法會隨著學區、北卡羅來納州或教育界的改變

七個習慣是以亙古不變的原則為基礎，但世界各國如澳洲，卻設計出了各種有趣的兒童版本。

而更迭。唯一不變的，則是學校的基礎，也就是七個習慣、巴立治品管訓練原則，以及我們堅定不移的終極目標。」無論學生未來選擇什麼道路，「原則」可以為他們提供變動世界中永遠不變的根基。

追求卓越是一場旅程

追求卓越是一場旅程，不是目的地。卓越不會一夕發生。

教導七個習慣、打造領導力文化、達成學校的目標需要時間，有時甚至得花好幾年的時間。但若不細心呵護，這些苦功可能一夕崩塌。所以，本章中所提到的，都不是短暫的一時作為，它們是需要長期堅持的一個流

寇姆斯小學校舍模型

程。但經過一段時間，就會變得愈來愈輕省，而且只要一點點微調，就可以讓學校穩定的航行在追求卓越的軌道之中。

喬治校長與奎斯伍德小學已堂堂邁入自我領導力教育之旅的第九個年頭。如果有人問起為什麼自我領導力教育能夠在奎斯伍德屹立不搖，喬治校長一定會立刻回到他從桑莫絲校長那兒得來的兩個建議：第一，「不要稀釋七個習慣。」要相信學生絕對有能力學會並應用這些習慣。第二，「不要依樣畫葫蘆。要創造自己的特色。」他認為，「自我領導力教育最吸引人的地方，就是它並非罐裝產品。它是一個以原則為基礎的流程及理念，可以有效幫助學校達成任何學區或州政府要求的專案或計畫。」任何時候，當學區又送來一個新的專案時，喬治校長只要運用七個習慣的語言向教職同仁說明，他們就可以很快的將它融入現有的工作之中。

喬治校長的結論是，「只要哪一天我們說我們已經做到了，就表示我們玩完了。真正能夠讓自我領導力教育持久不墜的關鍵，就是以終為始、勿忘初衷。」

個人反思

習慣七「不斷更新」是一個關乎持續改進的習慣。要確保一個學校的自我領導力教育活力永續、成效卓著，就必須確保學校中的每個人都能不斷更新、精進自己的效能。思考你的身、腦、心、靈，哪件事最能夠改善你的個人效能？本週你可以做些什麼來改善生活中的哪個部分？

10 | 不忘初衷

從我學會使用第一個字開始，我就開始學習如何生活、如何思考、
如何心存盼望。

—— 海倫‧凱勒，《我的人生祕訣》

本書結束之前，我們將回顧前面幾章討論的一些重點。這就是我們
「以『始』為『終』」的方式。和之前一樣，我們會以一個故事來
開始。

萊利四歲時檢查出患有自閉症。他的父母瑞克與羅賽琳完全不知道萊
利的人生將會如何。他可能一生受這個病患之累，也可能平順度過。「無
論如何，他仍然是我們家最棒的小子，」萊利的父母說：「我們會盡一切
努力幫助他。」

太陽曬到皮膚、打開汽車冷氣，都會讓萊利大哭。沖馬桶會嚇到他，
而他也無法忍受上衣從他的頭上套下來。因此，當萊利該到亞伯達省紅鹿
市的威爾許小學報到時，羅賽琳萬分緊張。「他在學校會有什麼表現？別
人會如何對待他？」

在學校大門口歡迎他們的是費茲校長。羅賽琳對那一天記憶深刻。
費茲校長與她握手，對她說：「非常高興您來到威爾許小學，您來對地
方了。」新生歡迎會上，費茲校長所說的第一句話是，「非常感謝各位給
我們機會照顧你們的孩子，這是我們的榮幸。非常感謝各位對我們的信

任。」羅賽琳環顧四周，仔細觀察所有老師與學生。「親眼看到每位師長對每個孩子的真摯關愛，讓我感動萬分，」她說：「我可以感覺到、看到、聽到他們對孩子的愛。歡迎會上，我從頭哭到尾。」

開學之後的前幾個月，瑞克和羅賽琳常常來到學校。他們不斷聽到有關七個習慣的對話，也因此慢慢熟悉七個習慣。他們會聽到師長在會議中或走廊上說：「這與我們的使命相符嗎？」或「這可以變成一個給學生的領導力角色！」師長永遠使用正向的語言，而且以身作則。萊利每天聽到的都是「你很重要」或「我們相信你」或「你一定做得到。來……放手去做」。

但在事情開始變得「好得令人難以置信」之前，萊利還是碰到許多困難。愈是和其他同學相處，他就愈感受到自己似乎與別人「不太一樣」。他不喜歡閱讀。萊利的老師們努力發掘哪些事情能夠引起萊利的興趣。這不是一天兩天、一個月兩個月的事，這種努力延續了好幾年。萊利還曾一度形容自己是「可怕的人」。即使如此，老師、特教老師、輔導老師、費茲校長以及所有教職員從未放棄萊利，持續努力發掘到底有什麼事情能夠啟發他。

突破性的發展出現在萊利三年級時。威爾許小學被要求對紅鹿市的教育委員會進行學校簡報。這件事情的典型做法是，學校師長會負責絕大多數的報告內容，然後帶兩位學生去簡單展示他們的美勞作品或解說某個專題作業。由於威爾許是一所自我領導力學校，於是他們決定賦權給學生，讓孩子們負起整個簡報的責任。當他們徵求自願的學生時，他們驚訝的看到萊利的手高高舉在空中。

在特教助理員的協助下，萊利製作一份簡報來說明自己腦袋的運作情形。他畫了自己的大腦，裡面有黑色、藍色和紅色的點點。重要的時刻終於到了，他對著滿屋身著西裝、領帶、套裝的教育委員解釋

說，這些點點代表他的各種情緒。他的說明滿懷自信、獲得全場熱烈掌聲。那一刻，萊利的笑容燦爛極了。

第二天，萊利穿著襯衫、打著領帶來到學校。「我很重要。重要人物都會打領帶，」他解釋說。接下來的幾天、幾個禮拜，大家都注意到，萊利滿臉驕傲、走路有風。領帶成了萊利的標準配備，也是他給自己的正字標記。更重要的是，從那天開始，萊利愛上了閱讀。他的成績全面大幅提升。他被賦予許多領導力角色，而且他認為每一個都很重要。當他之後又被要求對四百名成人演講時，他眉頭都沒皺一下。而當他又獲得滿場起立喝采時，他的笑容咧開得比他的領帶還要寬。他發現，不是得和別人「一樣」才能當領導者。萊利從此開花成熟、發光發亮。

上中學以後，萊利還是必須和新的問題纏鬥。但是大家注意到的是他對別人的愛心，以及渴望成為領導人的熱情。「他一看到弱勢的孩子，簡直就想要去領養他們，」羅賽琳說：「路上遇到遊民，他無法遏止成為領導人、去幫助他們的渴望。」羅賽琳訴說著師長們幾年來的合作，使得萊利從覺得「我是可怕的人」，到成為一位樂於助人、相信自己是領導人的大男孩。「他找到了自己的聲音。」

現代的奇蹟創造者

萊利的故事反映了自我領導力教育的本質，也充分證明我們在第一章所說的：當今許多教育工作者，都是「現代的奇蹟創造者」。

「奇蹟創造者」曾被用來形容海倫‧凱勒的人生導師安‧蘇利文。熟悉這個故事的人都知道，海倫‧凱勒原本是個健康的孩子，但在三歲那年卻因病而喪失了視力與聽力。生理上的殘缺讓她精神受創，因而出現狂野、宛如動物般的行為。沒有任何事情能讓海倫平靜下來，即使最好的醫生也做不到。直到1887年春天，安‧蘇利文進入海倫‧凱勒的生命中。

海倫‧凱勒說那一天是自己「靈魂的生日」。

同樣的，如果不是安生命中的一些老師，那一天永遠不可能到來。安的母親在她八歲時去世，酗酒的父親又遺棄了她和弟弟吉米。親戚不願意收留他們，於是，他們被送進救濟院。救濟院裡盡是一些被疾病蹂躪的軀體以及被世人遺棄的靈魂。吉米因肺結核在救濟院過世，而疾病也奪去了安大部分的視力。

唯一沒有遺棄安的，是她頑強的心靈，以及對學習的強烈渴望。十四歲時有一天，一位政府督察員來到救濟院訪查。安等候時機，然後傾全身之力撲向督察員，緊緊抓住他的大腿，拚命求他讓自己上學。在沒有任何閱讀能力及社會能力的情況下，她被送到柏金絲盲人學校就讀。她很快就以性情叛逆、脾氣暴躁而聞名全校。同學嘲弄她，有些老師的行徑甚至更加惡劣。

然而，學校裡有幾位老師，他們的眼睛明亮、耳朵靈巧、心靈敏銳，能夠見人之所不能見。他們看到安的潛力，細心滋養她的抱負。其中一位甚至幫助安得到接受一連串手術的機會，讓她的視力得以恢復大半。布里姬曼老師則教她以手語點字進行溝通。所以，不是任何單一事件，或任何一位英明的老師獨立餵養了安的心靈，而是多位有德之人，持續、不間斷的努力才得以成事。安因此開花成熟、發光發亮。

二十歲那年，安獲得了在畢業典禮上代表畢業生致謝詞的榮譽。她全身散發自信，站在全校同學面前宣告說：

> 現在，我們即將進入這個忙碌的世界、扛起自己人生的重擔，同時也盡己之力，讓這個世界能夠變得更好一些、更有智慧一些、更快樂一些……社會的進步永遠始於個人靈魂的甦醒……讓我們滿心歡喜，懷抱希望，熱切邁開腳步，出去尋找那個屬於自己的獨特角色。

那時，安並不知道自己的「獨特角色」是什麼。她的工作毫無著落，也沒有家人可以依靠。但命運聽到了她的懇求，她接到一通電話，邀請她擔任一位七歲小女孩的家庭教師。小女孩的名字叫做海倫。

海倫對安的反應和她對所有曾經想要幫助她的人並無二致。她情緒暴烈、倔強頑抗。但安卻有一種特殊的能力，讓海倫產生了全新的感受。或許那就是被理解的感覺。

海倫的突破出現在安抵達後的一個禮拜。事情發生在一個水井旁邊。安將海倫的一隻手先放進水中，就在她將海倫的另一隻手也放進去的同時，她在海倫的手背上以點字寫了「水」這個字。有生以來第一次，海倫藉由老師的觸摸，與現實世界產生連結。因為這個字，海倫看到了光明、希望。安在日記中寫道：

> 兩個禮拜前那個狂野的小傢伙，現在已經轉變為溫順的孩子。此時她正坐在我身旁，臉上滿是寧靜與喜樂……現在，導引、磨塑這個孩子靈魂中逐漸甦醒的美麗智慧，已經變成一件愉快的工作。

安的方法是走進海倫的世界、跟隨她的興趣，然後為那些事情或興趣賦予意義。海倫因此開花成熟、發光發亮。

海倫後來成了知名的演說家、作家，致力於幫助盲人與殘疾者，經常是王公貴冑的座上賓。晚年，她回憶自己與安共度的日子：

> 一個嚴重殘疾的人從來不會知道埋藏在自己內心深處的力量來源，直到有人以正常人的方式對待他、鼓勵他去形塑自己的生活。

一個全新的思考層次？

安與海倫的故事發生於一百多年前，她們的故事與自我領導力教育有何關連？

我們在全世界拜訪過的每個學校裡，都會發現許多安、海倫與萊利。他們有些有身體上的殘疾，有些因身處的環境而看不見自己的價值與潛力，有些則因周遭無情的批評而聽不見自己心靈的聲音。他們覺得孤單，有時甚至會以狂野的行為來發洩自己的挫折。

幸運的是，在這些學生身旁，我們也遇見許多高貴的靈魂。這些老師及教職人員眼睛明亮、耳朵靈巧、心靈敏銳，能夠見人之所不能見。我們發現，他們將「引導、磨塑孩子的美麗智慧」視為「愉快的工作」。我們觀察到，他們竭力幫助學生發現自己「埋藏在內心深處的力量來源」，以「正常人的方式」來對待他們、鼓勵他們去「形塑自己的生活」。他們就是「現代的奇蹟創造者」。

大多數的情況下，扭轉學生的人生、幫助他們找到自己的聲音，都不會是一位老師獨立奮鬥的結果，而是一群老師、教職人員、家長以及社區人士通力合作之下的成就。他們的行動通常也不是單一事件，而是許多持續的小事件，長期而溫柔的被編織進孩子的生命之中。

在本書的第一章，我們曾討論塞利格曼博士如何因為採納了自己五歲小女兒妮琪的意見，而導引自己進入全新的思維層次。塞利格曼博士的結論是，將近一個世紀之久，心理學的研究多半聚焦於如何「解決」人的「問題」——找出病人哪裡出了問題、如何減輕他們的痛苦——而非研究哪些事情可以使人快樂、產生效能。最終，他的結論是：「養育孩子……絕不止於解決孩子哪裡出了問題，而是找出並強化孩子的長處與品格上的優點、找到自己的利基，讓孩子能夠充分活出自己那些正向的特質。」

現在看來，塞利格曼博士的結論與安在一百多年前面對海倫的方式並無二致。安並沒有致力於解決海倫的「問題」，她沒有想要為海倫找出「補救計畫」。她的方法是「走進海倫的世界，跟隨她的興趣，然後為那些事情或興趣賦予意義。」和之前嘗試幫助海倫的人不同的是，安鼓勵海倫去「形塑自己的生活」，並找出「埋藏在自己內心深處的力量來源」。也只有在這種情況下，海倫的潛力才得以完全釋放。

我們相信，自我領導力教育在許多方面就代表著一種新的思維層次。我們知道，沒有任何其他教育改造流程和自我領導力教育一樣，致力於同時面對教育的三大挑戰 —— 學業成就、校園文化與領導力技能。七個習慣整合許多強而有力的原則，為人們提供許多新概念以全新的思維層次。即使是最知名的高效領導人都曾告訴我們，七個習慣如何提升他們的思考及生活層次。

然而，自我領導力教育卻也同時代表一個舊的思考層次。七個習慣植基於人類歷史中許多亙古不變的原則。這些原則不會隨時空更迭而改變。因此，雖然自我領導力教育代表一種全新的思維層次，但它也同時要求我們必須回歸亙古不變的原則。

這也正是為什麼許多教育工作者常會覺得，自我領導力教育好像是一雙他們穿了多年、非常合腳的鞋子。因為這原本就是他們從事教育長久以來的工作模式。但對其他人而言，這雙鞋剛開始時可能會讓人有點不舒服。這或許是因為他們已經被考試成績的巨大壓力壓抑太久，開始習慣於「解決」學生的「問題」。有些師長可能因為從來沒有學過「事情需要管理，人需要的是領導」這件事，因而覺得自己必須「一切都在掌控之中」。解決問題沒有錯，它是生活中非常重要的一部分。但若解決問題成了學校或老師唯一的工作焦點，他們或許就需要一種全新的思維層次，或至少回到存在已久、植基於原則的舊思維。

不是多一件事

在「愛麗絲夢遊仙境」的故事裡，滿身疲憊的愛麗絲遇見了紅心皇后。紅心皇后告訴她：「注意啦，你現在得一直拚命跑，才能保持在同一個位置。如果想要到別的地方，妳至少要跑得比現在快兩倍才行。」

教育工作者最不想聽到的一件事，就是有人告訴他們，如果他們想要改善教育現況，他們就得跑得比現在還要快兩倍。許多老師早已跑到快虛脫，有些則已失去了當初選擇教育工作的願景。「多一件事」絕對是壓倒他們的最後一根稻草。

我們之所以在整本書裡不斷強調，自我領導力教育「絕對不是新增一件工作」，主要原因有二。第一，我們非常同意愈來愈多的家長、企業領袖、教育工作者，以及思想領袖的想法 —— 他們不是將七個習慣所包含的思維模式及技能視為「多一件事」，而是原本就是「重要的事」。這些技能並不是有空時再順便教教的好素材。它們是任何學生想要在當今的現實世界中創造快樂人生的重要機會。

第二個原因是，許多教育工作者都告訴我們，自我領導力教育絕對是「以更好的方式去做我們原來就在做的事情」。我們在書中至少列出了五個我們之所以這麼認為的理由：

第一，自我領導力教育是一種心態及流程，不是一個教育專案。它是一種思維模式、一種信念。就像是電腦或手機的作業系統，它影響了我們所有的行為與抉擇。裝上它會讓每件事的進行都更順暢。事實上，許多之前已推行其他計畫的學校，例如「專業學習社群」或「國際文憑學校」都指出，自我領導力教育大大強化了這些計畫的推行效果。

第二，自我領導力教育採取的是「無所不在」、融合式的策略。自我領導力教育不是將學業成就、領導力技能及校園文化視為三種不同的活

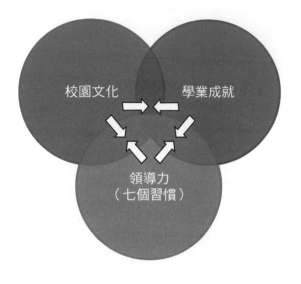

校園文化　學業成就

領導力
（七個習慣）

動，而是視它們為彼此幫助、互相依存的活動。這是一種全方位的教育改造策略。藉由改善三大領域中的一項，另外兩個領域也將同時受益。

　　第三，自我領導力教育可以幫助教育工作者刪減某些現有工作，並以更有價值、更有意義的事情來取代。藉由找出自己的「超級重要目標」，學校更可以聚焦於優先順序最高的工作，並對其他無法對利害關係人的主要需求產生貢獻的工作、議題或活動「說不」。而藉由對不重要的事情「說不」，師長級學校可以擁有更多的時間來做真正重要的事情。

　　第四，自我領導力教育讓老師得以花較少時間在校園文化相關的問題上。我們常聽老師們提起的一項好處是，每天花十分鐘左右的時間於教導七個習慣與建立班級或學校的文化，就可以大大省下處理學生紀律問題的時間。不需浪費過多時間處理紀律問題，就等於可以花更多時間教導學業、培養領導力。

　　第五，自我領導力教育可以改善教職員的工作效能及效率。由於能夠在個人及專業上善用七個習慣，許多教職人員在工作上變得更有效能、效率更高。因此，他們可以有更多時間來培養關係、進行規劃及發揮領導力。老師的高效率一部分來自於將自己的領導責任分享給學生。記得那位從前每天放學後都得花上二十至三十分鐘來關閉所有電腦、拉上所有窗簾的老師嗎？現在，她的學生可以在兩分鐘之內完成這一切。分享責任可以

釋放許多時間來做更重要的事。

愈是能夠以「不是多一件事」，而是「以一種更好的方法來做我們原本就在做的事情」的思維來看待自我領導力教育，推動的工作就會愈輕省、愈長久。

當今的現實世界決定了哪些才是應該教給學生的「要事」。

一個孩子一個孩子來

海倫·凱勒是安·蘇利文唯一的學生 —— 這當然不是一般學校的規格。一般學校面對的情況是，成千上百的學生每天早上幾乎在同一時刻如大浪般湧進校園，然後下午時又如潮汐般遠去。因此，對教育工作者而言，要時時記得每個孩子都是擁有獨特天賦的個體、必須竭力滋養每個「萊利」，顯然不是容易的事。

然而，若不是學校裡有些師長能夠花時間、想辦法進入每個孩子的內心世界，我們又如何能夠期待每個孩子的天賦與獨特的潛能都有機會被完全理解或得到所需要的滋養？許多年輕人 —— 尤其是中學生 —— 經常發現自己的生活中沒有羅盤，他們努力尋找方向、尋找身分認同。他們的生活並不容易。許多似是而非、錯誤的壓力經常威脅著要奪走他們的獨特性。在這樣的現實光景中，成人所面對的挑戰是：勇敢站出來、伸出溫暖的手，與年輕人以一對一的方式，共同面對他們人生中的許多十字路口。有時大人需要做的，只是簡單的給予發揮領導力的機會，或是適時、恰如其分的給予讚美。

沒錯，今天的孩子不可能一出校門就有能力掌理一間跨國企業。沒

「每一個」孩子都重要。

錯，他們未來不見得會成為國家的領袖。沒錯，他們也不見得可以在考試中得到最高分。但這些本來就不是我們以終為始的「終」。我們的初衷是幫助他們：(1)過著高效能的人生；(2)能夠與人和睦共處、攜手合作；(3)為這個世界及身邊的人帶來正面的貢獻。對許多學生而言，若非有人在他們的人生十字路口拉他們一把、給他們發光的機會，這種結果是不會出現的。而自我領導力教育就是設計來幫助成人，讓他們能夠給予學生這樣的機會。

在本書即將付梓前，發生兩件令人興奮的事。第一件事情是，寇姆斯小學再度獲頒全美磁性學校第一名的榮譽。他們是唯一兩度獲得這個榮譽的學校。這是對全體教職員、學生、家長以及社區極大的肯定。

雖然這個獎項非常令人振奮，完全實至名歸，但寇姆斯小學的教職員會堅稱，最令人欣慰的成果，必然是在每個人身上所顯現的效果。而這也正是第二件最令人興奮的事情。

寇姆斯小學的五年級導師麥基里歐羅，一路陪著桑莫絲校長走過推動自我領導力教育的所有歷程。然而，本書付梓前所發生的這件事也完全出乎她的意料。她當時正在教一群五年級的孩子畫時程表。每個孩子都必須畫出自己的人生時程表，並且在上面標示出從出生到現在，他們人生中最重要的八件事情。麥基里歐羅老師沒有給學生任何建議，而學生做習題時也完全沒有進行任何討論。時程表完成後，麥基里歐羅請學生再選出他們認為人生中最重要的一件事。所有人都完成後（同樣未經任何討論），竟

有八位學生同時選擇了進入寇姆斯小學為他們人生中最重要的一件事。這讓麥基里歐羅非常訝異。

　　麥基里歐羅問學生，為什麼會將「進入寇姆斯小學」列為人生最重要的一件事？結論是，他們說自己很愛寇姆斯的環境。他們喜歡自己被視為領導人。對某些孩子而言，這是第一次有人真心相信他們；他們覺得自己的價值有人珍惜。他們的表情非常認真。每個孩子都覺得自己受到重視、感受到自己的價值。麥基里歐羅說她當時很想哭。然後，一個孩子說明他從另一個學校轉來寇姆斯的經驗。「之前的學校只重視閱讀、寫作和數學。但寇姆斯重視的事情可多了。這裡重視你如何與人相處，以及你想要怎麼過自己的人生。」他繼續解釋這種差異對他的影響。麥基里歐羅抓起一張衛生紙假裝擤鼻涕，她的哭點很低。她覺得自己多年來的努力，在孩子們所說的這一切中應該也算有些貢獻，沒有辜負身為老師的天職。麥基

自我領導力教育 —— 以終為始

主要目的

幫助學生有效的……

* 主導自己的人生，成為獨立、自信的人。
* 與人和睦相處、攜手合作。成功建立互信互賴的人際關係。
* 在職場、家庭、社會中，以平衡有度的方式做出有意義的貢獻。

次要目的

* 幫助學校的教職員打造出高效能、高效率的個人及專業生活。
* 將更高的效能及效率帶入家庭。
* 打造出更優秀的未來工作族群，以及更友善、更安全的社會。

里歐羅與寇姆斯的老師確實是在改變孩子的生命,而且是一個一個來、每一個都重要。

用力生活,愈活愈精采!

最後,讓我們回到序言中曾經提到的柯維博士的座右銘:「用力生活,愈活愈精采!」柯維博士一向以「最好的貢獻還在後頭」的心情在過自己的生活。當他拿到哈佛商學院的企管碩士學位時,他的哥哥約翰問他將來想做什麼。柯維博士以四個字來回答:「釋放天賦。」他做到了。全世界數以百萬計的人都說,柯維博士幫助他們讓自己的人生變得更充實。柯維博士常在演講最後引用蕭伯納的名言:

> 人生真正的喜樂來自你覺得自己正在為一個偉大的目標而活,自己是世界的一股力量,而非一墩自私渺小、怨天尤人的土方,成天抱怨著這個世界無法為你帶來快樂……生命終了之時,我希望自己已竭盡心力、奉獻所有。因為工作愈努力,我的生命愈富足……對我而言,生命不是短暫的蠟燭,而是我有幸得以暫時高舉的燦爛火炬。在傳遞給下一個世代之前,我希望自己能夠讓它發出最大的光芒。

我們相信,對你以及對我們每個人而言,最好的事情都還沒發生。我們希望這本書能夠提供一個機會,讓你在忙碌的生活中暫停腳步,對於如何能夠協助年輕孩子做好面對人生的準備,仔細檢視一下自己的相關思維。本書中的概念與做法是否真的「好得令人難以置信」,以及它們是否真的符合這個現實世界的需求,我們也希望你能夠得出自己的結論。

更重要的,我們希望你能夠發現,這本書可以如何應用在你自己的身上。我們希望它能夠為你提供一扇窗,去思考你自己的「聲音」,也就是

安‧蘇利文所說的「獨特角色」。你最獨特的地方是什麼？你的熱情在哪裡？你可以如何將這本書中所討論的概念與想法，帶進自己的工作職場、社區及家庭？你可以如何啟發別人去發現他們的聲音？你的精采人生可以有哪些貢獻？

太多人安於停泊在無波的港灣、認命的接受現狀、受限於過去的成功經驗。他們認為「改變」、「領導力」和自己無關，是別人的事。他們是旁觀者。我們希望你視自己為主動積極的領導者。學校的改變始於個人的改變，是由內而外的過程。藉由改變自己，我們將能夠改變周遭的環境。

在今天的全球化經濟中，我們真的不能等到年輕人在企業中得到第一份領導職務時，再來教他們如何與人相處、設定目標、深思熟慮。我們不能怠惰的等到他們成為老師、醫生、消防員、工程師或家長時，才來教導他們如何規劃自己的生活、採取主動，或是團隊合作。我們無法承擔「放輕鬆」、希望孩子有幸能夠找到自己的價值與潛能的代價。他們需要更好的協助。他們需要希望。

個人反思

第八個習慣是「找到自己的聲音，然後啟發別人找到他們的聲音」。你自己的聲音是什麼？你能夠以一對一的方式，啟發哪個人找到他的聲音？你的身旁是否有一個孩子或一所學校，可以因你而獲得一些益處？你可以如何應用本書中的原則於自己的生活之中 —— 而且就從今天開始！你可以如何「用力生活，愈活愈精采」？

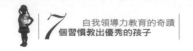
誌謝

這麼浩大的一項寫作計畫,沒有眾人的統合綜效及貢獻根本無法完成。我們感謝全球自我領導力學校中數百位教育工作者所提供的專業內容、訪談、照片、故事,以及精采的創意。我們更要對布萊德利、麥卡坦、米勒、珂蘭寧、康茗絲及佩克所組成的富蘭克林柯維公司教育委員會表達特別的感謝。

由諾柏、艾希比、約書亞‧柯維、錢尼、薇茲爾、約克、湯普森、舒梅克、梅莉歐思、卡珂蘭、奧斯朋、麥肯泰爾、艾姆林、畢昂絲多提爾、朗德,以及奧絲華所組成的富蘭克林公司總部及國際部團隊,也為我們做出重大的貢獻。

我們的顧問及教練團隊,包括:摩兒博士、卡瑟曼、法恩斯沃、耐特博士、惠烈、摩爾、麥古依、范畢艾納、珍妮佛‧威廉絲、布萊克福、須藤、傅洛克斯查、史坦雷克、席依、珍妮貝兒‧威廉絲、史科因、福克絲、皮契佛博士、荷莉思、黎思爾、舒倫博士、安德森、韋伯、可辛絲基、潘妮克,以及我們在美國各地及全球各國傑出的業務夥伴及合作夥伴,也都為我們提供了嚴謹、專業的意見。

我們也要為西蒙與舒斯特出版公司的朋友羅翰、海蒂、麥卡夫、佩思、麥格里昂妮在出版過程中不斷追求卓越的努力,以及杜普立—彌勒經紀公司的彌勒及瑪文衷心相信、全力支持我們的願景,一併致上我們最高的謝意。

我們更要向各自的家人致謝，他們在整個過程中所給予的支持，讓我們得以堅持到底。最後，我們要向孩子們表達謝意，這本書是獻給他們的。他們給了我們希望、教導我們何謂喜樂、給了我們寫這本書的動機與靈感。

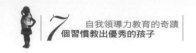

後記

保長國小的故事 ── 台灣第一所推行自我領導力教育的公立學校

（本文改寫自保長國小周德銘校長及國立台北教育大學副教授田耐青共同撰寫的〈「自我領導力教育」在保長 ── 打造「保」證成「長」的品格學園〉）

「不山不市」的偏遠小學

　　位於新北市汐止區的保長國小創立於1969年，在產業興衰、城鄉更迭之下，如今成了一所典型「不山不市」的偏遠小學，只有八個班級（小學部加幼兒園）、一百五十四個學生。學校位於工業區，與鋼鐵廠、貨櫃廠為鄰，校門前大卡車時時呼嘯而過。

　　保長弱勢家庭比例高，許多家長為了生計，幾乎無暇關照孩子。因為校舍老舊、安全堪慮，學校從2012年起開始進行校舍重建工程。直到2014年中新校舍啟用前，部分學生曾在一牆之隔的閒置軍營，以阿兵哥的舊寢室充當臨時教室，克難度過近三年的學習生涯。

　　一次，周德銘校長陪同導師到學生家中進行家庭訪問，開門的是一位佝僂的阿嬤。透過她的訴說，校長和老師得知孩子的媽媽十多年前從菲律賓嫁來台灣，生下兩姊妹。然而，原本幸福的家庭，卻因一場意外，讓孩子從小失去了爸爸。媽媽為了養活一家，兼兩份工作，長期早出晚歸，孩子的照養工作全落在阿嬤身上。阿嬤枯瘦的雙手緊緊握著校長的手，伴著撲簌簌落下的眼淚，帶著祈求的眼神說：「校長啊！我就是沒有讀書、不

識字，孩子的媽媽也看不懂中文，所以沒辦法幫孩子看功課、簽聯絡簿。但是我們都希望兩姊妹以後能有好出路，不要再過這樣的苦日子，所以孩子讀書的事，一切要靠你們了。算是我老阿嬤向你拜託……」回程路上，校長環顧老舊的校舍，思忖著不知還有多少保長的孩子，家庭狀況一樣困頓。他同時也體悟到「無論是家庭教育、學校教育、社會教育，在保長，學校幾乎就是孩子的全部」這個重大責任。

學校師長深知保長的特質：和其他學校相比，課業、成績或許不是保長孩子最大的成就舞台，也不盡然是他們能競逐未來的優勢，但每個保長的孩子絕對擁有獨特的天賦。秉持著「適性揚才」的理念，學校發展出多樣的活動與社團，讓會唱歌、會騎獨輪車、會畫畫、會演戲等不同天賦的孩子，都有展能、發光的機會。雖然這些做法與思維，的確讓孩子開始展露自信的眼神，但總覺得這種「點狀」的做法，缺少系統性、全面性的架構，更無法延續與深化。

當保長遇見自我領導力教育（TLIM）

2013年底，保長新校舍即將啟用、教師團隊也開始聚焦討論保長的教育新主軸，這正是保長軟硬體均備、全面翻轉的新契機。身為保長校友的凱莉老師，對保長有著濃濃的情感。師院畢業回母校任教的凱莉老師感嘆說：「沒有進入保長的人只會看到保長的『小』，擔心孩子沒有競爭力，會輸給大學校。」此時，在台灣推動自我領導力教育的沛德國際教育機構剛好成立，正多方向教育界前輩請益。於是，在當時政大教育學院陳木金教授的大力推薦下，周校長和凱莉老師、子慧老師參加了沛德的自我領導力教育說明會。美國北卡羅來納州寇姆斯小學因導入七個習慣而脫胎換骨的過程，讓三人眼睛一亮、茅塞頓開 —— 保長正要發展自己的教育新主軸，而且苦無系統性、結構性的作法，TLIM似乎是絕佳的著力點。三人

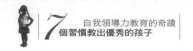

立刻產生將七個習慣導入保長的共同憧憬。

說明會之後，三人心情澎湃，於是決定利用各種機會，將說明會中的所見、所聞及感動與全校教師分享。為了讓全體教職同仁能夠盡快「上車」，學校極力邀請沛德團隊到校分享，帶領老師們認識自我領導力教育、發想保長的未來藍圖。

凱莉老師清楚記得保長翻轉的起點：

2013年冬，新校舍完工，我對保長的未來充滿期待。這麼棒的硬體，一定可以讓人對保長刮目相看了吧！更高興的是，一套能夠幫助師生「認識自己、影響別人」的自我領導力教育也同時進入了保長。

學校完工前，校長就不斷請師長互相對話 —— 保長的特色、方向是什麼？2014年1月，校長、子慧老師和我參加自我領導力教育說明會後，我找到了答案！保長和寇姆斯小學有一些相同之處，像是學生人數逐年減少，家長因為工作忙碌，疏於或不知如何教導孩子。孩子感受不到期待、對未來不懷夢想、看不見自己的天賦，所以甚至逃離學習。我迷失在「解決孩子的問題」之中，變得忙與茫。

自我領導力教育相信「人人都能出類拔萃」，讓我深受感動。要別人笑，自己先要笑。說明會中提到老師要自己先內化七個習慣，才能夠以身作則。我對保長老師的學習動力與對學生的熱忱深具信心，相信大家一定會一起「上車」！

導入自我領導力教育後，我看見了藍天白雲、學校的木棉樹，伴著一座希望校園，孩子笑聲朗朗、自信大方、熱情探索自己的夢。孩子身旁的老師，也笑得如陽光般燦爛。在保長，教育真的不一樣了！

保長老師對孩子的愛讓我深深感動，謝謝他們為汐止的孩子如此付出，讓我家鄉的孩子可以擁有不一樣的未來！

294

老師們雖然才剛體驗到自我領導力教育的魅力，但多半已認定這是一個可能翻轉保長孩子的系統，也是學校可以送給孩子終身受用的最佳禮物。保長迫不及待，希望寒假就能開始行動。最令人感動的是，雖然能否成為導入學校還在未定之天，

自我領導力說明會，幫助全體教職員「上車」。

訓練時程也還沒確定，有些老師卻已主動更改返鄉車票及假期行程。

因為這份決心與行動力，2014年元月，保長國小在沛德的協助下，獲得富邦文教基金會的贊助，成為全台第一所導入自我領導力教育的公立小學，展開了全新的TLIM歷程。

許多投身教育的人都深信福祿貝爾的名言：「教育無他，唯愛與榜樣而已。」TLIM完全認同這個理念，因為它的第一個步驟就是「師培」，而且是將最重要的投資先放在師長的轉變上。

寒假期間舉行了第一階段整整三天的「7個習慣訓練」及「願景訓練」之後，保長教職員團隊在沛德教練的帶領下，全面重新檢視保長及個人的教育使命、逐步聚焦。經過熱烈的激盪與對話，保長的願景從1.0版一

師培最重要、老師先改變 —— 教育無他，唯愛與榜樣而已。

在保長，親師生皆擁有獨特的天賦，能夠以身作則、相互支持，共同培養自我學習與服務他人的能力，成為愛與榜樣的校園。

路進化到4.0版。

六個月的七個習慣「內化期」之後，保長隨即展開下一步的「計畫推行訓練」，深入認識、操練TLIM的六大關鍵要素：以身作則、環境、課程、教學、制度，以及傳統。

在「願景訓練」中，柯維博士開宗明義就說：「領導力是一種能夠與人清楚溝通他們的價值與天賦，終而使他們深受啟發、領悟自己天賦潛能的能力。」保長實施TLIM一年多來，運用六大要素所帶來的改變，在三方面最為明顯：

一、教導形式的改變

「怎麼教？」一直是教師在校園裡最重要的功課。但許多老師卻常因為疲於應付各種教學專案，而未能進行系統性的進修成長、發展出自己的教學專長，終而成為教育生涯的最大遺憾。

孩子未來面對的是全球化、資訊爆炸的世界，要幫助孩子迎向未來，勢必要在教學過程中，幫助孩子發展出許多基本的技能，如思考力、分析力、執行力、創造力等。自我領導力學校中，教師除了在每週的課堂上，運用TLIM為各個年級所設計的「學生活動手冊」來教導品格及領導力原則之外，另一個重點就是綿密融入教材中的「領導力工具」。六年級子慧老師的心得是：

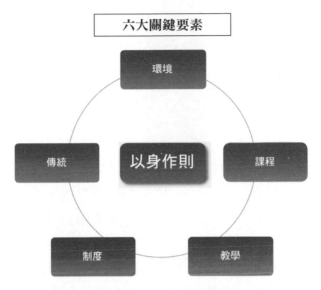

六大關鍵要素

環境

傳統　以身作則　課程

制度　教學

（資料來源：自我領導力教育「計畫推行訓練」手冊）

領導力教育無所不在。除了親師生的日常對話要多使用領導力語言外，更要融入課程與教學。例如國語課的修辭教學及作文大綱，就可藉由使用「蓮花圖」，讓學生的思考及討論內容更為充實、豐富；「魚骨圖」則可用來幫助學生整理事件的因果關係；「流程圖」更可以應用在釐清事情的先後順序上，如分析課文大綱、寫作教學⋯⋯等。領導力工具的應用非常廣泛而且生活化，不僅可以幫助老師減少傳統的單向講授、增加許多有效的教學工具，更可以讓孩子在學習的過程中，自然而然、有系統的學會自主學習、解決問題等二十一世紀必須具備的技巧與能力。

七個習慣語言也是老師們教導孩子以及以身作則的重要工具。例如，習慣一：要求師生鍛鍊「主動積極」的語言，要常說：「我要⋯⋯」、

以領導力工具培養孩子迎接未來的能力。

「我可以……」、「我選擇……」、「我決定……」。這些當然要從老師開始做起。一年級的凱莉老師教導孩子要當環保小尖兵,她自己就經常指著標語對學生說:「我是主動積極的領導人,我選擇洗手時水龍頭只開一半,愛惜地球。」

這種身教之下,凱莉老師班上的家長就分享:「小剛曾經擔任班上的『省水長』。因此,他在家都會積極幫忙檢查水龍頭有沒有關緊,甚至還在浴室水龍頭旁邊貼上「愛惜地球資源」的警語!」而小剛爸爸也學會以身作則的教導從前買完玩具後一定會互搶、吵架的兄弟倆,如何發揮「雙贏思維」!

孩子共同制定自己的班級公約。

凱莉老師的師生關係也因教導方式的改變而更上層樓:「我以前從未發覺老天爺給我們兩個耳朵、一個嘴巴,是要我們『先聽再說』。學生被理解的需求,我有用『心』聽嗎?習慣五『知彼解己』提醒了我,要多聽孩子的聲音和選擇。因為『聽見』,讓我和孩子

的心更靠近了！」

　　也有許多老師教孩子，常有「愛之深、責之切」的迷思。以為老師罵得愈兇，學生愈會改過自新、奮發向上。但習慣四「雙贏思維」卻要求老師清楚說出自己的期待，然後賦權孩子去完成。五年級的佳綾老師對此有很深的體悟。帶領孩子彩排「領導日」的表演活動時，佳綾老師原先也是求好心切、要求這個、要求那個，但一想到雙贏思維，她決定讓自己和孩子都要樂在其中，因此便「放手」讓孩子完成他們自己所設計的節目橋段，自己的工作反而是隨時稱讚孩子：「這個點子太有趣了，你們是怎麼想出來的？」

　　中陵主任也有以「引導」代替「教導」的成功經驗：

　　三個五年級的孩子跑來找我，請我擔任他們行動小組的指導老師，我欣然接受。孩子有一個創意：希望接受同學點歌，然後在教導處播放給全校同學聽。
　　「很好的構想，你們打算怎麼做？」
　　小蓁：「上午接受點歌，然後中午播放。」
　　「上午點歌中午播，時間會不會太趕？你們播放的歌曲從哪裡來？」
　　孩子訝然：「哇，沒想到耶……」
　　「你們可能得思考一下實際的做法。包括：如何取得同學的點歌、如何播放、如何安排播放順序、是否在廣播中介紹歌曲內容等……」
　　孩子顯然很看重這個活動，因為他們實踐了習慣一「主動積極」，自己來找指導老師，同時也發揮了習慣六「統合綜效」，三個人一起帶著企畫案來找老師幫忙。
　　看到學生滿心興奮，但企畫案內容卻掛一漏萬，我不忍澆冷水。我沒有直接給他們「完美」的答案，而是選擇把可能發生的問題拿來問

教學方法大大改變、師生關係大大不同。

他們。我陪他們一起想解決方法，並設想若是真的不可行，或許可以考慮換題目，或是延後推動。

幾天後，三位孩子午餐時間又出現了。他們沒有放棄，而是發揮習慣二「以終為始」，堅持目標、排除困難，把上回的問題，一一想出了解決方法。

「如何取得同學的點歌？」

「製作點歌單，到各班宣傳、邀請同學根據歌單點歌。」

「如何收集歌曲？」

「從電腦網路收集要播放的音樂。」

「如何安排播放順序？」

「製作播放總表，請同學建議播放時間，或由小組安排。」

「是否介紹歌曲？」

「放音樂前，我們會介紹誰點的歌、歌名、要獻給誰。」

我對孩子真是令人刮目相看！即便仍有一些問題，但看到孩子為了目標努力，發揮習慣三「要事第一」的精神，讓我打從心底佩服。事實上，當初請他們換題目，真是太小看學生了！孩子真的是有備而來，一個負責製作點歌單和點歌總表，一位負責點歌箱的製作與回收歌單，一個則負責音樂播放，真正做到了「統合綜效」！

103學年度是TLIM進入保長的第二年，但卻是班級推行的第一年。

六年級的子慧老師眼見學生畢業在即，心情格外急切，於是向沛德的教練求助，加上自主研發，率先實施了TLIM的核心工具「領導力筆記本」。從設定個人使命宣言，到學習設定個人「超級重要目標」（WIG）、追蹤進度，並將個人的服務與成功經驗，點點滴滴用文字、圖畫或照片記錄下來。藉由領導力筆記本，學生充分體認到如何做自己的主人，並為自己的成長與學習負責、累積學習歷程的點滴、看到自己的成長與改變。

　　這樣的成長看在教育主管單位的眼中，顯得格外珍貴。最後一個學

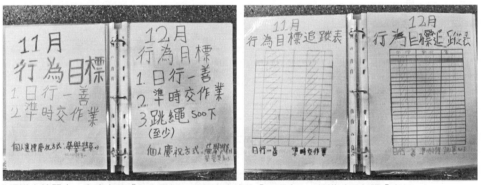

「領導力筆記本」有班上的「行為目標」和個人實踐的「追蹤表」，教導孩子何謂「責任」！

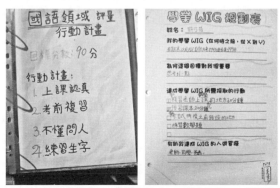

每個孩子都有自己個人的「超級重要目標」、「執行策略」、「計分板」，學習為自己負責！

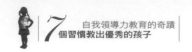

期,督學來到保長,幾個六年級學生用「領導力筆記本」向督學說明自己如何設定目標、規劃策略、追蹤進度,讓督學驚嘆的說:「你們班的同學想法都很縝密、說話有條有理,真的不敢相信你們是六年級的學生。真希望我的孩子將來也能跟你們一樣!」

保長的老師深深體會到,培養孩子領導力最好的方法,就是讓孩子感受到自我領導力真的無所不在、知道他們每個人都是領導人,都擁有獨特的天賦,並且願意與人分享自己的才能。

二、學習態度的改變

2015年1月,保長第一次舉辦「領導日」,家長的出席人數大增,更有許多外賓受邀前來!下午的座談會,保長邀請孩子自己分享學習七個習慣後的改變:

六年級的小棋:

學習七個習慣之前,我不太會管理自己的時間。每天回家後常常先玩電腦、看電視,最後功課就寫不完,隔天交不出家庭作業,心裡就很自責,而且還要被留在教室補寫功課,下課的自由時間都沒辦法玩。後來我學會「要事第一」,回家後一定先寫完功課再玩,因此作業就沒有再缺交了。

六年級小珮:

和同學在練舞的過程中,大家都會提出對舞蹈動作的意見,但是因為每個人的思考模式不同,所以提出的意見也不同,難免產生爭執。所以我就想到了習慣六「統合綜效」。我的做法是,先請每位團員說出自己的意見,然後再整合大家的意見,變成一套全新的舞蹈動作。這

就是1+1=3，合作力量大！

座談會中，家長也熱烈分享。二年級小弘爸爸的分享，甚至還帶有深刻的自省，令人動容：

老師創意迸發、孩子樂在學習。

因為我自己工作上講求效率的習性，使得我對孩子的教導也比較偏重習慣三「要事第一」。但孩子畢竟是孩子，凡事講求效率，相對就比較沒人性，因此多年下來，總是不見成果，而且親子關係也常緊張。

我非常感謝學校引進「自我領導力教育」，也發現過去多年的努力不見成效，其實是因為沒有真正了解、好好運用「雙贏思維」和「知彼解己」。過去短短半年，透過學校的教導，我發現孩子進步神速，不僅每天開心上學，處理各項難題時，也都能控制自己的情緒，真正做到習慣一「主動積極」。非常感謝學校教導孩子七個習慣。孩子在改變，連身為爸媽的我們也自我期許和孩子一同學習、成長，共同打造和樂溫馨的「七個習慣家庭」！

三、環境營造

校園環境中所有的元素都在反映這個學校重視的是什麼。校園環境深深影響孩子看待這個世界的觀點。然而由於環境是無聲的語言，不易察覺且通常沒有立竿見影的效果，因此「境教」常常沒有被學校放在最核心的位置。

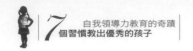
TLIM 非常重視環境教育,而且絕不停留在張貼標語、海報的層次。

成為自我領導力學校後,保長也開始著手系統性的規劃自我領導力的環境。秉持「校園應該是展現孩子天賦的舞台、畫布」的想法,保長決定捨棄專業設計師的美工作品,大量採用孩子們在學習過程中所產出的「作品」,讓各項布置充滿童趣,也反應孩子的學習歷程、成長情境。

最明顯的一個例子:學校願景牆上標注著「校長」兩個字的「三太子」,正是一位小一男孩的創作。由於經常陪同家人參加廟會或進香團,這孩子常常看到三太子像,而在孩子的心裡,校長就如同三太子一般偉大。貼近生活的創作,不但展現了孩子繪畫的天賦,也反映出孩子真實的生活情境。

不僅視覺環境,孩子每天聽到什麼也很重要。保長多才多藝的中陵主任和慧芳老師還以電影「真善美」裡的「Do Re Mi」,編寫一首七個習慣歌:「主動積極負責任、以終為始定計畫;要事第一再玩樂、雙贏思維都快樂;知彼解已聽再說、統合綜效來合作、不斷更新身心好,自我領導力真棒!」每天下課時間,學校廣播傳出歌聲,全校師生開心的一起大合唱。

在自我領導力學校裡,環境營造絕非隨興的裝飾,而是身負「潛移默化中強化學校願景及領導力文化」的重責大任。一個以孩子的生命經驗、學習歷程為核心的校園環境,不僅可以讓孩子對這塊學習園地產生責任感,更可改變學校的文化、創造出一種看得見、聽得到、摸得著的領導力文化。

推行TLIM的過程中,保長發現,文化的改變必然帶來學校制度及傳統的改變。廣義而言,「制度」意指固定、有秩序、有計畫的做事方法或計畫,也是整體中各個部分的共同指導原則。

在自我領導力的學校裡,「賦權」是制度建立的根本思維。例如,當

教育局規定學校要辦理親師懇談的家長日，保長就以「學生主導」的方式，由師生共同決定班級的呈現樣貌及進行方式。有外賓到校，保長都是由學生負責接待、介紹班級使命宣言、運用自己的「領導力筆記本」說明自己的學習目標及進展。進入TLIM第二年，保長更進一步成立了「學生燈塔小組」，賦權學生參與討論或決定學校的重大決策。

論及「學校的傳統」，易與學校長年以來的例行活動，如開學日、才藝競賽、音樂比賽、運動會等行之有年的活動相聯結。但除了活動之外，傳統也是學校全體人員行為的總合，更是學校成員在學校內部運作及互動的過程中，所形成的各種信念、規範和行為型態。

推行TLIM之後，保長每學期初都由各班級師生共同制訂班級的使命宣言及行為公約，打造「自我領導」的傳統。在領導力校園裡，自我領導力也深刻融入學校各種活動。例如，師長們從第一次「領導日」活動就開始操練「放手、放心」，鼓勵、幫助孩子運用領導力、學習擔任領導人。因此，從活動設計、校園導覽，甚至整個「天賦展能才藝秀」的主持、場地布置，一路到燈光、音控、播放跑馬燈字幕，全部由孩子負責、主導，老師只負責驕傲的微笑、拚命拍手。

保長國小自我領導力教育環境示例

學校是師生共學的場所，也是進行正式課程、潛在課程的場域。師生共同打造、經營以孩子為主體的校園，不僅可以清楚傳達學校珍視他們希望全力幫助他們培養領導力，更可激發出正向、主動的學習態度，提升學習成效。

以下分別針對保長的師生創意元素、願景與使命宣言、更高層次的應用、善用領導力工具及啟發人心等五大思維進行說明。

一、師生的創意元素

學校師生創意無限,而校園的任何角落均是展現創意的絕佳環境。在保長、孩子的創作都是環境的最佳素材,師生以巧思,共同打造出「人人有舞台」的文創校園。

飲水機上的小盆栽、門上的裝飾、枯木排列的校名,都充滿意義與創意。

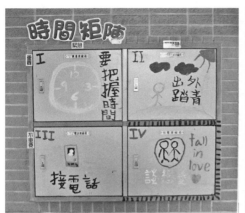

電箱也可以變成時間管理工具。　　　　　　環繞孩子生命經歷的校長室。

二、願景與使命宣言

　　如同建築物要完成前必須有藍圖，同樣的，在做任何事之前，必須有清楚明確的目標。擁有自己的使命宣言，才能循序漸進的完成自己的願景。「使命宣言」仿若是個人的人生憲法，澄清了自己的目標，也是生活的明燈。在保長，除了班級外、老師、孩子也都擁有自己的使命宣言，共同跨步、向前邁進。

三、更高層次的應用

　　環境的形塑若能有「互動式」的情境設計，往往能吸引孩子的目光、讓孩子更願意共同參與；而若能創造一個訴諸「更高動機」的互動情境，將更能深化孩子的正向價值觀。例如：為方便取用，保長校園內的「品格球」採開放的方式，將籃球置於球場旁 —— 以「信任」為基礎，相信使用者會在打完後自行歸還。如此一來，「品格球」的設置，不僅只是表層的「方便使用者」，更將「信任、尊重」的元素蘊含其中。因為相信孩子，我們看見孩子的自律與自重，從此不再需要三令五申，使用後，球總

以身作則 ──「使命宣言牆」上有每位師長的「個人使命宣言」及彼此的鼓勵。

能整齊的被放回原位。

四、善用領導力工具

　　保長師生在共學過程中，開始認識並學習活用領導力工具 ──「蓮花圖」可用來發想、整合相關的概念或行動，「魚骨圖」是用來呈現特定事件、問題的因果關係，「目標計畫表」則可用來釐清目標及規劃達成目標所需完成的工作等。領導力工具不僅有助於孩子進行更有效能的學習、幫助孩子培養思考、分析、規劃、執行、創意發想等實際的生活技能，對學校的運作更有實質的幫助。

　　在保長，師生們充分運用十幾種工具來深化自我領導力教育，包括

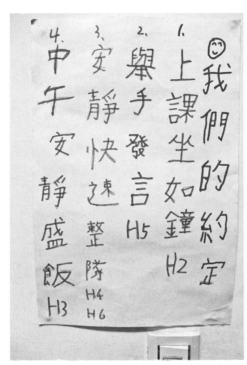

打掃時間公約

1. 認真打掃，發揮 H6。
2. 用正確方式使用掃具。（H1）
3. 自己檢查有沒有打掃乾淨。（H2）
4. 幫忙其他同學打掃。（H7）
5. 打掃完回自己的座位做自己的事。（H1）
6. 小聲交談。〈音量 1〉（H1）

主動積極～我選擇認真打掃，是為了維護環境的整潔！

每個班級、走廊也高掛師生共同討論出來的「班級使命宣言」及「行為公約」。

用數據、圖表來追蹤及評估各種專案、目標的執行進度及成效，用「慶祝」共享達成目標後的榮譽感，形塑師生「個個有表現」的成就校園。

五、啟發人心

當孩子的成就可以被看得見，往往會更激發他的榮譽感，願意投入更多的努力、付

『品格球』使用規則

籃子內共有10顆球，歡迎大家在下課時間借用，用完請確實放回籃子內，下次才能繼續玩喔！

主動積極、雙贏思維
人人有得玩

「品格球」以「尊重」與「信任」，涵養孩子好品格。

 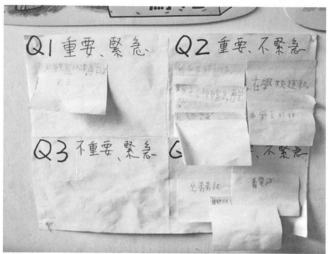

互動式的情境布置，讓孩子真正「活出」領導力。

出更多的心血、邁向「卓越」。同時他也會發揮正向的影響力，成為他人學習的表率，帶動夥伴一同邁向成功。在保長，各類型的領導人都有被彰顯的空間，激勵的情境四處可見，期待透過「見賢思齊」的相互感染下，讓每個孩子都能發揮自己的天賦，讓人人都是領導人！

逐步實踐「展賦、自主、服務、榜樣」的學校願景！

推行自我領導力教育一年、經歷了「領導日」之後，老師看到孩子的改變，似乎大受激勵、玩上了癮。

一民主任細數保長一年多來的各種活動，親眼見證保長正逐步達成「展賦、自主、服務、榜樣」的學校願景！

104 年 2 月 24 日開學日闖關活動

104 學年度第二學期的開學日，農曆春節的節慶氛圍仍舊濃郁。為了

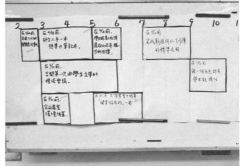

師長用魚骨圖規劃領導力環境、以甘特圖排定校內月份重點工作。

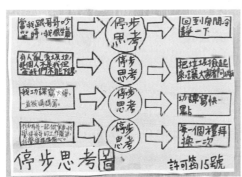

孩子也學習用領導力教育工具，創造高效能學習、培養帶得走的能力。

讓孩子們快快擺脫「收假症候群」，學校依傳統又要辦理開學日活動。如何推陳出新，又能複習學校正在推行的領導力教育呢？保長的一民主任帶頭行動：

同樣從事教育工作的先生問我：「是否考慮發展七個習慣遊戲版，寓教於樂，或許以後會更容易推廣呢！」。這個靈感觸動了我。為了幫孩子複習七個習慣，燈塔團隊擬定了「打造保長好兒童、七個習慣來相伴」的開學日專案，並選出三人小組負責規畫。

運動會紀錄保持者榮譽牆、繼續填滿它！　　　以創意激勵、啟發孩子，每個孩子都是領導人！

寒假期間老師彼此聯絡並不方便，於是我們發揮統合綜效的精神，先進行腦力激盪想遊戲，再分頭認領、構思遊戲內容。約定的時間內，大家提出討論、修正，直到大家都覺得滿意後才定案，並由我統籌撰寫書面計畫。

我們將計畫寄給所有老師，請大家提供回饋意見、繼續修正。

開學準備日，三人小組向全體教職員報告，並請全體師長一起「試玩」。活動設計由師長擔任關主、帶領孩子玩遊戲，不僅是複習七個習慣與好玩而已；更深層的目的是由老師為孩子做示範，讓孩子學習專案的規劃與執行。我們期待的是轉化「師生間的師徒制」成為「學生間的師徒制」。這個目標如願在一個月後一舉達成。

104 年 3 月 31 日兒童節：從闖關者「升級」為關主

習慣七「不斷更新」是培養身、腦、心、靈健康與平衡的習慣。何不趁著兒童節鼓勵孩子多運動？而這也不正是鼓勵有體能天賦的孩子，展現自主與服務學習的大好機會。

經過一年的實踐，保長的孩子早已熟悉學校「學生領導人徵選」的模

式，各關指導老師完成「學生關主」甄選後，立刻進行職前講習，包括：應備的動作能力、器材準備、操作要領、爭議處理……那一天，汐止風和日麗，校園活力四射。擔任關主的高年級孩子有模有樣的介紹闖關要領、示範闖關、蓋章。關主們盡責投入、闖關者則卯足全力

七個習慣闖關活動。

過關，全校師生完全享受在領導力大爆發的快樂中！這個兒童節，老師們似乎是在過教師節 —— 只要負責在一旁欣賞、讚美關主的優秀表現、闖關者的努力就夠了！

104年6月30日師長歡送會：規劃到執行，學生全主導

「學生燈塔小組」與以往的「自治市」組織很類似，但保長改變了直接選出一位市長的方式，而是徵選出七位「小燈塔」成員。在「小燈塔」實際規劃、執行過至少一個專案後，組員再推舉出一位自治市長。在這個過程中，「小燈塔」除了實際觀摩「教師燈塔小組」如何開會、規劃專案、執行學校各項領導力活動外，每位教師燈塔成員也都是小燈塔的「師父」，負責指導小燈塔所提出的願望清單（政見），讓夢想得以實踐。

期末，學校依慣例將舉辦「師長歡送會」。以往這個活動都是由學校的訓育組負責，這回則是由新選出的學生燈塔小組中，三個四、五年級的學生負責，而剛畢業的小燈塔學姊也來跨刀相助。「領導日」後，保長所有活動的主持、音控都由學生主導已是慣例，但這次最令人驚豔的是，

關主盡責投入、闖關者合作過關。

他們竟然製作了超水準的歡送影片 —— 從腳本、演出、錄影、剪輯、配樂、上字幕全部自己來。孩子們的創意、規劃力、執行力，簡直讓所有在場師生驚喜萬分！特別值得一提的是，「自治市」組織與「學生燈塔小組」最大的差別是：自治市執行的工作大部分都是師長們期待的內容，而學生燈塔小組的工作，則多半是孩子們的願望清單。由於學生動機不同，因此學習效果展現也大有不同。

迎接質變的品格學園

學校導入TLIM至今已一年，我們發現，保長正在產生質變。

長期以來，台灣的學校文化裡，「行政與教師」是學校運作的兩大主體，但行政與教師間，往往在有一道很難跨越的鴻溝。保長實施TLIM之後，「燈塔團隊」成為一個推動組織，總是先鋪設起保長推行TLIM的軌道，讓老師們有方向可遵循。但異於傳統的行政團隊，燈塔團隊成員是經由全體同仁推選而出，是具有「民意」的服務團隊、而非科層體制裡的「官方代表」，因此所規劃出的方案更能貼近教師的需求、納入老師的執行性考量。因此也大幅提升學校師長之間的凝聚力。

保長的師生關係有了微妙的改變。這一天，六年級的孩子正在進行《與未來有約》的班級讀書會，討論的議題中提及了「情感帳戶」的存提款 —— 履行對他人的承諾是存款，言而無信是提款。下課後，小陽走到導師跟前輕聲的說：「老師，我明天一定會把欠繳的作文完成，因為我

校長參與大、小燈塔「聯席會」。

要在我們的情感帳戶中存款……」原本因為學生欠交作業而難免不悅的子慧老師，聽了學生誠摯的允諾，師生之間的關係驟然起了變化；「孩子意識到自己該負的責任為何，並且能夠思考及提出解決方式，做出雙贏的選擇，這正是TLIM中『主動積極』、為自己負責的內涵呀！」當然，小陽依約在隔天完成並繳交了他的作文。

中陵主任也舉出一個讓人不禁深思的經驗：

心理學家阿德勒的研究顯示：「氣餒喪志是孩子一切不良行為的根源。」阿宏是校園內令師長頭疼的學生，學業成就表現不佳，還經常以捉弄同學來引起旁人的注意。我和阿宏約定，計畫教他一套魔術，在期末才藝秀時表演給全校欣賞。我深深

開會超認真的小燈塔。

全力實踐共學、分享、統合綜效的團隊！

期待這是阿宏脫胎換骨的機會。孩子需要被鼓勵、找到他的亮點、重新燃起學習的動機與欲望。與其不斷進行國語、數學的補救教學，我嘗試從另外一條路徑，引領他放棄氣餒的態度，找到自信與被人關注的滿足感。

打破過去魔術教學的模式，我在示範後不急著馬上教學，我請阿宏去思考每個魔術背後的原理與步驟。我發現阿宏天資聰穎，至少在魔術的邏輯理解上，能夠清楚表達出自己的想法。只是這樣的機會，在平常的國語、數學課不容易表現出來，或是說，程度已經落了一大截，也提不起勁去想。魔術對於阿宏來說，是個全新的開始。既然是新的，就沒有落後不落後的問題，只要肯學，每一步都是向前邁進。

兩個禮拜的一對一教學，再加上阿宏自己在家對著鏡子努力練習，期末才藝秀的演出，當然獲得了滿場喝采。阿宏滿心喜悅。這是阿宏應得的回報 —— 根據亙古不變的原則，努力付出，終會有收穫。這個經驗讓我更加確信，不是「好孩子」才值得鼓勵，而是鼓勵可以使孩子「變好」。

領導日的「驚艷」經驗

導入 TLIM 將滿一年，保長舉辦了第一次的「領導日」活動。當天，每個人都看到了保長的質變。除了家長的感動與放心、師長間的統合綜效

之外，孩子的表現更是令人驚艷。

領導日活動中最特別的，就是小昱的「跳遠教學」。小昱是學校跳遠記錄的保持人，「領導日」活動徵選時，小昱提出「介紹跳遠」提案，並說明他的構想與規劃。師長決定「放手、放心」，邀請小昱成為校園導覽行程中的「特色人物」。

領導日當天，小昱的跳遠區訪客絡繹不絕。只見小昱沉穩、條理分明的介紹跳遠規則，還在來賓一陣陣歡呼聲中一再現場示範。雖然連跳八次後，小昱差一點吃不消，但他自信的笑容，卻讓所有人為他感到驕傲。全程見證保長領導日的富邦文教基金會楊順美總幹事有感而發：

> 我看到每一個孩子，他也許不是真的有很大、很不一樣的能力，但是他覺得那是他的能力，而且也勇於表現出來。他很有自信。我想這就是領導力教育最重要的一個開始。因為有了這樣的自信，他就能夠在其他面向做到自己認為做得到的事。我想這是我們翻轉教育一個非常好的機會。

小昱的跳遠教學。

我是領導人，從小學習當稱職的主人。

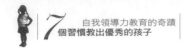

經過保長「領導日」的洗禮，一位來訪的老師深受感動：

我發現在整個活動當中，孩子們都有充分的自信能夠完成他們被交付的任務。舉一個例子：我非常感動的是，今天在舞台上，一支麥克風忽然垂了下來。孩子們並沒有去責怪任何人說，「你怎麼沒把它弄好？」而是找到機會，自己立刻上前把麥克風扶正、想辦法讓活動做到最好。

我覺得這些孩子就是真正的領導者，不管是領導自己本身，或是領導團隊的其他成員。我覺得這是一種最好、最好的學習機會！

領導力就是在沒有人看見的地方，還是堅持做對的事情。前一陣子，周校長在學校看到一位高年級小女生，從教室拿了水桶、在走廊洗手台裝了水就往廁所走，問她在做什麼，她淡定回應：「剛剛上完廁所、踩了踏板，發現沒水，所以現在要提水去把廁所沖乾淨。」聽了孩子的回應，周

保長的每一個孩子，都在學習當個不同凡響的領導人！

校長心中有股莫名的感動：「上完廁所發現沒有水清理穢物，在沒人看見的情況下，她大可一走了之，但孩子在此時選擇做正確的事！看來習慣一『主動積極』已內化在她的生命之中。」

2015年4月，周校長帶了一群保長的孩子去參加學區的「疊杯比賽」。這是一項各校疊杯社團的校際交流活動。在保長，這個新興社團成立不到一年，每週一次的社團課程裡，學生在杯與杯的堆疊交錯中，享受「挑戰最低秒數、完成指定任務」的成就感。為了讓孩子有實戰經驗，學校特地報名參加這項競賽，希望孩子可以透過觀摩，汲取他校經驗、提升自己的能力。

活動開幕式的尾聲，為了讓小朋友開眼界，主持人對著台下十幾個學校的隊伍、近百位學生發出挑戰，邀請學生上台與曾經創下世界紀錄的現任國手進行PK賽。「現任國手＋世界紀錄保持者」，一聽就是實力高超、難以撼動的高牆，與他PK必敗無疑！在眾人面前被狠狠的「叫倒」，絕對是件難堪的事。於是，原本喧嘩的現場突然一片寂靜，大家你看我、我看你，就是沒有人有勇氣舉手上台挑戰這項不可能的任務。

正當此時，保長五年級的小為，忽然大喊一聲「我要挑戰」，然後從容不迫的上了舞台，開啟這場實力懸殊的PK賽。

結果當然不出所料。當「玩票性質的業餘選手」遇上「國手級達人」，只見一方行雲流水掌控了桌上的十二個杯子，不一會兒就完成所有的指定項目，雙方勝負立現。

下台後，周校長給了小為一個大大的擁抱，表達佩服他勇於上台的勇氣，也給予最真誠的安慰。但小為卻心平氣和的說：「校長，上台挑戰是我自願的、是我自己的選擇，輸了沒關係，回家努力、下次再來就好！」這不正是習慣一「主動積極」：做自己的主人、為自己的選擇負責的最佳寫照嗎？而接下來的一段話，更讓周校長驚訝。小為說：「其實我今天運

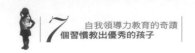
用得最好的是習慣四『雙贏思維』，因為對方贏了比賽，而我則贏得了一次與國手PK的上台經驗，所以我們都是贏家！」

聽了這段真誠的回饋，周校長知道，保長的孩子已經真正活在七個習慣之中。這種超脫勝負的氣度與超越自我的勇氣，已為孩子的品格奠定了最扎實的基礎。他期待所有保長的孩子未來都能擁有這種「堅持做對的事」的勇氣與信念，豪氣、自信的開創自己非同凡響的未來。

雖然在4月份的PK賽落敗，但小為並未因一次的失敗而棄捨了他最愛的疊杯，反而花更多時間勤加練習，最後竟然在8月份的比賽中脫穎而出，成為代表新北市進軍全國賽的選手，朝自己「成為疊杯選手」的夢想前進。

意外的驚喜

推行TLIM短短一年半，原先極力爭取TLIM進入保長，最大的動機就是希望為偏居汐止邊陲的孩子爭取一個翻轉人生的機會與能力。老師們辛苦改變自己的思維、學習新的教學技能、以全新的態度帶領孩子，也帶來了一連串意外的驚喜。

104年6月，剛帶完畢業班的謝子慧老師一舉榮獲「新北市104年度友善校園評選」的「優秀導師獎」。八月底，捷報再度傳來，保長獲選為104年度教育部的「品德教育特色學校」，而且還是指定的書面展示學校。

更令人驚訝的是，孩子們的學業成績落後新北市、汐止區各校平均，過去一直是保長親師生心中的痛。104下半年開學後，前一年的學生能力檢測成績出爐（國英數三科），保長孩子的國文、數學成績一舉超越全市、全區平均值，英文成績也逆勢大幅成長，讓老師們感動不已。這也再度印證，當孩子們的學習動機、方法及自信提升，學業成績的進步只是個必然的結果。

　　對保長國小而言，教育真的不一樣了！而周校長再三強調，他最大的體會是：「這種全面性的改變，絕不是少數人的努力就可以達成的，它是保長國小全體親師生共同努力的結果。」

在保長，教育真的不一樣了！

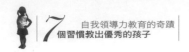

附錄：中英名詞對照

（依出現順序排列）

來自各方的推薦

品克（Daniel Pink）
羅賓森爵士（Sir Ken Robinson）
拉索特（Lawrence W. Lezotte）
高效學校顧問公司（Effective Schools Consultant）
卡納達（Geoffrey Canada）
哈林兒童特區教育機構（Harlem Children's Zone）
古薇爾（Erin Gruwell）
「自由寫手」基金會（The Freedom Writers）
狄爾（Terrence Deal）
《形塑校園文化：陷阱、弔詭與希望》（Shaping School Culture: Pitfalls, Paradoxes）
《傑出領導人的思維》（How Great Leaders Think）
克拉克（Ron Clark）
克拉克學園（The Ron Clark Academy）
布利扎得（Jean-Claude Brizard）
美國華府「大學理事會」（College Board, Washington, D.C.）
高登（Jon Gordon）
《孩子的能量巴士》（The Energy Bus for Kids）
克里斯汀生（Clayton Chistensen）
湯琳森（Carol Ann Tomlinson）
克拉格（Jacob Kragh）
多明尼奇（Daniel Domenech）
美國學校行政人員協會（American Association of School Administrators）
美國教育廳長協會（The School Superintendents Association）
芬恩（Lisa Fenn）
彼德森（Kent D. Peterson）
湯瑪斯（Scott Thomas）
美國磁性學校協會（Magnet Schools of America）
瓊斯（Jeff Jones）
解樹教育機構（Solution Tree）
杜立（Drew Dudley）
微細領導力公司（Nuance Leadership Inc.）
湯瑪斯艾爾（Salome Thomas-EL）
《影響力不朽》（The Immortality of Influence）
《我選擇留下》（I Choose to Stay）
特尼普西（Stephan Turnipseed）
珊芙（Pat Sanford）

德州聖安東尼奧市東北獨立學區（North East Independent School District, San Antonio, Texas）
麥卡坦（Jan McCartan）
密西根州波蒙小學（Beaumont Elementary, Michigan）
潘娜爾（Deborah Pennell）
紐澤西州法明岱爾市亞迪納小學（Ardena Elementary, Farmingdale, New Jersey）
布萊克蔓（Kathy Brachmann）
紐約州西塞尼卡市溫徹斯特小學（Winchester Elementary, West Seneca, New York）
泰蘭（Angie Taillon）
佛羅里達州夏綠蒂港阿姆斯壯小學（Neil Armstrong Elementary, Port Charlotte, Florida）
克爾（Rose Kerr）
紐約市史坦頓島公民領導力學校（Staten Island School of Civic Leadership, Staten Island, New York）
渥拉科索（Jennie Werakso）
澳洲新南威爾斯省格林納維爾市聖碧瑾小學（St. Brigid's, Gwynneville, NSW）
范盧雯（Lisa VanLeeuwen）
加拿大安大略省布藍特福市萊爾森高地小學（Ryerson Heights Elementary, Brantford, Ontario）
馥茹賽絲（Lise K. Furuseth）
挪威哈本斯派特學校暨幼兒園（Hoppensprett Schools and Day Care Centres）
夏普（Beth Sharpe）
佛羅里達州塞米諾郡公立學校（Seminole County Public Schools, Florida）
布萊荻（Deirdre Brady）
密西根州高地市德澤小學（Heritage Elementary, Highland, Michigan）
珂蘭寧（Eileen Cronin）
麻州波士頓公立學校（Boston Public Schools, Massachusetts）
瓦西伍尼（Sri Wahyuni）
印尼雅加達安尼薩學校（An-Nisaa' School, Jakarta）
諾藍（James J. Nolan）
紐約長島薩齊姆中央學區（Sachem Central School District, Long Island, New York）
米勒（Matt Miller）
密蘇里州曼徹斯特市蘭哈洛小學校長（Wren Hollow Elementary, Manchester, Missouri）
侯珂（Beth A. Houck）

南卡羅來納州列克星敦市薩克森哥達小學（Saxe Gotha Elementary, Lexington, South Carolina）

羅依克絲（Carla Luycx）

荷蘭阿默斯福特亞特蘭提斯小學（Atlantis, Amersfoort）

艾蒙（Pam Almond）

北卡羅來納州洛利市寇姆斯小學（A.B. Combs Elementary, Raleigh, North Carolina）

特薇奧普（Sharon Terwelp）

伊利諾州昆西市萬福聖禮小學（Blessed Sacrament, Quincy, Illinois）

鄺麗文（Limmeng Kwang）

新加坡蔡厝港小學（Chua Chu Kang Primary School）

莎林（Helen Solin）

瑞典卡魯斯克魯納雅姆亞斯科勒學校（Jämjöskolor, Karlskrona）

伍華蒂（Karen Woodward）

南卡羅來納州列克星敦市第一學區（Lexington School District 1, Lexington, South Carolina）

琳孔（Martha Rincón）

哥倫比亞波哥大白金漢學校（Buckingham School, Bogotá）

湯瑪絲（Jen Thomas）

密蘇里州愛莉思維爾市奎思維尤中學（Crestview Middle School, Ellisville）

英格爾哈特（Hardin Engelhardt）

艾德華絲（Jennifer Edwards）

佛羅里達州聖奧古斯汀市沃茲溪小學（Wards Creek Elementary, St. Augustine, Florida）

海爾密（Lori Helmy）

華盛頓州馬科爾奧市馬科蒂奧小學（Mukilteo Elementary, Mukilteo, Washington）

波拉莎（Ericka Porrazza）

夏威夷珍珠市雷華小學（Lehua Elementary School, Pearl City, Hawaii）

梅依（Megan May）

加拿大亞伯達省麥迪遜海特市奎斯伍德小學（Crestwood Elementary, Medicine Hat, Alberta）

歐爾森（Sharon Olson）

愛達荷州凱里市凱里學校（Carey School, Carey, Idaho）

艾達麥克（Christopher W. Adamec）

薩克斯頓夫婦（Ryan and Juley Sexton）

蔣佩琪（Peggy Cherng）

貓熊快餐連鎖（Panda Express）

貓熊關懷協會（Panda Cares）

蘭恩（Donnie Lane）

恩能索公司（Enersolv）

塔西嘉（Laurel Tahija）

印尼達摩伯馬克納基金會（Dharma Bermakna Foundation）

奎絲薇爾（Kathleen Cresswell）

佛羅里達州國際扶輪社（Rotary International, Florida）

雷諾茲（Cliff Raynolds）

瑞德蒙（Rick Redmond）

加拿大標準催化劑科技公司（Criterion Catalysts and Technologies）

克林姆（Peggy Crim）

聯合勸募協會（United Way）

拉席得（Hj. Rosfi a Rasyid）

瑪德里蘭（Silvia Madriñan）

哥倫比亞特培爾基金會（Terpel Foundation）

阿莫林（Manoel Amorim）

巴西阿布里爾教育機構（Manoel Amorim, Abril Educação）

追念與致敬

奎格（Boyd Craig）

第 1 章

派特爾夫婦（Rig and Sejjal Patel）

嘉納（Howard Gardner）

塔夫（Paul Tough）

塞利格曼（Martin Seligman）

妮琪（Nikki）

第 2 章

蔻勒（Joann Koehler）

科倫拜高中（Columbine High School）

歐文（Duane Alwin）

聯合國教科文組織（UNESCO）

高曼（Daniel Goleman）

二十一世紀能力策略聯盟（Partnership for 21st Century Skills）

愛德思教育機構（Edexcel）

華格納（Tony Wagner）

杜維克（Carol Dweck）

摩爾（Nancy Moore）

巴立治品管訓練（Baldrige quality principles and tools）

泰國沙提班納小學（Satit Bangna）

第 3 章

愛琳・開（Arlene Kai）

芙樂老師（Fowler）

沛恩（Jeanne Payne）

迪寇斯莫（Darcy Dicosmo）

亞歷桑納州 鳳城喜瑞都小學（Cerritos Elementary, Phoenix, Arizona）

度富蘭（Richard DuFour）

傅蘭（Michael Fullan）

《基業長青的文化》（Cultures Built to Last）

《看得見的學習》（Visible Learning）

哈第（John Hattie）

班杜拉（Albert Bandura）

麥基（Rochelle McGee）

魏絲（Weis）

芭克（Mary Jo Barker）

亞絲（Julie Arth）

古賽絲基（Shannon Gruzeski）

路易斯安那州雷恩市培提尚小學（Martin Petitjean Elementary, Rayne, Louisiana）

康茗絲（Kim Cummins）

麥可碧（Cheryl McCabe）

第 6 章

狄恩‧哈里森（Dean Harrison）

麥波（Karen L. Mapp）

伊利諾州昆西市貝弗女小學（Berrian Elementary）

德州聖安東尼奧野橡小學（Wilderness Oak Elementary）

愛荷華州滑鐵盧市康寧漢小學（Cunningham School for Excellence, Waterloo）

加州羅斯維爾匯點小學（Junction Elementary）

玟森（Carrie Vincent）

丹尼斯‧魏特利（Denis Waitley）

沃爾（Wall）

約翰‧柯維（John Covey）

珍‧柯維（Jane Covey）

第 7 章

蘿瑞塔‧緹葛（Lauretta Teague）校長

阿拉巴馬州迪卡特市栗園小學（Chestnut Grove Elementary, Decatur）

西摩（John Seymour）

耐特（Jane Knight）

費格麗（Charlotte Feigley）

美國商會（American Chamber of Commerce Executives, ACCE）

佛萊明（Mick Fleming）

程正昌（Andrew Cherng）

柔似蜜地區（Rosemead）

奎格（Boyd Craig）

我是領導人基金會（I Am A Leader Foundation）

馬肯（Allan Markin）

加拿大自然資源公司（Canadian Natural Resources Limited）

道格拉斯（Al Douglas）

布萊斯納（Glen Bressner）

馬斯卡廷市（Muscatine）

卡佛（Marty Carver）

普利司通凡士通公司（Bridgestone-Firestone）

卡佛基金會（Carver Foundation）

史坦頓島基金會（Staten Island Foundation）

杜博芙絲基（Betsy Dubovsky）

史坦頓島學院（College of Staten Island）

四城區（Quad Cities）

狄爾基金會（John Deere Foundation）

本田基金會（Honda Foundation）

格魯達食品集團（GarudaFood Group）

杜那米司基金會（Dunamis Foundation）

瑞典自治市（Swedish Municipalities）

保齡綠地商會（Bowling Green Chamber）

邦奇（Ron Bunch）

馬修斯（Tonya Matthews）

大杉谷區商會（Greater Cedar Valley Chamber）

賈斯提司（Bob Justis）

佩那魯納（Tom Penaluna）

杉林瀑布學區（Cedar Falls district）

康瑟布拉夫斯市（Council Bluffs）

蒙特（Bob Mundt）

泰坦丘中學（Titan Hill Intermediate School）

大史戴茲維爾商會（Greater Statesville Chamber）

布萊德利（David Bradley）

強生（Brady Johnson）

桑莫維爾小學（Summerville Elementary）

狄波（Lori Dibble）

大桑莫維爾／多切斯特郡商會（The Greater Summerville/ Dorchester County Chamber of Commerce）

貝瑞（Rita Berry）

齊立寇特郡商會（Chillicothe Chamber）

瓊斯（Marvin Jones）

西南路易斯安那商會暨經濟發展聯盟（Southwest Louisiana Chamber–Economic Development Alliance）

司威佛特（George Swift）

凱利（Nancy Kelley）

查爾斯湖區（Lake Charles）

密西西比州維克斯堡－華倫郡商會（Vicksburg-Warren County Chamber）

齊羅伊（Christi Kilroy）

博馬大道小學（Bowmar Avenue Elementary）

拉斐葉（Lafayette）

梅耶（George Meyer）

杜威小學（Dewey Elementary）

狄更絲（Christie Dickens）

華特曼（Cheryl Waterman）

海尼根（Pat Heinigen）

貝絲洛（Sarah Bethelot）

霍夫曼博士（Jason Huffman）

卡爾斯克魯納自治市（Municipality of Karlskrona）

耶姆約教會學校（Jämjö church school）

楊朵學校（Jandel school）

桐漢姆學校（Tornham school）

阿布里爾集團（The Abril Group）

阿莫里姆（Manoel Amorim）

彩虹堡學前教育機構（Rainbow Station）

康寧（Suzan Koning）

馬來西亞百樂園集團（Paramount Corporation）

泰歐（Dato' Teo Chiang Quan）

維克托維爾地區（Victorville）

布蘭特伍德企管與領導力小學（Brentwood Elementary School of Business and Leadership）

第 8 章

夏綠蒂港高中（Port Charlotte High School）

狄歐尼西歐（Steve Dionisio）

布萊得利（Chuck Bradley）

芭特蒙利（Laura Bottomley）

巴士迪（Brandon Busteed）

裘里耶中央高中（Joliet Central High School）

康托斯（Tony Contos）

法恩斯沃（Chuck Farnsworth）

古特曼（Joe Gutmann）

路易斯維爾中央高中（Central High School, Louisville）

阿爾派市（Alpine）

蒙坦維爾學院（Mountainville Academy）

布拉克（Emma Bullock）

西塞內卡之東高中（West Seneca East High School）

密蘇里州南格瑞恩谷中學（Grain Valley South Middle School）

維吉尼亞州諾克斯維爾愛國者高中（Patriot High School, Nokesville）

英國利茲市（Leeds）

拜爾絲（Janine Byers）

南卡羅來納州桑莫維爾羅林斯藝術中學（Rollings Middle School of the Arts）

蕾狄（Robin Lady）

新加坡金文泰鎮中學（Clementi Town Secondary School）

杜蘭（Henry Duran）

戴格特（Willard Daggett）

諾爾（David Nole）

肯塔基州保齡綠地摩思中學（Moss Middle School, Bowling Green）

佛羅里達州邁阿密南戴德中學（South Dade Middle School, Miami）

紐約州緬因－安得渥高中（Maine-Endwell High School）

紐約州薇世多高中（Vestal High School）

奧特（Debbie Ott）

史考菲若（Jeff Scalfaro）

美國中學校長協會（National Association of Secondary School Principals）

《改造從中學開始》（Breaking Ranks in the Middle）

波泰兒（Nisha Patel）

湯姆森（Heather Thomsen）

坎普（Vicki Kemp）

休倫（Jill Scheulen）

米樂（Stephanie Miller）

甘柏爾（Tracey Gamble）

霍爾（Mary Ann Hall）

亞盧德森（Helen Arudsson）

瑞典瑞克特市（Rektor）

海瑞絲（Ericka Harris）

史黛（Mary Surdey）

羅克哈絲（Elena Rokhas）

阿拉巴馬州新希望高中（New Hope High）

艾佛瑞特（Lavell Everett）

猶他州奧勒姆猶他谷大學（Utah Valley University, Orem）

理查茲（Denise Richards）

德州聖安東尼奧市阿拉莫大學學區（Alamo Colleges District）

雷斯利（Bruce H. Leslie）

學生領導力學院（Student Leadership Institute, SLI）

荷蘭呂伐登CHN大學（CHN University, Leeuwarden）

文司查（Rober Veenstra）

紐約州桑伯恩尼加拉郡社區大學（Niagara County Community College, Sanborn）

維吉尼亞州方畝維爾隆伍德大學（Longwood University, Farmville）

SNVC領導力機構（SNVC Leadership Institute）

克魯茲老師（Yamberli Cruz）

第 9 章

戴明（W. Edwards Deming）

《轉危為安》（Out of the Crisis）

喬治校長（David George）

簡森小學（Janson Elementay）

卡迪納斯（Gabriel Cardenas）
經濟合作暨發展組織（Organization for Economic Co-operation and Development, OECD）
杜富爾（Richard DuFour）
埃克（Robert Eaker）
《專業學習社群的功能》（*Professional Learning Communities at Work*）
密蘇里州獨立市葉慈小學（William Yates Elementary, Independence）
加拿大亞伯達省紅鹿小學（Red Deer）
費茲（Mike Fritz）
阿拉巴馬州迪卡特市桑莫維爾路小學（Summerville Road Elementary）
北卡羅來納州韓德森維爾戴娜小學（Dana Elementary, Hendersonville）
絲考菲德（Kelly Schofield）
國家教育平等協會（The National Title I Association）
國家學校變革獎（National School Change Award）
英特爾獎（Intel award）
蓋樂（Dave Gayler）
魏塔克（Doug Whittacker）
珊芙（Pat Sanford）
密德頓（Richard Middleton）
格塔狄（Brian Gottardy）
家長教師聯誼會（PTA council）
鮑曼（Lee G. Bohman）
狄爾（Terrence E. Deal）
《組織重構》（*Reframing Organizations*）

第 10 章
《我的人生祕訣》（*My Key of Life*）
萊利（Riley）
瑞克（Rick）
羅賽琳（Roselien）
加拿大亞伯達省紅鹿市威爾許小學（Joseph Welsh Elementary, Red Deer）
安・蘇利文（Anne Sullivan）
柏金絲盲人學校（Perkins Institute for the Blind）
布里姬曼（Laura Bridgman）
國際文憑學校（International Baccalaureate, IB）
麥基里歐羅（Shawn Maggiolo）

誌謝
佩克（John Peck）
諾柏（Sarah Nobel）
艾希比（Aaron Ashby）
約書亞・柯維（Joshua Covey）

錢尼（Zac Cheney）
薇茲爾（Angie Witzel）
約克（Judy Yauch）
湯普森（Meg Thompson）
舒梅克（Landon Shewmake）
梅莉歐思（Gloria Mellios）
卡珂蘭（Gwen Cochran）
奧斯朋（Scott Osbourn）
麥肯泰爾（William McIntyre）
艾姆林（Eduado Amorim）
畢昂絲多提爾（Ella Bjornsdottir）
朗德（Deb Lund）
奧絲華（Annie Oswald）
瑟曼（Jonathan Catherman）
惠烈（Tom Hewlett）
范畢艾納（Charles Fonbuena）
珍妮佛・威廉絲（Jennifer Williams）
布萊克福（William Blackford）
須藤（Mike Suto）
傅洛克斯查（John Flokstra）
史坦雷克（Eric Steiiiake）
席依（Robin Seay）
珍妮貝兒・威廉絲（Jennibelle Williams）
史科因（Connley Skeen）
福兒絲（Lynne Foy）
皮契佛（Paul Pitchford）
荷莉思（Shelly Hollis）
黎思爾（Kathy Leeser）
舒倫（Jill Schculen）
安德森（Janita Anderson）
韋伯（Mike Webb）
可辛絲基（Lynn Kosinski）
潘妮克（Dana Penick）
西蒙與舒斯特出版公司（Simon & Schuster）
羅翰（Ben Loehnen）
海蒂（Brit Hvide）
麥卡夫（Phil Metcalf）
佩思（Aline Pace）
麥格里昂妮（Beth Maglione）
杜普立―彌勒經紀公司（Dupree-Miller Associates）
彌勒（Jan Miller）
瑪文（Shannon Marven）

關於富蘭克林柯維公司 FranklinCovey.

富蘭克林柯維公司（www.franklincovey.com）是一個全球性、以人為本的顧問培訓公司，藉由提供一系列領導變革的架構與思維，協助個人與企業成就卓越。其專長於7個關鍵領域，包括：領導力、執行力、生產力、信任力、銷售績效、客戶忠誠度與教育。

富蘭克林柯維公司的客戶有90％來自於美國財富100強的企業，超過75％為來自美國財富500強的企業，還有數以千計的中、小型企業和政府與教育機構。富蘭克林柯維授權超過40個辦事處，在全球超過140個國家提供專業服務。

自1989年《與成功有約：高效能人士的七個習慣》一書出版以來，20年來，富蘭克林柯維公司不斷更新，致力創造顧問與培訓的極致影響力，與企業一同達成組織的最重要目標。目前在全球140個國家有近1,500名專家提供相關服務。

睿仕管理顧問（Right Management）為富蘭克林柯維公司，在台灣、香港、大陸和新加坡獨家授權。

請隨時聯繫我們，以便了解更多資訊，歡迎瀏覽全球資訊網（www.franklincovey.com），或致電886-2-2325-2600，讓我們有機會為您提供更專業與詳盡的服務。

富蘭克林柯維公司全球聯絡網

US Office	Address	Website	Phone/Fax
SALT LAKE IN UT	2200 West Parkway Blvd. Salt Lake, UT 84119	www.franklincovey.com	+1-888-868-1776
BLUE BELL IN PA	1787 Sentry Parkway West Bldg 16, Suite 210, Blue Bell, PA 19422		+1-215-274-9321
DALLAS IN TX	5005 LBJ Freeway, Suite 750, Dallas, TX 75244		+1-972-774-8060
IRVINE IN CA	8001 Irvine Center Dr., Suite 880 Irvine, CA 92618		+1-949-788-8101
CHICAGO IN IL	200 W. Adams Street, Suite 1000 Chicago, IL 60606		+1-312-846-4294
ALPHARETTA IN GA	3480 Preston Ridge Rd., Suite 550 Alpharetta, GA 30005		+1-678-566-6507

International Office	Address	Website	Phone/Fax
FRANKLINCOVEY AUSTRALIA / NEW ZEALAND	LI, 139 Coronation Drive Milton QLD 4064 Australia	www.franklincovey.com.au	+61-7-3318-9700
FRANKLINCOVEY JAPAN	Seito kaikan bld. 7F, 5-7 sanban-cho, Chiyoda-Ku Tokyo,102-0075 Japan	www.franklincovey.co.jp	+81-3-3237-7711

FRANKLINCOVEY CANADA	60 Struck Court Cambridge ON N1R 8L2 Canada	www.franklincovey.co.ca	+1-519-740-2580
FRANKLINCOVEY UNITED KINGDOM	Oxon OX 163JQ United Kingdom	www.franklincovey.co.uk	+44-1295-274-100

License Office in Asia	Address	Website	Phone/Fax
美商睿仕管理顧問公司 台北分公司	台北市仁愛路三段 136 號 8 樓 808 室	www.franklincovey.com	+886-2-2325-2600
美商睿仕管理顧問公司 上海分公司	上海市 200020 淮海中路 381 號中環廣場 28 樓		+86-21-6391-5888
美商睿仕管理顧問公司 北京分公司	北京市 100022 朝陽區建國路 118 號招商局大廈 32 層, GH 單元		+86-10-6566-1575
美商睿仕管理顧問公司 廣州分公司	Room 1269, 12/F, TowerA Phase I, G. T. Land Plaza No.85 Huacheng Avenue, Tianhe District Guangzhou.		+86-20-8558-1860
美商睿仕管理顧問公司 深圳分公司	廣東省 518026 深圳市福田區金田路 4028 號榮超經貿中心 2501~2502 室		+86-755-88261964
美商睿仕管理顧問公司 香港分公司	香港鰂魚涌英皇道 979 號太古坊多盛大廈 1401 室		+852-2290-0111
RIGHT MANAGEMENT SINGAPORE	10 Hole Chiang Road Keppel Towers #21-06 Singapore 089315	franklincovey.sg@right.com	+65-6532-4100

VIETNAM	Pace Institute of Management Pace Building, 341 Nguyen Trai Street District I, Ho Chi Minh Gity	contract@franklincovey.vn	+84(08) 3837.0208
INDONESIA	Jl Bendungan Jatiluhur no. 56, Bendungan Hilir, Jakarta, Jakarta 10210 Indonesia	www.dunamis.co.id	+62-21-572-0761
KOREA	1602 Posco P&S Tower 753-3 Yeoksam-dong Gangnam-gu Seoul 135-923, South Korea	www.franklincoveykorea.com	+82-2-2015-7771
MALAYSIA	D4 1 8, Solaris Dutamas, No. 1, Jalan Dutamas 1 Kuala Lumpur, Wilayah Persekutuan 50480 Malaysia	www.franklincovey.com	+603-6205-5550
PHILIPPINES	Center for Leadership & Change 4th Floor, Ateneo Professional Schools (Salcedo) 130 HV Dela Costa St. Salcedo Village, Makati City 1227 PHILIPPINES	rene.montemayor@franklincoveyp hilippines.com	+63-2-817-2726 (Phone)
SOUTH ASIA (BANGLADESH, BHUTAN, INDIA, MALDIVES, NEPAL, SRI LANKA)	JIL Tower A, Institutional Area, Ground Floor, Plot No. 78, Sector-18, Gurgaon-122001 INDIA	connect@franklincoveysouthasia. com	+91-124-478-2222 (Phone) +91124 4301464(Fax)
THAILAND	PacRim Leadership Center Co. Ltd 59/387-389 Moo 4 Ramkhamhaeng Road Sapansoong, Bangkok 10240 THAILAND	porntip@pacrimgroup.com	+66-2728-0200 (Phone)

富蘭克林柯維公司教育部門

關於我們

將近三十年來,富蘭克林柯維公司教育部門一直是全球領導力教育計畫及教育改造流程最主要,也最受信任的提供者之一。全球數以千計的公私立中小學及中學以上的教育機構,包括全美 50 州及全球 150 個國家的教育服務組織、技職學院等,都採用了富蘭克林柯維公司的教育課程、書籍及內容。

我們的使命

我們致力為全球所有學校、教育工作者及學生賦能、打造不凡人生。

我們的願景

我們的願景是根本改變全球的教育品質,幫助千千萬萬教育工作者及學生充分發揮個人潛能、完成人生最遠大的目的。

我們的承諾

我們承諾協助每一所與我們合作的夥伴學校,獲得改造、轉型的結果。我們所提供的服務與產品是課堂中的最佳選擇。我們將持續、大量投資於訓練、教練及教材,並與教育工作者攜手研發、改善我們的產品。為了達成我們影響最大量學生的使命,我們承諾以 40%~60%的價格來提供教育相關的服務及產品。

我們的團隊

富蘭克林柯維公司教育部門的團隊成員,主要是各級學校、機構中擁有豐富教學及行政經驗的傑出教育工作者。我們的團隊成員是我們最重要的競爭優勢,我們熱切盼望、致力於為教育帶來正面的改變。

沛德國際教育機構

使命

為開創未來而教‧為造福人群而育！沛德國際教育機構致力透過**自我領導力教育**，啟發孩子、老師、學校、家庭，推動從個人到組織、甚而整體社會的思維轉變，以積極提升台灣社會公民素養及能力，成為推動國家進步的動力。

願景

成為台灣及亞洲教育改造及創新的推動者。以**自我領導力教育**建立教育改造的典範，並啟發鄰近亞洲國家創造出以品格、生活教育為中心的教育體系。

基於以上的使命與願景，沛德很榮幸地獲得台灣各界，包括：公益平台文化基金會嚴長壽董事長、融悟文教基金會柯文昌董事長、富邦文教基金會執行董事陳藹玲女士、前政治人學教育學院陳木金教授等長期關注台灣教育的熱心人士強力的支持與協助。

2013 年 9 月，沛德國際教育機構正式成為富蘭克林柯維公司的教育伙伴、致力將**自我領導力教育**引進台灣。沛德擁有一支使命感強烈、集結了教育、媒體、企業經營、非營利組織等各方人才的堅強團隊。在這個專業團隊的努力及全台教育、企業、非營利組織、媒體的支持下，我們相信，**自我領導力教育**將為台灣下一代打造出一個真正不一樣的未來。

發展策略

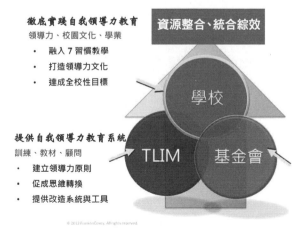

徹底實踐自我領導力教育
領導力、校園文化、學業
- 融入 7 習慣教學
- 打造領導力文化
- 達成全校性目標

資源整合、統合綜效

學校

提供自我領導力教育系統
訓練、教材、顧問
- 建立領導力原則
- 促成思維轉換
- 提供改造系統與工具

TLIM　基金會

支持教育改造的推手
贊助、推廣、合作
- 熱情支持學校改造
- 共同舉辦 TLIM 推廣活動
- 共同執行 TLIM 相關專案

您可以如何展開自我領導力教育的旅程？

留下傳承

行動步驟：

1. **為最重要的利害關係人舉辦一個讀書分享會**
   購買《7個習慣教出優秀的孩子》書籍、舉辦讀書會。

2. **舉辦一場自我領導力教育說明會**
   聯繫台灣的沛德國際教育機構，為學校全體教職同仁及其它重要利害關係人（如：家長會代表）安排一場介紹自我領導力教育流程的說明會。

3. **進行導入自我領導力教育的教職員意願調查**
   運用沛德提供的意願調查表來評估學校教職同仁導入自我領導力教育的意願與承諾度，並蒐集回饋意見。

4. **參加一場自我領導力教育相關活動**
   參加一場自我領導力學校的「領導日」活動或相關的研討會。「領導日」及研討會相關資訊，請上沛德國際教育機構網站：
   http://www.peducation.com.tw

更多相關訊息，請聯繫沛德國際教育機構。

為培養明日的領袖而投資——
你也可以成為改變的力量！

您可以藉由以下的方式，成為改變的力量：

1. 贊助一所學校

民間人士或團體的贊助已幫助全球數以百計的學校導入自我領導力教育。我們將謹慎運用您所提供的資源、發揮最大效益，讓更多學校及孩子能夠擁有他們迫切需要的教育內涵與工具。我們的同仁將協助您找到最符合您個人或組織的宗旨及目標的贊助需求。

2. 與人分享《7 個習慣教出優秀的孩子》這本書

如果您認同我們的行動，請與您身旁的教育工作者或社區意見領袖分享《7個習慣教出優秀的孩子》這本書。也請您主動與人討論如何為台灣培養優秀的未來領導人。如果您需要任何協助，請與我們聯繫。您也可以在「自我領導力教育網站」(TheLeaderinMe.org)找到更多相關資源、影片。

投資於今天的孩子，就是打造明天的領導人。幫助台灣社會培養出能夠在組織中、社會上大展身手、對台灣未來的成功有所貢獻的人才！

幫助台灣及您所在社區的學校走上「邁向偉大」的旅程，請聯繫沛德國際教育機構：

台北市內湖區堤頂大道二段 89 號 10F
886.2.8797.8787　#113
www.peducation.com.tw
沛德國際教育股份有限公司

教育教養 BEP026A

7 個習慣教出優秀的孩子
教育現場篇：自我領導力教育的奇蹟

THE LEADER IN ME (2nd edition) : How Schools Around the World Are Inspiring Greatness, One Child at a Time

作者 —— 史蒂分・柯維（Stephen R. Covey）、西恩・柯維（Sean Covey）、妙麗・桑莫絲（Muriel Summers）、大衛・海契（David Hatch）
譯者 —— 姜雪影

總編輯 —— 吳佩穎
責任編輯 —— 張毓如（特約）、陳孟君
封面設計 —— 江儀玲

出版者 —— 遠見天下文化出版股份有限公司
創辦人 —— 高希均、王力行
遠見・天下文化・事業群 董事長 —— 高希均
事業群發行人／ CEO —— 王力行
天下文化社長 —— 林天來
天下文化總經理 —— 林芳燕
國際事務開發部兼版權中心總監 —— 潘欣
法律顧問 —— 理律法律事務所陳長文律師
著作權顧問 —— 魏啟翔律師
社址 —— 台北市 104 松江路 93 巷 1 號 2 樓
讀者服務專線 —— （02）2662-0012
傳　真 —— （02）2662-0007；2662-0009
電子信箱 —— cwpc@cwgv.com.tw
直接郵撥帳號 —— 1326703-6 號　遠見天下文化出版股份有限公司

電腦排版 —— 立全電腦印前排版有限公司
製版廠 —— 中原造像股份有限公司
印刷廠 —— 中原造像股份有限公司
裝訂廠 —— 中原造像股份有限公司
登記證 —— 局版台業字第 2517 號
總經銷 —— 大和書報圖書股份有限公司　電話／ (02)8990-2588
出版日期 —— 2019 年 3 月 20 日第三版第 1 次印行
　　　　　　2023 年 3 月 28 日第三版第 7 次印行

國家圖書館出版品預行編目 (CIP) 資料

7 個習慣教出優秀的孩子 . 教育現場篇：自我領導力教育的奇蹟 / 史蒂芬・柯維 (Stephen R. Covey) 等著；姜雪影譯 . -- 第二版 . -- 臺北市：遠見天下文化，2016.02
　　面；　公分 . -- (教育教養；BEP026)
譯自：The leader in me : how schools and parents around the world are inspiring greatness, one child at a time, 2nd ed.
ISBN 978-986-320-952-2(平裝)

1. 領導理論

541.776　　　　　　　　　　105002413

定價 —— 420 元
平裝版 4713510946114
英文版 ISBN：978-1476772189
書號 —— BEP026A
天下文化官網 —— bookzone.cwgv.com.tw

本書如有缺頁、破損、裝訂錯誤，請寄回本公司調換。
本書僅代表作者言論，不代表本社立場。

天下文化
BELIEVE IN READING